现代公路运输经济研究

姜忠玉　葛绪启　著

ℐC 吉林科学技术出版社

图书在版编目（ＣＩＰ）数据

现代公路运输经济研究 / 姜忠玉，葛绪启著. -- 长春：吉林科学技术出版社，2023.5

ISBN 978-7-5744-0512-7

Ⅰ．①现… Ⅱ．①姜… ②葛… Ⅲ．①公路运输－运输经济－研究 Ⅳ．①F54

中国国家版本馆 CIP 数据核字（2023）第 103848 号

现代公路运输经济研究

著	姜忠玉　葛绪启	
出 版 人	宛　霞	
责任编辑	吕东伦	
封面设计	南昌德昭文化传媒有限公司	
制 版	南昌德昭文化传媒有限公司	
幅面尺寸	185mm×260mm	
开 本	16	
字 数	308 千字	
印 张	14.25	
印 数	1-1500 册	
版 次	2023年5月第1版	
印 次	2024年2月第1次印刷	

出 版	吉林科学技术出版社
发 行	吉林科学技术出版社
地 址	长春市福祉大路5788号
邮 编	130118
发行部电话/传真	0431-81629529 81629530 81629531
	81629532 81629533 81629534
储运部电话	0431-86059116
编辑部电话	0431-81629518
印 刷	三河市嵩川印刷有限公司

书 号	ISBN 978-7-5744-0512-7
定 价	90.00元

前言

    在城市建设的进程中，公路是一个城市正常运行的重要事业，同时公路运输在我们的日常生活中，也是一种主要的运输方式。各个地区、各个城市之间的经济建设发展都离不开公路运输，公路运输在一定程度上也促进了我国现代市场经济建设的进程。从我国目前的公路运输经济管理体系来看，只有真正做到从实际情况出发建立公路运输管理体系，才能实现公路运输管理和时代发展的充分融合。在各项基础设施建设不断完善的时代，公路运输经济管理也发挥出越来越重要的作用。随着城市化建设步伐的不断加快，人们对于各种交通运输方式的实际使用需求也越来越多。为了充分地满足现代人们公共生活的交通便利性，提高现代人们生活质量和服务水平，政府必须注重公路运输经济管理体系的建设，充分发挥公路运输在经济发展进程中的重要历史价值。总之，公路运输经济管理与城市发展两者之间的联系十分紧密，我们必须了解公路运输经济管理在市场经济体制下的重要性，才能更好地促进两者的共同发展。

    本书主要研究现代公路运输经济，本书从现代公路运输基础介绍入手，针对公路运输需求以及基于运输需求的公路项目经济效益进行了分析；接着对公路运输供给、运输市场构成做了阐述；还对公路货运作业与客运班线运营进行了探讨，研究了公路运输经济学的综合应用；另外对低碳背景下公路运输经济的发展提出了一些建议；对公路运输的经济研究以及应用有一定的借鉴意义。

    经过多次讨论、精心准备、反复审稿，作者力争做到所写内容符合现实需求。但由于理论水平和精力有限，难免会存在一些疏漏和不足，敬请广大同仁与读者提出宝贵意见或建议，便于在今后不断补充和完善。

目录 CONTENTS

第一章 现代公路运输基础

第一节 运输的外部性

一、运输的外部性

由于研究目的不同，对于运输的外部性有着不同的分类。如根据外部性的不同性质，可以分为运输外部经济和运输外部不经济；根据不同的运输方式，可以分为铁路运输外部性、公路运输外部性和航空运输外部性等；根据具体的内容，可以分为环境污染（如大气污染、水污染、噪声污染等）、交通拥挤、交通事故等；根据运输外部性产生的不同原因，可以分为运输活动产生的外部性、运输基础设施存在而产生的外部性等。由于视角与界定范围的差异，在讨论运输的外部性时存在着很多争议。

（一）运输基础设施产生的外部性

运输设施供给的外部性可以分为正外部性和负外部性，正外部性通常也是政府作为运输设施供给者的主要原因：①运输设施通常用于公共服务，例如基本的社会沟通、军事目的以及其他社会目的；②运输设施有利于促进边远和不发达地区的发展，有利于平衡地区间的收入分配；③可以通过系统的运输网络规划实现国家开发利用能源的目的。而运输设施供给的负外部性则包括：①土壤和水污染，土地表面风化；②生物圈、生态多样化和自然栖息地受到干扰；③人类沟通被隔离；④视觉障碍。

对于上述观点的主要争论集中于正外部性，认为当供给者身份不同时其能否作为外部性是存在差异的：如果供给者是政府，那么上述三个方面的正外部性是政府决策该运输项目必须考虑的内部效益，也是该运输项目得以建设的主要需求源，特别是其已经在该运输项目费用效益分析时计算在内了，如果仍然将其算作外部性则属于重复计算。但是如果运输基础设施的供给者是私人，那么问题就不一样了，因为私人仅仅考虑该项目所能带容他的私人收益和私人成本，而上述正外部性并不能纳入该私人供给者账户，因此是外部性。

（二）运输活动产生的外部性

运输设施使用的外部性也包括正外部性和负外部性。关于运输设施使用的正外部性存在两类截然不同的观点：一种认为人们选择该种运输方式的原因是可通达性提高和成本降低（时间节约等），这些可以在费用效益分析中考虑，因此运输设施使用不存在正外部性；另一种相反的观点则是比较宽泛的，将运输设施产生的新的消费和新型物流组织均计入真正的外部性。最近又有观点认为，运输设施使用的正外部性是显著的，可以分为金钱正外部性和技术正外部性。金钱正外部性是指因运输成本降低导致的：劳动力市场扩大、产品市场扩大、智力投资、想象力和自信、开发领土、支付效益以及降低医院成本等；而技术正外部性主要是指由于运输设施提供了便捷快速的运送病人的条件而使病人减少的痛苦和伤残程度。

运输设施使用的负外部性主要有四个层面：

一是交通拥挤所带来的额外时间和运营成本，即拥挤成本。关于拥挤成本是否是运输设施使用的负外部性，持不同划分界限观点的人给出的答案是不同的：如果以供给者"账户"为界，则交通拥挤成本一部分由供给者承担，一部分由使用者承担，前者无疑是"账户"内的，不构成外部性，而后者则是"账户"以外的，可以算作负外部性；如果以运输产品交易系统为界，在不考虑拥挤带来的大气污染等因素的前提下，拥挤成本分别由交易活动的双方（供给者和使用者）分担，虽然分担比例因运输产品交易契约安排的不同而有所差异，但仅是系统内的现金流转移，属于系统内部性。关于拥挤成本属于内部性的观点由以"市场机制或价格机制"为界限划分外部性的派别重新解释为，过度拥挤的运输设施并不是公共物品，而是俱乐部物品，其已经具备了私人物品的主要特征。因此，其配置可以通过市场法则组织，无论是谁（政府或私人）供给运输设施，都可以根据拥挤程度和支付意愿征收不同的使用费，这样拥挤外部性就消失了。

二是运输设施供给中没有涵盖的费用，即纳税人与使用者的现金流错位。这种观点的主要立论依据是，运输设施通常是由政府供给，政府资金来自纳税人，因此，纳税人是真正的供给者。但是使用运输设施的人群仅是纳税人中的一部分，甚至一些没有履行纳税义务的人，这样使用者无意中将一部分使用费用转嫁给了那些没有参与运输活动的纳税人，即第三群体，使他们无意中受到影响，这种现金流的错位部分就构成负外部性。但是新的相反的观点认为，运输设施投资决策是由纳税人的代表——国家做出的，存在这种错位可以事先预料；或者如果运输设施建设的基本目的不是经济性的而是为了改善社会条件，那么这部分费用应该被看作是公众的自愿负担，而不是外部影响，即不是负外部性。

三是与运输活动相关的环境影响，包括噪声、大气污染、气候变化、邻里之间交流割断、水和土壤污染以及运输设施运营带来的不舒适感和损害等。

四是交通事故造成的人力资源损失，这里的运输负外部性即事故成本主要表现为交通事故造成人员伤亡的损失，其具体计算公式为：事故成本 = 人员伤亡损失额 − 意外伤害保险偿付额等。

二、运输外部成本的评估与量化

（一）外部成本计量的复杂性

很少有人会怀疑未受污染的环境对人类来说很重要，有效的管制通常都要求管制者能够确定外部性影响的货币价值。例如，如果污染排放费能根据社会边际成本和社会边际收益来确定，则我们显然就必须计算出污染的社会危害。如果受影响的是市场物品和服务的话，则危害的测量相应地也就会比较直接；如果新建一条马路需要拆掉某些人的房子，则我们也可以计算出替代住所的市场价值。

但是，计量非市场部分的价值确实是一个难题，运输外部性研究的主要问题就源于许多损失无法在市场上标价。困难首先在于其影响的角度和范围可能是非常多非常大的。许多运输外部成本都是直接对周围产生影响的，例如拥挤、噪声、振动和引起人们呼吸和视觉障碍的排放物等，但也有一些外部影响会在较长时间以后才反映出来，例如污染物对人体的其他有害影响、某些污染物对当地植物或建筑物的损害等。在国家级或跨地区的层次上，一些污染物包括引起酸雨的氮氧化物和硫等气体，对水体的污染等，会在相当大的范围内扩散，危害远离污染排放地点的林地和湖泊，但这种作用一般需要一定的时间和累积，往往不是立即就出现的。特别是大量二氧化碳的排放会引起温室效应，改变全球气候，加快荒漠化和海平面的上升，氟利昂等有害物质的过度使用则破坏大气中的臭氧层，这些都是更为长期和更大范围的影响。运输外部成本这种在多时空层次上的多样化影响，使得对这些影响的评估和币值计算变得十分复杂，而且必然增大了有关政策制定的难度。目前运输外部性的评估方法一般只局限于在较低的区域级层次上使用，对于跨地区或国家级层次的评价或计算，这些方法已经很难适应。

运输外部性币值计量的另一个重大难点是，物理性的外部影响与其货币估价之间的联系在很多情况下并不是直接的，例如计算汽车排放氮氧化物（NO_x）对林业造成的影响，就要从测量特定时间和特定地域的 NO_x 排放量开始，到测定这些 NO_x 对一定时期内环境所造成的影响，再到测定有关地区内林木因此而遭受的损害程度，最后才是对林木损失价值的估计。在很多情况下，人们对其中每一种联系的理解都有很多模糊不清之处，因此有时要衡量某一外部性的物理或生化影响本身都很困难，更不用说对其进行价值估计了。在这方面如果再把很多外部性通常具有显著的非线性特征，以及在很多变化或影响过程中会出现的关节点和临界阈值，即从渐变转为突变考虑进去，问题就更复杂了。

（二）运输外部成本计量的方法

尽管存在着这些困难，计量运输活动造成的环境、拥挤或事故成本的方法，近年来还是取得了一定进展，有人把有关的方法大体分成了如下几类：

1. 判例法

之所以用历史判例来从某些方面估价环境的价值，主要理由是应在长时期内保持一致性。这方面的判例是对造成环境损害进行赔偿的法律裁决。这种方法虽然表面上具有吸引力，但却具有严重的局限性。

虽然已有运输供应商赔偿有害污染物泄漏的例子，但法律裁决主要应用于对交通事故中的伤亡的估价。这是因为判例只存在于已确立权利的地方，而这些权利很少扩展到环境方面。即便没有这个实际限制，这种方法的用处也受到多数法律体系性质的限制。法律通常适用于事故中的受害者（包括死者亲属）在他们余生中受照顾的需要。因此，在环境破坏造成死亡的地方，人们不考虑死者的"成本"。同样，对动植物的损害一般不在依法裁决赔偿之列。

2. 规避成本法

运输对环境的许多不利后果可以通过隔离加以减轻，此类隔离或规避的成本可用作对环境价值的评估。双层玻璃窗能减少噪音干扰，安装空调可以减少空气污染的不利影响，为运输基础设施和车辆采用更安全的工程设计标准能降低事故风险。估计环境破坏成本的一种广为应用的方法是使该成本与规避成本相等。

主要问题在于难以从与其他利益有关的笼统支出中分离出为环境原因做出的特定支出，前者如安装双层玻璃（例如减少取暖费用等）或安装空调器（如降低温度）等。隔离噪音也只能是部分地隔离，当人在花园或窗户打开时就不能提供保护了。但在公路运输中，人均安全支出要低很多。

3. 显示性偏好法／享乐价格法

在某些情况下，环境资源的消费者通过自身的行为，含蓄地显示他们对环境资源的估价。他们牺牲一些金钱利益作为交换来限制资源环境的使用或者获得一些环境利益。典型的例子就是人们愿意多付钱而住到远离喧嚣的机场、公路的地方，或者出高价住远离繁忙街道的旅馆房间。因此，交通、震动、噪声和其他污染超过一定水平，就会使暴露在其影响下的有关住房等不动产价值遭受贬损，该方法就是根据住房等市场价格与环境质量方面的联系，推断交通污染所引起的环境成本。

4. 旅行成本法

新的运输基础设施会破坏以往无偿提供的休闲、娱乐场所，如公园、钓鱼台等。因而人们去这类场所享受自然乐趣，要花费可以计量的旅行成本，包括时间和金钱。可以利用这种信息来对此类设施的价值有所了解。

这一方法的主要用途是评估特定类型环境影响的价值，但在含多个环境因素和人们愿意对各种因素逐个评价就不大适用了。

5. 表述性偏好法

既定偏好法（在环境著作中称为偶然事件评价法）不是通过观察实际交换情况来给环境成本定值，而是力求从个人在遇到特殊情况时所做的交换中引出信息。使用的最广泛的方法是问卷调查法，即询问有关的一组人，如果发生预先明确的运输造成的环境破坏，他们需要什么补偿以保持现有的福利水平，或者他们愿意付出多少代价来阻止破坏的发生。问题设置在惯例范围内（以便利于表明设计哪些筹资方法），而且为了提供市场框架，询问者首先提出一个起始"标价"来开始调查，由答题者对此做出回答。所提问题必须细致地表述，以确保假设的交换清楚明了，并尽量使这种方法可能带来的问题减到最少。

这些评估方法各有自己的长处，也都存在着局限性。很难对所有不同的外部性影响都只使用同一种价值评估手段，因此可能会对不同的外部成本利用不同的定量计算方法，或者可能需要利用一种以上的评估方法。甚至对同一种外部成本，不同的分析人员或在不同的国家所使用的评估方法也不同，计算结论于是也存在很大差别。这里面当然也就产生了问题，就是以不同方式计算出来的运输外部性定量分析结果有时候很难进行简单的比较，也无法相加求和。例如，是否能把从规避研究得出的噪声污染价值和从既定偏好得出的空气污染价值相比较？所以，很多时候会引起人们对其真实程度的怀疑，并影响到其在实际中的应用。

三、交通拥挤概述

（一）交通拥挤的概念

1. 什么是交通拥挤

从研究的角度来看，交通运输造成了某些严重的拥挤问题，也提供了有效的分析基础。本书的第一篇已提到，对运输的需求并非长期固定不变的，大城市里，上下班的人定点定时往返，形成有规律的交通高峰，而去乡间和通往海外目的地的假日路线上有季节性的需求高峰。交通基础设施虽然从长期来看其能力有弹性，但在任意给定的时期内，其容量是有限制的。例如，人们不能扩大或缩小机场终点的规模以适应需求的季节性波动。当某种交通工具的使用者由于基础设施容量有限而开始妨碍其他使用者时，就产生了拥挤的外部性。此外，交通拥挤不仅给公路使用者造成时间和燃料浪费（纯拥挤成本），而且由拥挤带来的停车和启动进一步恶化了空气并产生其他形式的污染。由于公路交通拥挤往往集中在人们工作和生活的地区，所以地方形式的污染问题尤为突出。当然，如果不使交通工具在大部分时间闲置不用的话，一定程度的拥挤是不可避免的，问题在于多大程度上的拥挤是合适的。因为人们能接受一定程度的拥挤，但厌恶过度拥挤，还由于过度拥挤造成时间浪费和各种不便，于是产生最佳拥挤程度的某种隐含概念。

以道路拥挤为例，使用速度—流量关系这一交通工程学的概念可以为我们的分析提供帮助。假如选定一条直的单行道，考虑在一段时间内以不同速度沿该车道行驶的车流量，那么车速与流量的关系将如图1-1所示。流量取决于进入公路的车辆数和车速。当进入车辆很少时，车辆的交通阻力几乎为零，可以高速行驶，车速可能只受车辆性能和法定速度限制的约束；随着试图驶入该公路的车辆增多，它们知之间产生相互影响，彼此都放慢速度；当更多的车辆驶入公路，车速下降，但在某一点之前，流量将继续增加，因为增加的车辆数的作用超过了平均车速的降低，这是正常的车流情况；当增加的车辆不能再抵消降低车速的那一点，公路达到了最大流量。这就是公路的"工程容量"，它与公路的"经济容量"不同，后者是指扩大容量的成本被所能带来的效益超过之时的流量。

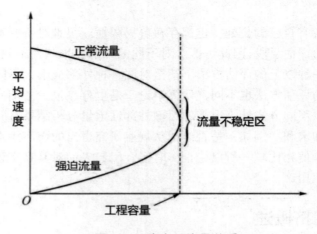

图 1-1　速度—流量关系

由于缺乏确切的信息，会使驾车者继续试图驶入流量超过最大容量的公路并引起车速的进一步下降，结果使速度—流量曲线折回，这种车流水平称为强迫流量。虽然存在能提高决策质量的"向经验学习"的阶段，但实际上，如果没有任何干扰和管制，在交通高峰时间，流量将停留在不稳定区周围。对很多国际大城市的抽样研究表明，这一不稳定区在车速约为18公里/小时时出现。

2. 为什么会出现交通拥挤

从个人决策的角度，交通拥挤难以避免，而且，交通拥挤一旦形成，便很难自发地改善。为了简单起见，我们以一个就业集中在市中心的状似同心圆的城市为例，来回顾一下交通拥挤产生的过程。该市中心被一圈居民区所包围，假定这种土地利用模式是固定的，现在可以确定以下三个阶段：

·阶段Ⅰ：所有的人都只有一种运输方式可以利用，即乘坐公共运输工具去上班，每人花费10分钟。

·阶段Ⅱ：其中某人（A）购买了一辆小汽车，驾车上班只花了5分钟，这一行动对其他人并无影响（即不存在外部性），其他人仍乘坐公交花 10 分钟上班。

·阶段Ⅲ：越来越多的通勤者看到了 A 享受的好处，开始购买并利用小汽车，结果造成了交通拥挤（因为小汽车对道路时空资源的占用远高于公交车），使开小汽车去上班所花费的时间上升为 15 分钟；并且，由于小汽车引发的拥堵，导致公交车的速度降低，因此乘公交上下班者要忍受 25 分钟的旅程。长此以往，由于公共交通在技术上的落后性质（在发生下列情况后：旅客减少—票价提高或／和更差的服务——旅客更少等等），这项服务可能无以为继。结果每个人就只好在要么买小汽车，要么骑自行车去上班这两者之间做出选择。由此而出现"囚徒困境"式的情况：每一个人宁愿恢复到原来的情况，而不愿这种新的不合意的平衡，但是靠个人的行动显然难以做到这一点。

（二）拥挤的经济成本

车速—流量关系的实际形式以及任何一条公路的工程容量取决于许多因素。公路的一些最为重要特征，如宽度、车道数目等，可以看作长期影响因素；短期因素包括交通管理形式和现行的控制系统，如信号灯、环岛等；最后，车辆的类型和交通组成也会影响容量。在短期供给较为固定的情况下，我们来分析一下拥挤的经济成本。

我们用图 1-2 来表示驾车人基于普遍化成本的出行选择。其中，MPC 代表在每一交通流量水平下拥挤的边际私人成本（包括了驾车人承担的货币成本和他／她所感受到的自身的时间成本），MSC 曲线代表在每一交通流量水平下拥挤的边际社会成本（MSC 与 MFC 的区别在于前者还包括了驾车人对其他公路使用者的外部影响）。当道路车流量超过某一点，如图中的 E，每个驾车人的边际社会成本不但包括其边际私人成本，而且包括由于交通拥挤所导致的道路使用者之间的相互影响。当交通量大于 F_e 时，MPC 曲线与 MSC 曲线的差都是该流量下拥挤的经济成本（外部成本）。如同我们从上文看到的，从社会的角度看，最优流量是在和需求相等处（F_0）。然而，由于公路使用者或者不知道或者不愿意知道他施加给其他公路使用者的外部成本和拥挤成本，他们仅根据 MPC 选择是否出行，实际流量往往在已处，从而造成了"过度"的拥挤（$F_e - F_0$）。

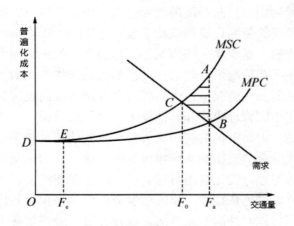

图 1-2 过度交通拥挤造成的无谓损失

从政策角度看，对与过度拥挤相关的实际成本有所了解很重要。从社会观点看，实际流量 F_a 过大了，因为第 F_a 个驾车者只享有 $F_a B$ 的利益，但强加的成分为 $F_a A_a$。超出最优水平 F_0 的外加交通量可以看成是 $F_0 CAF_a$ 产生的成本，但享有 $F_0 CAF_a$ 的利益，显然，无谓的福利损失为 ABC。低于 F_0 的交通流量也是次优的，因为得自驾车旅行的潜在消费者剩余收益没有被充分利用。当然，这确实意味着，即使在最优交通流量上，也仍存在拥挤成本，即 MPC、MSC 曲线之间直到交通流量 F_0 所围成的区域。但公路使用者享有的利益可将其抵消而有余。

（三）拥挤的经济价值

拥挤，或更确切地说过度拥挤，意味着"无谓的"福利损失和降低运输系统经济效率。可是近年来，有人一直在就这一福利损失是否被拥挤的其他有利后果所补偿的问题进行辩论。拥挤的有利后果在标准的、静态边际成本式分析中，并不是一眼就可以看出来的。辩论主要集中在三方面，一些人把注意力集中在拥挤对社会中不同群体的分配效应问题上，另一些人关注较为直接的效率问题，还有一些人考虑其他形式的成本。

1. 具有分配作用

交通拥挤带来的主要成本通常是指时间成本（虽然还可以考虑燃料和普遍化成本的其他组成部分）。排队等待使用交通设施以及行驶速度的减慢都浪费了使用者的时间。减少需求和增加供应的措施以及引入市场价格以优化拥挤程度，都造成了财政或福利的损失。虽然根据十分简单的效率标准来看，这些损失必然低于由此节省的拥挤成本，但仍然要由某些人来承担。赞成保留高度拥挤将其作为一种分配稀缺的交通设施的手段的那些人认为，因为从短期看来，时间是均匀的分配给每个人的——也就是每人每天有 24 小时——所以它是比许多供选择手段更为公平的方法。如果旅行者确实想外出，他应该情愿（并且能够）等待，但如果征收较高的防止拥挤的费用，预算的限制可能使他不能旅行。

2. 可以增进效率

我们转向第二个赞同由拥挤来分配的温和论点之前，先讨论一下效率问题。有人把拥挤看成是分配某些种类的便利设施的辅助手段，是对其他机制（通常是货币价格机制）的补充而不是与之竞争的。据说在一些情况下，拥挤造成的无谓损失可以被其他形式的利益所超过。例如，在某些情况下，聚集在拥挤的机场候机的人们会有成效的利用花费在排队上的时间，而在另一些情况下，由次优过分拥挤造成的无谓损失可能低于为达到交通设施最优利用而产生的管理成本和其他成本。更一般地说，这种论点以为，由于交通使用者并不是一样的，因而不同的使用者人群对时间的估价是不同的，所以同时具有时间分配的设施和财政分配的设施的系统很可能是最优的。如果与从零售业到汽车制造业等其他形式的经济行为进行类比，则可以看出分配是要花费金钱和时间的。例如，在本地的小店里，人们可以得到快捷的、单独的服务，但价格很可能比在较远处的大型超市要高，在超级市场，付款时排队是正常的。这种方法一般使用在某些运输形式中，例如，在许多国家，收费的高速公路和不收费的低速主干公路是并行的。在给定的收入分配条件下，这种种增加的选择机会必然使福利增加，增加的福利反过来可以抵消由运输系统的拥挤部分造成的无谓损失，至少可以抵消一部分损失。实际上，消费者直接的时间机会成本不同导致出现了产品的差异。

3. 过高的交易成本

最后，当同时考虑其他形式的成本时，高水平的拥挤本身也有可能是最优的（即使由它造成的无谓损失，以及上述两个论点都无法应用）。例如，从过度拥挤移动到最优拥挤水平所需的交易成本，很可能比消除无谓损失所带来的传统意义上的福利还高。消除像过度拥挤这类外部性需要付出的交易成本有三大类：降低外部性的单位成本、最初的一次总付组织成本以及贯彻行动的信息／实施成本。在几乎所有情况下，要消除过度拥挤，都会牵涉上述这些种类的一种或几种成本，而且在许多情况下，这种交易成本可能极高。一个相关的问题是，为交通使用者实际降低拥挤程度使其达到最优水平，可能意味着将其他形式的外部成本（通常是噪音和空气污染）带给社区中更为广大的非交通使用者。例如：提高对使用过度的主要机场的着陆费，可能把交通量转移到其他地方，并使环境成本落在原先未充分使用的其他机场附近的居民身上。如果运输的需求使环境成本的负担集中在社会中相对少的人群身上，在这种情况下，人们可能感到，运输基础设施的利用要比如果降低拥挤程度但导致需求在地理上的扩散更可接受。如果最初拥挤集中在相对不敏感地区，情况就更是如此，因为降低拥挤程度将增大居民区或其他敏感地区所遭受的环境侵扰。

第二节　运输企业

一、企业的概念

企业（enterprise），一般是指在社会化大生产条件下，从事生产、流通与服务等经济活动的营利性组织。企业的概念反映了两层意思，一是经营性，即根据投入产出进行经济核算，获得超出投入的资金和财物的盈余，企业的经营的目的一般是追求营利性；二是反映企业是具有一定经营性质的实体。由此可见，企业基本上是属于一个经济概念，而不是法律概念。

20世纪前半期，新古典理论把竞争性企业看作一个统一实体甚至仅仅是一个生产函数多而新制度经济学在分析企业的性质时，则主要强调两个方面：一是，一个企业涉及了与要素投入者之间的一系列长期契约关系；二是，企业用要素市场代替了产品市场并往往典型地用等级关系（hierarchical）代替了市场交换关系。

新制度经济学（new institutional economics）认为，当市场上的所有个体之间的交易成本大于他们组成一个组织所产生的交易成本时，企业就出现了。他表现为若干单个的市场个体组成一个合适的比较稳定的联盟。这些个体之间以比较详尽的契约来维护彼此的关系，以企业内的交易取代市场交易以便降低交易成本并且共同应对外部的风险，并且以一个整体的概念同外部进行联系，其实这就是一个企业。同时，理解企业的均衡规模的关键是，分析使用价格机制的成本（市场交易成本）和使用企业的成本（企业内的交易成本）。因为，当前者大于后者时，企业将倾向于在内部组织交易，其规模将增大；反之，企业将倾向于通过市场组织交易，其规模将缩小。

狭义的运输企业：是指以营利为目的，使用载运工具提供旅客或货物运输服务的企业。广义的运输企业：是指以营利为目的，提供基础设施服务、运输组织服务或使用载运工具提供旅客或货物运输服务的企业。除了上述运输企业，还包括机场经营公司、公路经营公司、码头经营公司等等。

二、运输企业的产权形式

（一）公路企业的产权形式

1. 什么是公路企业

公路企业，是负责在长期内供给和管理具有一定质量属性的公路产品的经济组织，公路企业包括了由政府管理部门掌控的"政治性企业"。公路基础设施网络的主要经济特性之一是相互依赖性，公路网络效率的提高有赖于网络中各个主体（公路企业）的密切合作；同时，公路线路、桥梁等资产具有较高的沉没成本和较强的资产专用性。因此，公路企业之间所签订的契约一般都属于长期的关系性契约。同时，由于公路的准公共物品特性和公路企业的垄断能力，公路企业通常是政府管制的重点对象。从组织的角度讲，公路企业的组织边界也应该包括企业与政府的边界和企业与市场的边界两个方面。

研究公路产业这样的网络型产业，似乎必然要涉及"管制问题"，政府的经济管制对公路企业的边界起到了重要的作用。我们可以将管制视为"管理性契约"。管理性契约主要确定的是企业与政府之间的契约关系，这种契约关系可以从三个方面来分析：第一，它确定了企业和政府的边界。市场经济条件下，公路企业从政企合一的组织形式向商业化经营的组织形式的转变，要求企业与政府之间的关系由政府直接经营转化为契约关系，从而确定企业与政府之间的边界。第二，政府对公路企业的管制尤其是对其服务价格与服务质量的管制有可能对企业的激励产生重要的影响，从而改变公路企业的组织边界。第三，一些国家的反垄断法直接干预和限制了公路企业的组织边界。在市场经济条件下，公路企业的改革和重组需要确定政企分开和实行商业化经营的目标，从而使公路企业与政府的关系从行政隶属关系逐渐转化为一种经济契约关系，这已成为社会的共识。但是，究竟是什么因素或力量在推动着这种转变呢？仅仅是为了顺应社会性制度变革的大趋势么？换一个角度，如果将政府也视为一个"超级企业"，上述公路企业与政府关系的转变也可被认为是公路企业产权形式（所有制形式）的转变。

　　公路曾被认为是典型的处于公共部门（public sector）的经济商品。但是，一种资产处于公共部门的现象并不意味着它一定是被置于公共领域的。事实上，公共道路特别是高等级公路实际上常常并不是被作为公共财产（公共财产或共同财产主要来源于普通税费，即全社会成员均需交纳的税费，而不是使用者税费）来管理的。除了对一些交通工具的诸如安全性和重量、尺寸的特征进行限制外，道路利用者需要支付各种使用者费用和税收，例如车辆购置税、公路养路费、路桥通行费等等。这里就牵涉到公路的"产权"问题。

2. 公路企业的产权

　　产权（property right）是一个社会所实施的选择一种经济品的使用的权利。一个产权的基本内容包括行动团体对资源的使用权与转让权，以及收入的享用权。它的权能是否完整，主要可以从所有者对它具有的排他性和可转让性来衡量。如果权利所有者对它所拥有的权利有排他的使用权、收入的独享权和自由的转让权，就称它所拥有的产权是完整的。如果这些方面的权能受到限制或禁止，就称为产权的残缺。经济学家们往往把所有权状况分为两类：全部拥有和不拥有，后者也被称为"共同财产"，即对其利用没有任何限制的财产。就目前的做法来看，处于政府控制之下的财产有时被称为"共同"财产，或者被看作处于"公共领域"中。但是，把这些财产看作是无主财产是不恰当的。路产从所有者角度可分为两类：私人路产与公共路产。私人路产的所有权属企业；公共路产的所有权属国家，代理国家行使路产所有权的是交通主管部门下的公路管理机构 a

　　一般的观点认为，公路的供给可以采用国有产权、共有产权（集体产权）和私有产权三种形式，其实质是将产权界定给了不同的行动团体——国家、共同体或特定的人。为了便于表述，这里将这三种产权形式进一步简化为国有（公有）与私有两种产权形式，对应的公路形式分别为"免费公路"和收费公路。这样分类的理由是，如果将中央政府视为一个"超级企业"的管理者，则可以将地方政府的行为类比为私人行为，将地方政府间的交易类比为市场交易。这样分类的好处是可以清晰地展现公路产权制度变迁的主要原因在于"提供公路产品供给的有效激励"。

3. 公路的国有产权

　　新制度经济学认为，历史上，有三个方面的因素会导致像公路这样的重要资源成为种公共财产：

　　（1）高额的排他性费用

　　相对于公路自身的价值，检测和度量道路使用者对公路使用的交易成本非常高昂，以至于界定这些公路产权的代价甚至超过了供给公路产品的收益，因此人们选择了免费提供这些公路的产权安排。

　　（2）对于分享型排他性权利行使的高额的内部治理费用

　　政府之所以在拥有所有权的条件下能够容忍像公路这样有价值的资源的租值耗散现象，原因之一也许是内部治理成本可能高得使任何规模的公路都不可能产生。

（3）政府自身的限制

政治上对于公平 / 平等的考虑也许使这种强制开放资源的状况持久存在；缺乏运输业者的支持或许也是产生这一现象的原因；最后一个因素，是对于公路管理缺乏制度经验，这或许源于知识的不足。一直到 20 世纪 90 年代，我国的许多公路经济学家在研究公路运输中的制度性问题时，都没有想到应用交易成本和产权理论，众多庇古经济学教导出来的经济学家只知道用征税和补贴来减少私人与社会边际成本的差异。逐渐地，经济学家们开始注意到不同的经济规则下的激励和强制成本的差异，而且发现，制度创新可以降低建立对于公路资源排他性权利所需要的交易成本。

当公路为公有时，每个人都具有使用公路的权利。这种形式的所有制未能将任何人实施他的共有权利时所带来的成本集中于他身上，因此无法控制对公路的"过度使用"，带来效率上的损失。可以想象的是，如果谈判成本和监察成本为零，每个拥有这些权利的共同体成员"可能"都会同意降低在公路上的生产率。但很明显，谈判成本可能因许多人很难达成一个共同满意的协议而很高；即便所有人之间的协议能够达成，我们还必须考虑监察协议的成本，这些成本可能也很高。而且，在这一体制下不能将后代的全部预期收益和预期成本由现在的使用者来承担。因此，公路的公有产权导致了极大的"外部性"，较高的谈判和监察成本使得"使用财产需向他人付费"的体制无效，国家转而采用统一征收税费的方式（例如车购税、养路费）补偿公路成本并按照一定的组织体制（类似于企业内部的组织）将资金投入至各路段，其中的问题在于存在较高的"转移损失"（转移损失包括征税的直接成本、由于征税而降低的工作激励、征税过程中的腐败，等等）。

从企业组织形式的角度看，在国有产权下，公路产品是由"政治性企业"（政治性企业，用以泛指由地方或全国性的政治单位拥有的组织，这些组织雇佣劳动力和购买原料投入品生产商品）供给的。虽然各种政治性企业的契约本质有很大差别，由此带来的成本和奖罚结构的差异意味着会有不同的经济结果，但是，它们有一个共同点，即，虽然人民大众是它们的最终集体拥有者；但其权利却是由国家（或共同体）所选择的代理人来行使。作为权利的使用者，由于该代理人对资源的使用与转让，以及最后成果的分配都不具有充分的权能，就使它对经济绩效和其他成员的监督的激励减低。而国家（或共同体）要对这些代理者进行充分监察的费用又极其高昂，再加上行使权力的实体往往为了追求其政治利益而偏离（社会）利润 / 福利最大化动机，它在选择其代理人时也具有从政治利益而非经济利益考虑的倾向，因而国有产权导致了很大的效率损失。进一步看，单个公民通常没有对政治性企业剩余收入的直接索取权（虽然剩余收入是正或负通过降低或提高税率能间接影响它们），除了脱离政治单位，它也不能转让它对企业的权利（和义务）。很多学者对政治性企业和私营企业的经济结果进行了比较研究，结果发现政治性企业的生产率一般要低于私营企业 s 政治性企业的管理部门不仅对削减成本的积极性不高，而且不如私营企业那样对能使企业价值最大化的价格战略大量投资，在某些情况下，假定不考虑质量因素，高成本确实能成为一个独立追求的目标。例如，当本地经营的一个项目得到国家资金的支持时，当地政府通过加大成本的办法多用国家的钱并不是没有道理，至少这样可以增加就业和扩大当地收入。

我们也应该注意到，许多政治性企业通常具有其明确的目标——以低于成本价的价格出售（公路）产品（的使用权）。对此种行为有几种解释：在纯粹的公共物品案例中，将商品的排他性权利转让给私人单位的施行成本太高，以至于不可能按每单位进行营销，因此，纯粹的公有产品生产通常由税收作为财政后盾；另一种理由是，掌握着政府的领导人希望看到某种物品具有较高的消费价值，这种产品俗称殊价商品，该产品的消费价值比该产品被拿到自由市场拍卖赢利时的享用水平更高。不过情况也未必一定，政治性企业也常获利，有时甚至是巨额利润。但无论某个政治性企业的经营结果如何，单个选民一般没有多大控制其代理人的力量。，他要么离开该社区，要么试图通过政治程序影响企业的经营，但两种选择办法的成本（出走和集体行动）相对于得利一般都很高。

既然政治性企业多半会成为高成本生产商，为何政府还要决定在那些私人经营一样好的行业建立政治性企业呢？答案并不唯一：对政治性企业的嗜好是一种可行的解释；第二种解释是由于公众和其代表无法获得有关政治性企业相对成本劣势的可靠信息；第三种可能性是政治性企业已经被有意无意地看作转移财富的一种机制；第四，虽然从技术上讲，政府完全可以通过契约方式让私营企业生产公共物品，然后再由政府买来向社会提供，但在实践中，当所指的产品或产出很难衡量，或者当安排给私人生产可能对国家产生危险后果时，便很难做出这种抉择。

4. 公路的私有产权

当前，在融资、建设、经营和维护等方面来进行的公路企业的私有化（民营化）似乎已经成为世界各国公路运输系统的发展趋势。一般认为，民营化主要有两个基本动机：一是认为私人部门的效率高于公共部门；二是认为私人部门代表了新的融资渠道。（当然，公共部门也可以通过以预期收益为支撑的贷款等方式进入资本市场，然而，公共部门大多具有一定的债务限额，超过此额度融资极为困难。另外，由于公众对税收的反感，公共部门也难以通过征收新税种来融资。）

从已有的经验来看，公共投资兴建公路的结果似乎就是供求失衡，供给能力不足导致拥挤是公共道路低效率的主要表现之一。导致低效率的第二个原因是在公路投资项目上的资源分配不当，公有机构投资的公路，方案接受与否更多地取决于政治因素，而不是经济条件。虽然私人投资也常常失败，但不同之处在于私有公路不会要求用户为那些他们还未使用的项目付费，也不会出现已经交纳了几十年的税收，却要面对那些永远不会建成的公路的局面。私人公路的最大优势在于，如果私人（或地方政府）拥有公路（或某一路段），当他作出一项行动决策时，由于他具有排斥其他人的权利，他将考虑未来某时的收益和成本倾向，并选择他认为能使他的公路权利的现期价值最大化的方式，来做出使用资源的安排。同时，为获取收益所产生的成本也只能由他个人来承担，因此，在国有产权下的许多外部性就在私有产权下被内在化了，从而产生了更有效地利用资源的激励。这就促使私有公路的经营者提供更有效率、更可行的服务。

5. 公路产权选择的意义

但是，由于公路的网络经济性，各路段与其他路段乃至整个公路网之间存在着一定的相互影响，虽然原则上一条公路可以分成若干路段，各段自主经营，通过市场契约来连接相邻区段的业务。但是由于各路段都已投入了专用资产，而且公路各区段的联系和业务往来又极为频繁，巨大的沉没成本诱导出各个公路所有者之间的机会主义问题。加上对一段 / 条公路拥有私有权利的所有者并不具有对另一私有公路的权利，如果不存在谈判，一段 / 条公路的所有者在经济运营他的公路时，就不会具有考虑由此对其他公路所产生效应的直接激励，这就产生了另一种巨大的"外部性"。因此，公路的所有者为了将所有剩余的外部性内在化，他们之间会进行谈判，有两种市场选择可供考虑（当然是处于一定的政治约束下）：一种是试图在所有者之间达成一个合约协议（通过市场或中间组织如联营、卡特尔等），以直接应对处于争议中的外部效应；另一种选择是横向一体化，由一些所有者将其他人的公路买过来，从而改变所拥有的公路规模（极端的情况是国家所有，这当然可能带来很多人不愿意见到的"垄断问题"。虽然，相对于市场范围，如果规模经济很大，实行垄断就是有效率的，但是，公众往往对垄断一词是深恶痛绝的）。

从经济学意义来讲，一种产权结构是否有效率，主要看它是否能为在它支配下的人们提供将外部性较大地内在化的激励。在分析了不同所有制形式对公路企业交易成本的影响之后，就不难理解公路产权的转变了。近三十年来，以收费公路这种公路供给形式的逐渐推广为主要特征，我国公路产权制度改革目的是通过制度变迁，增加对公路供给（特别是高等级公路供给）的有效激励，以便解决我国经济快速发展中的交通事业瓶颈问题（融资问题）并提高公路质量与服务水平，同时获得拉动内需、提供就业机会等社会效益。

（二）车辆运输企业的组织形式

将新制度经济学用于公路货运行业的分析较少，一些研究表明：内部采购和长期契约可以用来减轻由于使用专用性的拖车（即那种几乎没有可替代品的拖车）而引起的敲竹杠问题；在公司司机（即雇员）和所有者——货运商（即车主）之间的契约风险主要来自三个方面：需要及时协调货车运行（零担货运的需要高于整车货运）；使用具有专用性的驾驶——培训特征的货车（即市场应用范围狭窄的货车）；货运商对声誉资本的投资（假定这种投资能产生影响货运商与司机关系的契约风险）；车辆运输企业的纵向一体化决策是受制度环境影响的，主要由于制度限制，一些国家的企业并未对技术变化（如新的通讯技术和"及时"配送）做出反应来提高纵向一体化程度，此时取消制度限制要比采取奖励措施更能提高公路货运业的纵向一体化程度。

在产权文献中，企业的分类通常是按照表明对剩余收入支配权的契约安排划分的。企业剩余收入是支付完契约规定的要素固定收益后剩留下来的总额。在公路货运业这样的竞争性行业中，运输企业通常会采取下述三类竞争性组织类型：

1. 个体所有制

或称业主所有制，指的是在经营单位内，剩余索取者和最终决策者同为一个人的企业体制。该经济组织形式的优势在于其不存在共同所有权问题，也不存在由所有权和控制权相分离引起的代理人问题。但该形式的不足之处在于业主所有制会遇到投资视野问题。一般来说，如果所有者从投资中获得净收入流的时间与他渴望的消费过程之间存在冲突，就会产生投资视野问题（当收益回收期大大超过投资者的预期时，这个问题可能会更为突出）和投资分散化问题（当业主们不得不把自己大部分人力和财力投向他们的企业时，过分依赖单一的业主人力资本、依赖于内部融资，会出现很高的风险）。由于外部融资存在着极高的交易成本，所以该体制受到业主自身财富多少的约束。个体所有制不适合那些通过规模经济来获得优势的经营活动，但其相对优势却能体现在那些需要特别审慎且规模较小的经营活动中。

2. 合伙制企业

通过汇集几个人的资源减轻了企业所面临的财务约束，而且合伙者还获得某些生产规模上的优势。一旦各所有者能向企业投入较小份额的资产，合伙制就为人们提供了机会，以降低承担风险的成本空另外，企业产品多样化也可降低承担风险的成本。但是合伙制没有摆脱共同所有权的问题。

3. 不公开招股公司

其股份持有者通常是内部人员或与所有者—管理者有特殊关系的人，由此可以部分地消除与所有权、控制权分离有关的代理问题。但这种组织形式不能使当事人要么专于承担风险，要么专于企业管理，因此企业不能从分工中享有完全的利益。另外，如果所有者——管理者人数增加，共同产权问题仍不可避免。同时，由于剩余分享契约限制了股份的转卖，不公开招股公司的股票既不在金融市场上评估，也不流通买卖，个人股东想放弃所有权就需耗费很高的交易成本，这样会影响投资决策。

向业主所有制企业、合伙制企业和不公开招股公司投资，并不像常见的那样以市场规则为基础：在小规模生产和服务性活动中出现的业主所有制、合伙制和不公开招股公司，采用了一种更直接的方法来控制决策过程中的代理问题。在这些组织中，剩余索取者被内在地或明确地限定为决策者，这种限定避免了控制代理问题的成本（这种代理问题出现在决策者和剩余索取者之间），但是代价却是这类组织承担剩余风险的能力不足，还存在着投资不足的倾向。结果，上述三种类型的企业都基本上不再遵循市场决定价值的规则 & 所以，只要人们把剩余索取人限定为决策者本人，而节约的代理成本高于投资受到限制和承担剩余风险不力而引致的成本，则这类组织就可以生存下去。目前，我国公路货运的运输货物仍是以建材、农、矿产品为主，其较低的货物价值对运输企业承担剩余风险的要求并不高，因而上述企业类型占据了我国公路货运业的主导地位也就不足为奇了。

三、运输企业的一体化

(一)公路企业的纵向一体化

1. 纵向一体化的概念

公路企业的纵向一体化(vertical integration),是指在公路产品的供给流程中,从上游的公路建设,到下游的公路运营、管理乃至维修、养护均在同一公路企业内部完成,可以将其类比于普通商品的制造、销售和售后服务等过程的整合。

2. 选择市场还是内部组织

新制度经济学认为,与内部组织(如企业)相比,市场的主要优势在于:第一,市场比内部组织能更有效地产生强大的激励并限制官僚主义的无能;第二,有时,市场有通盘解决需求的长处,由此实现规模经济或范围经济。虽然市场有着如此多的优点,但现实中(高等级)公路产品的供给,却通常是由纵向一体化程度较高的公路企业来完成的。这是因为,对于公路这类不确定性较高的专用性资产,内部组织更易于建立不同的治理手段,例如签订长期合同或实行纵向一体化,为公路供给者提供购置长期资产所必需的激励。

高等级公路无疑具有非常强的资产专用性(如果市场规模很大,那么专用技术投资的成本是可以收回的;如果市场规模很小,则另当别论了,因此对于交通量较小的低等级公路或乡村道路,我们往往只能看到通用型设备及一般的生产工艺,但对于高等级公路,新设备、新技术、新工艺的运用是屡见不鲜的),进行这样的专项投资,从技术上说固然能节省成本,但由此形成的资产已无法改变用途(或者说如果改变用途,残值非常低),如果初始交易夭折或没有到期就提前结束,该投资在另一最佳用途上或由其他人使用时的机会成本要低得多,这将造成战略上的危机。在这种情况下,就要看参与这场交易的交易者是否珍惜继续保持这种关系。如果交易双方关系的持久性是有价值的,那么,为支持这类交易,各种契约和保护措施(例如组织)就会出现。因此,我们看到了公路投融资、建设、养护以及运营管理过程中一系列纷繁复杂的合同条款及组织形式。

我们的社会是技术发达的社会,复杂的技术当然要有复杂的组织来为之服务,这一点无可争议。但认为一体化程度高些就一定比低些要好,或仅强调"物理要求或技术要求"的观点,则落入了"技术决定论"的误区。该理论认为纵向一体化是自然技术秩序不成问题的结果,是为了解决技术方面的问题才导致纵向一体化。实际上,应把公路企业的内部组织倾向看作在一定的制度环境下,市场与等级制相互较量的结果,而不是技术特点所决定的,其纵向一体化的主要目的在于节省交易成本(兼具有一定的战略目的)。决定纵向一体化的主要因素是低交易频率、较高不确定性条件下的资产专用性;至于技术,虽然是限定可能的组织形式边界的因素之一,但在此,却属次要的因素。当然,纵向一体化并非没有缺陷,只要资产专用性的程度不高,内部组织会受到激励失效和官僚主义无能的严重困扰,内部组织的治理成本就可能高于市场组织的治理成本;在一体化状态下要保持强激励机制(强激励机制,是指握有剩余索取权),会产生严重的副效应，经济代理人的行为就会影响到总收入以及（或者）总成本的水平；纵向一体化会造成资产使用的损失、会计造假账的问题以及创新问题等。

（二）公路企业的横向一体化

1. 横向一体化的概念

公路企业的横向一体化（horizontal integration），是指公路线路前后相继的公路企业或拥有平行线路的公路企业之间进行一体化的行为。由于缺乏有效的度量手段，人们通常会这样推断：一定时期内如果企业规模扩大了，就可以说其纵向一体化的程度提高了。但是，企业规模的这种扩大往往是平面扩张即横向一体化的结果，也就是说企业所服务的市场在扩大，但企业的行为结构并未改变，或者说并未实行多角化经营。

2. 自然公路单元的技术特征

为了便于分析，假定初始条件下，公路网（不包括完全免费路段）被划分成众多尽可能小的"自然公路单元"，这些公路单元分别为不同的私人所有（即具有排他性）。"自然的"公路单元，即技术上不可分的实体，大约只是数十公里甚至数公里的公路路段。当交通运输量不复杂，并且短距离运输量居多时，公路"公司"雇佣数十名工人、一个经理和若干功能活动的管理者就足够了。各个"自然"公路单元之间（主要是相继单元和相平行单元之间）通过市场进行"交易"，交易的内容是公路产品供给的协调性。简单地讲，相继公路的服务水平与其收费水平应相一致，以保证运输车辆在运输的整个过程中（可能会通过数个公路单元）得到效费比相近的服务；相平行公路的服务水平与其收费水平可以保证运输车辆能够"有效率"的分流到各个的公路单元上。需要注意地是，由于公路服务水平的渐变性与慢变性，上述交易的频率一般是较低的。如果路网的服务水平与收费水平能够完全准确地与运输车辆的需求相一致并能够在瞬间（毫无成本地）进行调整，同时各"自然"公路单元的所有者能够"绝对理性"地进行"信守诺言"的自由竞争，那么，事先就可以设计（计划）出一套完善的合同，各公路单元的所有者按照合同行事，就足以保证整个路网的运营效率。于是，"公路工程技术标准""公路收费标准""路面养护技术规范"等一系列法规、标准、规范、规定应运而生。从新制度经济学的视角来看，这些法规、标准、规范、规定之所以被设计出来，不仅是为了保护公路路产、降低信息成本，也是为了提供一种正式的制度或契约，协调各个公路企业之间的市场交易，以保证整个公路网络的服务质量与效率。

3. 我国公路企业的横向一体化选择

综上所述，在公路产业中，相对于有效率的经济单位来说，有效率的技术单位是非常小的，组织的因素而非技术因素才是大型公路系统产生的主要原因。由于公路的资产专用性和需求的不确定性，我国公路产权制度改革的目的是增加公路的供给量，其途径主要是公路产权的分散化以增加有效激励。对于不同的公路形式，相关的（市场以外的）治理主要有：

①对于高等级公路特别是高速公路来说，由于其资产专用性较强，加之其服务的范

围较广，第三方治理易受到沿途地方政府利益不同的困扰，因而横向一体化是较常见的治理结构，但横向一体化的程度受到行政区划（主要是省界）的严格限制。

②对于普通公路来说，由于其价值较低，资产专用性不强，三方治理是常见的结构，其中，第三方"仲裁者"一般是由各公路交易方所在的地方政府或高一级政府来扮演的。

第三节　载运工具的经济特性

一、载运工具的经济装载量

（一）载运工具的经济装载量模型

在载运工具的类型已定（载运工具已购置或租用）的情况下，运输业者选择装运多少的目的是为了使提供运输服务的利润最大化。根据经济学的基本原理，供给者应当将产量置于边际收益等于边际成本处。对于某一运程来说，产量就是载运工具的装载量乘以运输距离。因此，运输供给者应当将装载量定在运输的边际收益等于边际成本时的水平上，我们将此时的装载量定义为"经济装载量"。

假定对于某一运程，运距不可调整，市场运价 P 也固定不变，我们用图 1-3 来说明装载量选择的问题。图中，横坐标为载运工具的装载量。AFC 曲线代表载运工具这一运程的平均固定成本。固定成本是与装载量无关的费用，例如车辆的时间折旧、固定税费、司乘工资等等。随着载运工具装载量的增加，平均每一吨货物或每一位旅客所分摊到的固定成本呈逐渐下降的趋势。AVC 曲线代表载运工具这一运程的平均变动成本，主要包括燃料消耗、物理折旧、维修费用以及其他一些变动开支。它是一条先下降然后逐渐上升的曲线。AVC 曲线后期逐渐上升的一个原因是，随着装载量的增加，车辆的使用强度渐渐超过其原有的设计标准，载运工具的平均燃料消耗和平均维修费用会大大提高。AFC 曲线与 AVC 曲线的叠加是载运工具这一运程的平均成本曲线 ATC。而市场运价 P 与边际成本曲线 MC 的交点对应的装载量 L^* 即为载运工具这一运程的经济装载量。要注意市场运价 P 有可能高于，也有可能低于平均成本 ATC。

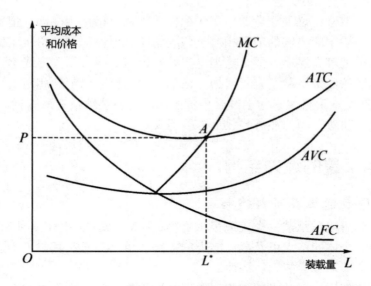

图 1-3　载运工具经济装载量示意图

从经济的观点来看，如果装载量达不到经济装载量，载运工具的运输能力出现闲置，这当然是不经济的；而如果载运工具的装载量超过了经济装载量，又会导致对载运工具的过度使用，在经济上也是无效率的行为。据此，运输供给者应当选择经济装载量为某一运程的最佳装载量，因为这样可以获得这次运输服务的最大利润。

（二）载运工具经济装载量的影响因素

1. 载运工具类型的影响

不同类型的载运工具，其成本曲线的形式不同，经济装载量也千差万别。即使对于同一类型的载运工具来说，由于货运需求的多样性与复杂性，加之每一台车辆的具体状况（如车龄或改装情况）与使用环境也不尽相同，其某一运程的经济载量也存在差别。

2. 货运需求地区不平衡性的影响

以上考虑的是单程运输时的情况，众所周知，载运工具的运输存在"返程问题"。

由于货运需求的地区不平衡性，会引起载运工具在满载方向与回程方向经济装载量的区别。以 2 轴卡车为例，如果返程时运输需求较小，无法达到去时的经济装载量，那么，车主也可能同意提供运输服务，因为回程是无法避免的。

3. 固定税费的影响

如果固定税费水平提高，等效于增加了车辆的固定运输成本，即车辆的经济装载量增加了。这也是我国超载运输治理中，有时会出现"越治越超"（即处罚越多，超载越多）的原因。因为如果对超载车的处罚与其装载量无关，对于车主来说处罚仅相当于固定税费，他／她有动力通过装运更多的货物来分摊掉这些处罚的成本。

4. 生产要素价格的影响

如果某一生产要素（燃油、轮胎、车辆配件等）的价格出现变动，情况就比较复杂了。简单地讲，如果生产要素的消耗相对于装载量缺乏弹性，例如司机工资通常不会随着装载量的变动出现较大浮动，那么这类生产要素价格更接近于固定成本，其价格水平的上升会导致车辆的经济装载量有所增加。而如果生产要素的消耗相对于装载量富有弹性，那么这类生产要素价格水平的上升会导致车辆的经济装载量有所降低。但总体上看，生产要素价格的变动对车辆的经济装载量影响不大。

二、载运工具的运力结构

（一）大型载运工具的经济性

载运工具小到可以只承载一个人或很少货物，但我们知道，对于某种运输方式来说，存在随着载运工具个体的增大以及载运能力的提高，单个载运工具的平均运输成本逐渐降低的经济现象，即"载运能力经济性"。

近年来，随着车辆制造技术的进步，卡车的运输能力已经大为增加，平均运输成本也降低到了令人惊讶的程度。

需要说明的是，即使卡车的大型化可以降低平均运输成本，也不会导致所有的车主都购置大型卡车。因为这里存在一个能力充分利用的问题，也就是说必须尽可能提高卡车的实载率，否则卡车越大浪费越严重，这也成为公路运输业降低成本或提高效率的一个关键。卡车实载率的保障显然是有难度的，如第 3 章所述，货运需求存在地区不平衡性，在某些运输方向上相对较小的运输需求可能永远也无法提供所有车辆实现另一运输方向上的经济装载量。其次，货运需求的分散性和货运信息的不对称也导致了车主很难获得运输市场上的有效信息，使其难以找到合适的消费者。此外，对于货运需求者来说，追求较大的装载量固然可以降低平均运输成本，但也有可能导致运输服务的其他方面出现问题，例如更复杂的装卸搬运、更多的货损货差、更高的储存成本等。因此，对于大小不一的载运工具的需求都会存在。最后，小型载运工具的拥有成本更低，对车主的收入水平要求更低，在运输市场不景气时车主的承受能力也相对更高。

（二）实载率与运输组织

既然大型载运工具和小型载运工具都有存在的必要，那么，运输市场中保持怎样的运力结构（各类型载运工具的比例）才合适呢？当然，这是一个运输市场中千千万万供给者与需求者的群体选择问题，并不存在所谓的"最优运力结构"。实际上，由于运输需求和供给的时空差异，加上供需双方之间交易信息的不完全，运输需求与供给的完全均衡很难实现。我们只能尽力去缓解供需冲突，减少效率损失。例如，我们可以通过载运工具的中转运输来充分利用大型载运工具的成本优势与小型载运工具的灵活性，这便属于运输组织的范畴。

现有载运工具运输能力的充分利用应该是在短期成本曲线上讨论问题，不适于用规模经济理论来分析，因为规模经济是说生产的长期平均单位成本逐渐降低。那么怎样解释网络经济与提高载运工具实载率的关系呢？这一点其实结合范围经济的概念就比较容易理解了。我们假定直达运输的产品是同一性的，那么在网络上经过中转的运输则肯定包括了不同的运输产品；如果同一性的运输产品数量足够大，运输业就会组织直达运输，因为那样效率更高；如果同一性的运输产品数量不够大，那么提高实载率的要求就会促使运输企业利用网络形成中转式运输结构，以便充分利用设备的能力；而一旦经过中转，载运工具上显然就会包括起讫地点不同的运输对象；中转结构的范围越大，网络上不同起讫地点的运输对象也就会越多；所以，运输业在很多情况下是在用多产品的范围经济去满足提高设备实载率的要求。使用的载运工具越大，支持其有效运营的运输网络往往也越大，运输业者利用网络经济的优势提高载运工具实载率，是运输业规模经济和范围经济密不可分的一个突出例证。

三、载运工具的经济寿命

（一）载运工具的经济寿命理论

同人类一样，载运工具也有自己的生存期限，不过长短差别很大。第一次产业革命时问世的蒸汽机车，现在还未完全退出历史舞台；而今天市场上一些人们趋之若鹜的小轿车，可能几年后便不复流行。我们把载运工具从投入市场开始到被市场淘汰为止所经历的时间，称为载运工具的寿命周期。那么，对于运输供给者的某一辆车来说，其寿命周期有多长呢？关于载运工具的寿命有多种分析方法，最常见的"三分法"将载运工具的寿命分为自然寿命、技术寿命和经济寿命三种类型：

1. 自然寿命

载运工具的价值一般来说都会随着其使用时间或行驶距离的增加而减少，自然寿命是指载运工具从开始使用直至报废所经历的时间。这些有形损耗是由于使用和自然力的影响而引起的，因此载运工具自然寿命的长短与载运工具的质量、使用条件、使用强度和使用维修技术密切相关。

2. 技术寿命

由于载运工具生产制造工艺技术的发展，使原有载运工具的无形损耗加剧，有些载运工具甚至在它们的物理报废状态到来之前就已经在技术上应该被淘汰了。从载运工具开始使用到因技术性能落后而被淘汰所经历的时间，称为载运工具的技术寿命。

3. 经济寿命

根据经济效益确定的载运工具寿命，称为经济寿命。虽然依靠维修可以延长载运工具的自然寿命，但随着役龄的增加，技术状况不断恶化，维修费、燃油费等运营费用不断增加。载运工具使用的经济效益将逐渐恶化，以至于从经济上考虑需要做出淘汰。

（二）载运工具经济寿命的影响因素

1. 拥有载运工具的机会成本

有一些费用与拥有载运工具的投资有关，这种成本的变化主要是由资本市场决定的。几乎所有运输方式的需求都存在周期性的变化，这也反映在对相应运输工具的需要量上。因此，资本市场的变化和运输需求的变动都会影响拥有载运工具的机会成本。载运工具每一运程的机会成本应该是由当时对这种运输工具的市场供求状况决定的，人们可以从载运工具拥有者在那时出租其资产的收费或载运工具二手转让市场的价格水平中了解到这种机会成本。当然，考虑到政府可能对拥有载运工具征收一定的税费，例如我国的车辆购置税、上海等城市的车辆牌照拍卖费等等，政府的税费政策也会对拥有载运工具的机会成本产生直接影响。

现在我们来分析一些具体的因素对载运工具经济寿命的影响。

（1）载运工具的售价

如果载运工具的售价（由于制造成本的上涨而）增加，即载运工具的初始拥有成本增加。在其他条件不变的情况下，载运工具的经济寿命将有所提高。

（2）技术进步

技术进步对载运工具经济寿命的影响较为复杂。如果载运工具的价值耗损快于其物理磨损，那么这种与使用程度无关的资产价值的下降（又称"折旧"）就属于固定成本。如果载运工具的损耗主要是依据其行使的里程或起降次数来衡量，那么其折旧就偏向于变动成本。对于前者，技术进步会致使载运工具的经济寿命将有所下降。而对于后者，技术进步则会导致载运工具的经济寿命将有所提高。可见，经济寿命的概念已经纳入了对自然寿命和技术寿命的考虑。

2. 载运工具使用的机会成本

载运工具使用 / 运营成本中最主要的内容包括载运工具的燃料消耗、维修费用、物理折旧、运营税费和司乘人员的工资。如果从机会成本的角度来考察，那么所消耗燃料的价值应该是这些燃料从驱动载运工具转而用于其他用途所能获得的收益，人员费用则应该是这些行车司乘人员转而从事其他非运输工作（如制造业）所能得到的收入。

（1）固定税费

载运工具运营的固定税费不会随着车辆使用天数的变动而改变，因此对载运工具的经济寿命没有直接影响。但是，这些固定税费的变动会导致载运工具装载量的变动，因而会间接地影响载运工具的经济寿命。例如，当公路税费提高后，在其他条件不变的情况下，卡车的装载量可能出现进一步的增加，因而会使载运工具的经济寿命有所缩短。

（2）生产要素价格

燃料、司乘人员工资等生产要素价格的增加，相当于提高了车辆平均变动成本。在其他条件不变的情况下，会缩短载运工具的经济寿命。

（3）市场的经济状况

如果市场的经济状况趋于乐观，即市场变得日益景气，一方面会提高载运工具拥有的机会成本，从而增加载运工具的经济寿命。另一方面，市场的日益景气又相当于提高了生产要素的机会成本，缩短了载运工具的经济寿命。因此，市场的经济状况对载运工具经济寿命的影响不能一概而论。

第四节　公路运输现代化

一、公路运输现代化转型政策一般操作目标的设定

（一）道路运输基础设施的现代化

道路运输场站布局合理。客运站的布局以适应城乡经济发展的需要和方便人民群众旅行为原则，根据城市规划，在公路沿线和城镇客流分布较集中的地方按规划的级别建设相应的客运场站。小城镇一般以汽车站为宜，大中城市的客车站，一般以一个中心站和几个卫星站的方式布局。中心站发挥名牌聚集效应，真正使旅客"走得了，走得好"，达到"便捷"的目的。客运站的规划应考虑与其他运输方式紧密衔接；与别的相关服务设施相配合；具有足够的场站，并留有发展余地。

重点建设公路集疏运中心及集装箱中转站，为完善公路快速货运系统建设和辐射全省的客货运输信息、服务、管理网络奠定基础。在货运站的选址上考虑与其他运输方式的站场、码头相衔接；交通便利，尽量靠近高速公路或干线公路；尽量靠近货主，特别是运量大的货主；尽量避开交通拥挤的繁华闹市；为未来发展留有足够的余地。

站场功能完善。客运站以专业化的公用型汽车站为主，有利于建立不同经营主体间公平的竞争机制。客运站具有营销、客运生产组织、小件货物客车捎载、售票、信息、食宿等客运服务功能。把公路班车客运、旅游客运和出租客运都纳入汽车站的业务范围内。货运站场具有装卸、仓储、拆包、分拣、包装、信息服务、配载、配送、停车、食宿、货运业户的房屋出租、货车调度，甚至在货运站场进行商品批发零售，能担负起为工商企业进行一揽子物流服务的任务。

站场作业机械化。小型货运站场推行标准作业，大型货运站实现物流化。站场仓储设备自动化。发展自动化货架系统，促进保管、分拣和装卸一体化；在货运业务量大的货运站的设计上要考虑建立由计算机控制的自动化立体仓库、高层货架仓库，运用计算机进行集中控制，采用自动化管理和机械化存取作业；对于成品的装卸鼓励使用单元化装卸，通过托盘化实现货物的成组化装卸，提高装卸和移动的效率。

站场管理和运营实现信息化、智能化。货运站场配备先进高效的装载分拣系统，应用EDI（沟通物流企业与生产企业、销售企业之间的信息联网）、电子订货管理系统、自动库存控制系统、运输车辆及运行调度管理系统和用于数据采集的条形码扫描技术。

建立货运信息的采集、传输及处理和查询系统，信息的采集依靠各网点即货运场站来完成，实现各场站之间的信息联网互通、互相兼容。主要场站应设立信息处理中心，对货运信息进行适时的处理更新，通过有线和无线通信实现各场站、网点和运输工具间信息传递。通过 GPS 及时将信息传输给运输车辆，指挥调度运输车辆来完成运输任务。在货运站场实现客户的查询、货物全过程的动态跟踪等功能。

（二）车辆维修标准化

厂（站）布局合理化。在布局上以市场城市向县城和乡镇辐射，沿等级公路布点，建立方便、及时的汽车维修救助网络。通过网点规划与布局，提高车辆维修检测的方便性，促进企业横向联合、协作，走专业化生产的公路，取得最佳的经济效益和社会效益。

维修检测信息化。运用计算机网络化原理，对检测线进行网络化改造，提高检测的科学性和可靠性；运用相应的设备进行不解体检测；促进汽车维修厂建立计算机局域网并参与公用汽车维修信息网和国际互联网，实现远程车辆维修。

维修设施设备现代化。汽车维修企业要引进国外先进的检测、诊断和维修及车辆整形设备；大力推进新技术、新工艺、新设备的应用，提高汽车维修作业效率。

车辆维修质量标准化。科学地设立质量标准体系和质量监督体系，运用 ISO9000 质量认证制度规范汽车维修质量，提高汽车维修的一次检验合格率，返修率和顾客投诉率，并做到维修价格合理，使维修车辆在厂车日（车时）最短。

（三）道路运输装备高级化

客运车辆高档化。在高速公路和干线的客运班线上，采用具备较大的比功率和高速性能、载客容量大、舒适性好、安全性可靠、燃料消耗低、价格性能比优良的高级大客车。

货运车辆大型、专用化。在公路和桥涵所能承受的最大轴荷和总重量限制的情况下，为取得良好的经济效果，重点发展适合高速公路、干线公路使用的柴油化、大吨位货车；在物流服务、快速货运中应使用厢式车；推广汽车甩挂运输和集装箱运输，发展相应的牵引车；根据货物的性质和物流市场细分的需要，有计划、有步骤地发展适合运输鲜活货物、危险品、液态货物、冷藏货物、小型汽车、长大笨重货物等特种货物和设备的专用汽车。

运输技术现代化。运输经营信息化，要在生产、经营和管理等主要业务环节，大力普及计算机应用；用现代互联网技术建立营造企业内部信息网络，并，与相关部门联网，提高参与现代物流的手段和能力，鼓励有条件的企业建立与工商企业互联的 EDI 系统，实现与运输需求方的及时电子信息交换。在日常管理方面，建立生产经营、车辆调度、保养维修、人事劳资、财务统计等方面的计算机管理信息系统，以工作效率和决策的科学性。

（四）运输组织管理智能化

采用 ITS、GPS 等先进技术，实现运输线路的合理选择和车辆调度的科学化，提高运输效率。在车辆调度方面，采用车载通信技术、卫星通信及 GPS 技术，以及时准确地掌握车辆动态,对车辆进行科学调度,减少空驶里程,提高运输效率。在运输服务方面,利用条形码技术将货物的品名、规格、数量、收发货人及地点等信息输入计算机,通过EDI实现计算机异地信息的传输,建立起货物追踪系统,以便货主及时了解所托运货物的动态。

(五)道路运输方式高速化、网络化

旅客运输高速化。依托高速公路发展安全、舒适、快速、直达的旅客班车,做到省内运输当日到达,省会与市地中心城市运输当日往返。

货运物流化。改造传统的单纯货物运输企业向第三方物流企业转变,努力适应工商企业对物流的需求,为其提供集运输、仓储、装卸、配送、流通加工、信息服务、报关、代销、代收款结账及售后服务等一系列的物流服务,取得比单纯运输更大的附加值。依托仓库、货运中心(场站)和大型商场,采用小型车辆选择适当的路线和准确的时间,把货物集中配送到货主手中。在物流、快速货运系统的终端城市内设立集货、分货分店,采用循环收发货的方式,实现小件货物的取、送货到门。

多式联运网络化。以网络化的集装箱中转站为依托,逐步采用"载车运输""驮背运输"和"滚装运输"的方式,实现集装箱在公路、铁路及水运之间的联运和集装箱的快速中转。

二、公路运输现代化转型调控的政策工具简析

公路运输现代化转型调控的政策工具,即各级政府与行业主管部门用以影响公路运输现代化转型进程的各种规定、办法与业务活动。按其功能,政策工具可分为两类:第一类是一般性政策工具,如价格政策、投资政策等;第二类是选择性政策工具,如技术政策、安全政策等。一般性政策工具除了对公路运输领域起作用外,往往同时对其他领域有一定的影响。而选择性政策工具一般仅限于影响公路运输领域,并且这样的政策工具选择在公路运输发展过程的不同阶段的侧重点也有所差异。

(一)国家宏观经济运输政策

国家宏观经济运输政策是宏观经济政策的重要组成部分,由需求方面的政策和供给方面的政策组成,体现了整个社会经济发展和产业结构调整对运输的要求。国家宏观经济运输政策往往分散在财政政策、投资政策、价格政策及其他政策之中。政府根据其职能,将运输政策的重点放在公共管理上,即集中体现在基础设施规划和建设上,一般没有专门的政策和法律、法规作用于公路运输的实际运营过程。国家宏观经济运输政策一般体现在以下几个方面。

1. 打破地域分割,建立统一开放、竞争有序市场的政策

继续完善区域交通发展规划,加强区域之间的交通衔接,更好地发挥交通运输的桥梁和纽带作用,促进生产要素合理流动和不同地区的协调发展。打破行业封锁、地域限制,促进全国统一开放、竞争有序运输市场的形成,提高市场效率。

2. 运输基础设施统筹规划、协调发展的政策

这项政策主要对运输基础设施建设进行统筹规划，协调发展，促进综合运输体系的建立和运输产业的发展。国家在交通基础设施建设方面的政策主要是统筹规划，合理安排，加强公路、铁路、港口、机场、管道系统建设，健全畅通、安全、便捷的现代化综合运输体系。这项政策的重点是推进公路线路、公路运输场站枢纽和港口等统筹规划和建设。为此，国家先后研究制定了国家高速公路网规划，长三角、珠三角、环渤海区等沿海港口规划，公路运输枢纽规划等专项规划，为行业的全面协调和可持续发展创造了有利条件。

3. 对运输企业实施税收倾斜政策

税收是调节行业发展的有效手段。通过对公路运输行业减少或合理确定税种和税率，减少企业负担，增强企业发展能力；对专业运输企业实施税收倾斜政策，鼓励这些企业向规模化、网络化方向发展。公路运输的税费主要为燃油税、高速公路通行费及过路过桥费等。对贷款修建的高速公路应给予一定的财政补贴，适当减轻公路建设的还款压力，从而降低车辆的通行费标准，降低企业经营成本。对运输企业应适当减免车辆购置税。

4. 鼓励开发生产大型化、专用化、环保节能车辆的政策

运输工具现代化是公路运输现代化的重要标志，对车辆生产厂家在技术引进、申请贷款及进口关税等方面给予必要的支持，鼓励开发和生产大吨位、厢式化、环保节能的货运车辆是非常必要的。在中国，汽车工业不仅是受 WTO 冲击比较大的产业，同时也是未来中国经济发展的支柱产业，所以鼓励汽车生产厂商开发和生产符合市场需求方面的运输车辆，不仅是为满足国内运输生产的要求，同时也是应对 WTO 的主要措施。目前，公路营运车辆中，尤其是货车比例严重失调，这一方面与中国现行的车辆收费制度有直接关系，同时也与车辆生产有直接关系。技术相对落后，缺乏必要的法律、法规约束，随意进行车辆改装，这也是造成目前严整超载的原因之一。所以，无论是从振兴民族汽车工业的角度，还是从公路运输现代化的角度，国家都应对货车工业发展给予必要的扶持。

（二）公路运输管理政策

管理政策贯穿于以下各项政策之中，应针对管理什么、如何管理明确该项政策，以管理现代化促进行业发展的现代化。

1. 依法行政

加强公路运输法规体系建设，提高依法行政能力，严格规范执法行为，建设有法可依、有法必依、执法必严、违法必究的执法体系。

2. 公共服务

完善各类突发事件的预警和应急处理机制，提升应对各类突发事件的能力，充分保障人民群众生命财产安全。公开发布政务信息和相关市场信息，引导市场健康发展。建设管理服务投诉体系，增强公共服务能力。

3. 转变职能

增强服务意识，寓管理于服务之中。坚持公开、公平、公正和便民原则，转变政府职能。

（三）公路运输结构调整政策

在运输供给短缺条件下，公路运输业发展主要靠增量的调整，以增加供给、消除短缺；在供给相对过剩条件下，公路运输业发展主要靠对现有资产存量的调整。供给相对过剩产生的根本原因是供给结构与需求结构不相适应。所以，加快公路运输业结构调整和升级的步伐，使之与需求结构的变化相适应，是解决供给相对过剩问题的根本途径。只有明确鼓励和支持什么、限制和淘汰什么，才能推动整个公路运输行业向合理化、高度化方向和谐发展，以利于推进公路运输现代化转型的发展进程。

1. 统筹规划，实现公路运输系统的协调发展

注重公路运输系统薄弱环节建设，统筹兼顾，协调发展。统筹规划运输软硬件建设、不同地区运输发展、城乡运输发展和公路运输各个子行业的发展。交通主管部门应明确公路运输系统发展总体规划的归口管理部门，建立严格的规划管理制度，统一编制道路发展规划、站场建设规划、运输发展规划，强化规划全过程管理。通过公路运输发展规划体系的统筹安排，实现公路运输系统诸要素的协调发展。

2. 建立和完善干线运输系统，通过运输产品升级促进公路运输产业升级

干线运输具有客流、货流、车流强度较大，公路基础设施较好，对区域经济及社会发展影响大的特点，是国家公路运输生产力水平的标志，是实现公路运输主通道功能和快速化、网络化运输的有效载体。

从国家公路运输业的发展历程来看，提高公路运输业竞争力的关键是扶持规模化经营的龙头公路运输企业。只有干线运输，才能为规模化经营的企业提供发展空间。从产业升级所要求的基本条件来看，干线运输是理想的切入点。从通过能力、占有投资等客流、货流、车流量因素来看，抓好干线运输，就抓好了整个公路运输业的主体。在干线运输"快速""高效"的拉动下，维修、装卸、信息化、智能化、运输服务等产业子系统，以及运输组织与管理模式也会随之升级，向快速的方向发展，同时也为优化运力结构提供必要的基础。

要对干线运输系统进行专项规划，规划内容包括经营主体、站点设施、服务设施、信息通信设施、救援系统等。干线运输必须采取规模化、专业化、集约化经营，鼓励组建干线快速客运公司，形成统一、优质的服务品牌。

3. 调整运力结构，提高运输装备水平

调整运力结构、提高运输装备水平，是实现公路运输现代化的基本条件之一。鼓励企业以提高运输效率、降低运输成本为目标，并按照可持续发展的要求，积极调整车型结构向合理化和高级化方向发展，以提高安全性、舒适性为主改善客运车辆结构。鼓励使用符合营运客车等级制标准的车型；鼓励开发、使用适合农村道路条件和农民需求的

客运车辆；鼓励发展集装箱、冷藏、散装、油罐车等专用货运车辆，大力推广使用厢式货车，促进普通敞篷车向厢式车的转变；重点发展适合高速公路、干线公路使用的大吨位重型货运汽车、专用汽车和城市配送需要的小型货运汽车。通过经济手段和法律手段调整运力结构，以满足不同层次的运输需求。

4. 适当提高市场集中度，促进企业向专业化、规模化方向发展

按照专业化分工协作和规模经济原则，加快企业组织结构调整。通过兼并、联合、重组等形式，形成一批核心能力强的大企业或企业集团，提高市场集中度。积极扶持中小企业，促进中小企业向"专、精、特、新"的方向发展。在国家宏观调控下，充分发挥市场机制的作用，逐步形成大企业为主导、中小企业为补充、大中小企业协调发展的格局。

5. 调整公路运输各子行业之间的比例结构

稳步发展客运，鼓励发展旅游客运，满足日益增长的消费性客运需求。大力发展货运及货运服务业，大力发展现代物流业。鼓励有实力的维修企业发展连锁经营、特许经营，以中心城市为依托，按照市场引导、政府指导的原则，形成布局合理、门类齐全、方便经济的区域维修网络。鼓励驾培机构做大做强，形成品牌服务。根据市场需求，鼓励不同经济成分投入到运输服务业，大力发展旅客联运、货物联运、货运代理服务，保障运输行业持续、健康地发展。

6. 大力发展农村客运，提高农村客运网络化程度

农村客运总体盈利性低，但公益性较强，因此要实事求是地研究和给予各种政策扶持，尽可能降低经营者负担，确保通村客车正常运行。创新管理机制，积极引导业户在自愿互利基础上开展公司化集约化经营，打破地区和行业封锁，引导城市公交和农村客运整合资源，采取股份合作、特许经营等形式加强合作，积极推进城乡客运一体化进程。加快农村客运站点建设，提高农村客运网络化程度，为农村群众出行提供便捷、舒适服务。

7. 构建与公路运输业发展相适应的经济结构

调整国有经济布局，完善所有制结构。按照抓住重点、退出一般的原则，合理布局国有经济。重要的公益性、公共客货运站场，国有经济控股或相对控股；一般性站场，鼓励社会民间资本进入。在干线客货运输领域，鼓励国有经济进入，强化国有经济在道路运输业中的主导性地位。通过产权出让、改建重组等形式引导规模小、经营状况差的小型国有企业逐步退出运输市场。

8. 分地区、有重点地调整产业布局，提高公路运输业的整体水平

调整公路运输业的布局结构，应充分发挥市场机制的基础性作用，坚持以效益为中心的原则，分地区调整公路运输业的空间布局，形成分工合理的公路运输格局。在经济较发达的地区应鼓励发展以"快速、高效"为主的运输方式，鼓励发展专项运输、快件运输、时限运输等新型运输方式，鼓励发展多式联运、大力推动运输业向物流业渗透；应大力推动运输业全面提升产业结构和产品结构，在经济欠发达地区应鼓励发展以满足当地基本运输需求的运输形式，适当发展快速运输；仍应以发展传统运输为重点，提高运输服务的覆盖面。

（四）公路运输组织政策

市场组织体系的完善不仅是公路运输规范化的前提条件，而且能够弥补市场调节的失灵，变事后调节为事前调节。建立完善的市场组织体系需要多方面的协调，使行业管理职能通过不同的主体发挥作用。一般来说，市场组织应由交通主管部门、行业自律协会及部分大企业负责。其中政府主要通过制定各种运输发展方针、政策和指导性计划来实现行业的管理；各种协会负责协调和服务；部分企业不仅具有企业管理职能，还具有局部行业管理职能。

1. 改变公路运输市场划分，加强运输市场管理

实施分类管理原则，根据运输经营主体的规模、资质、技术配置、管理能力等条件，合理划分其经营范围和经营区域，实施按线路组织和按区域组织相结合的市场划分方式。

2. 建立和健全公路运输市场准入制度及经营资质的动态管理制度，调整市场进入审批手续

建立企业等级类别的中介机构及企业经营行为的监督机制。通过认定从业者的经营资质，确定该从业者市场准入的业务内容及其区域界限，明确其在经济上和法律上的权力与义务。按企业分类标准对企业实行动态监测并根据监测结果适时调整或处置企业的等级分类，调整企业进入市场的审批制度。

3. 加强行业自律组织的建设，发挥其应有的作用

鼓励企业，尤其是法人企业按照自愿的原则，联合组建各种类型的行业自律组织，对行业自律组织的产生、工作职责及政府之间的关系提出指导性意见，发挥行业自律组织的协调、沟通、服务和自律的作用。同时，对现有行业协会进行改革，使其转变职能进入市场，并建立良好的奖惩机制，尽快发挥其应有的作用。

（五）公路运输投资政策

投融资政策的主要内容包括投资主体的层次结构体制、投融资运行机制等方面的政策。从中国的情况看，公路运输业的投资主体有政府、企业和个人。其中政府投资来源主要是部分公路建设资金和客货附加费等，投资方式主要是无偿投入，投资对象主要是场站、枢纽等基础设施。随着国有经济布局的调整，特别是交通税费改革后，公路运输管理和场站建设资金将由目前的自收自支改为财政预算拨款，资金来源渠道和使用范围将发生很大的变化。所以必须积极调整公路运输业的投融资政策，充分发挥地方政府的作用，逐步形成以企业投资为主、政府投资为辅、充分利用社会资金、扩大利用外资的多元化投资体制。

1. 项目、分层次确定投资主体，加快运输基础设施建设

继续坚持"统筹规划、条块结合、分层负责、联合建设"的方针，根据项目的性质

和作用确定投资主体，充分发挥中央、地方和全社会投资公路运输站场建设的积极性。国家级项目要加大中央政府的投资力度，在投资方式上可以采取补助、投资贷款和股权投资相结合的投资方式。非国家级项目，以省市作为投资主体，中央政府可以给予一定程度的补助。区分公益性和盈利性项目：公益性项目以政府投资为主，盈利性项目以企业和社会投资为主。

2. 多方融资，加大公路运输行业的资金投入

继续采取国家投资、社会集资、市场融资、利用外资的政策。要扩大开放，鼓励招商引资，采用 BT、BOT 等方式，加快基础设施建设。充分利用各种融资手段，鼓励和扶持有实力的运输企业采取上市融资方式，通过发行股票、债券等筹集资金。扩大融资渠道，探讨建立道路运输发展专项资金和投资基金，加大公路运输行业的资金投入，按照扶优扶重、有偿使用、滚动发展的原则，用于站场设施建设、高新技术开发及企业的车辆改造、技术更新等方面。研究制定外商投资产业目录，吸引外商投资。

3. 改革投资决策机制，规范投资行为

按照科学、民主的原则，建立良性投资决策机制，充分发挥专家决策咨询的作用。按照"谁投资、谁决策、谁承担风险"的原则，构筑对投资主体的风险约束机制，并利用行政和经济手段进行宏观管理。

（六）公路运输技术政策

行业技术政策是指行业主管部门对行业技术发展实施指导、选择、促进与控制的政策总和，是保障行业技术适度和有效发展的重要手段。就政策的内容来说包括两个方面：一是确定行业技术的发展目标和具体规划，包括制定各种具体的技术标准、公布重点发展的核心技术和限制淘汰的落后技术；二是技术进步促进政策，包括技术引进政策、技术扩散政策和技术开发扶植政策。

1. 推广标准化工艺，推动公路运输业向集成化方向发展

以提高运输效率和效益为目标，大力推广标准化运输工艺，促进运输设备、搬运装卸设备与生产企业、销售企业和其他运输方式进行合理衔接，推动公路运输企业向专业化方向发展。制定客运企业服务品质标准，逐步完善服务质量招标的指标体系。通过制定运输包装的技术标准、托盘技术标准，推动运输设备、搬运装卸设备、仓储设施标准化和机械化水平的提高。推广集装箱甩挂运输工艺的应用，鼓励企业采用合作、合资等方式，引进国外的拖车升降、叉车和箱体支架自动化装置，提高集装箱运输的现代化水平。鼓励维修技术向工艺化、标准化转变，在维修行业推行国际认证制度。鼓励货运企业向现代物流企业转变，积极引进国外先进的物流组织技术和物流装备技术，推动第三方物流的发展。

2. 大力推进信息化进程，加速实现公路运输现代化

以提高运输效率和质量、加强运输生产安全、提高行业管理部门工作效率，向全社会提供优质、高效信息服务为总体目标，把信息化放在行业发展的优先位置，以信息化

带动公路运输现代化。广泛应用现代通信、信息技术，提高计算机和网络的普及应用程度。明确政府、行业协会及企业在公路运输信息化建设中的地位和作用。以办公自动化建设为突破点，逐步形成以业务处理系统、管理信息决策系统和决策支持系统相结合的政府信息系统。推动运输行业信息化、智能化建设，鼓励企业搞好客运站务管理信息系统建设，实现远程联网售票、异地网络订票。鼓励企业加快物流信息平台、货运交易信息数据处理系统建设。积极推广卫星定位系统（GPS）、地理信息系统（GIS）、电子数据交换技术（EDI）和条形码技术、电子标签技术在物流仓储、集装箱运输、快速货运领域中的应用，不断提高企业现代管理水平和服务质量。在建设各类信息系统的基础上，不断整合、优化运输信息资源，积极打造运输综合服务平台，建立起统一的面向行业管理者的行业管理及决策平台，面向行业经营者的企业管理及服务平台，面向社会公众的信息服务平台。

第二章 公路运输需求分析

第一节 运输需求概述

一、运输需求的概念

（一）需求理论概述

1. 需求的基本概念

运输经济学过去似乎有一个传统，就是主要从作为供给方的运输业角度进行运输经济分析。这当然是有一定道理的，但也容易对需求方的真正特点和意愿认识不足，甚至有把供给方的意愿强加给对方的倾向，这不利于更客观地认识和了解运输经济问题。因此，我们从运输需求出发开始我们的分析。

运输需求理论是从微观经济学的消费者需求理论发展而来的。在微观经济学中，需求（demand），是指当其他条件相同时，在某一价格水平下，消费者愿意并且能够购买的商品数量。在某一价格下，消费者愿意购买的某一物品的数量称为需求量。在不同价格下，需求量会不同。因此，在其他条件相同时，一种物品的市场价格与该物品的需求数量之间存在着一定的关系。这种关系若以图形来表示（图2-1），便称为需求曲线（demand curve）。需求曲线中，每一个价格水平都对应着一个需求量。需求曲线有一种明显的特征，即需求定律。需求定律（the law of demand），指的是当一种商品的价格上升时（同时保持其他条件不变），购买者便会趋向于购买更少的数量。同理，当价格下降、其他条件不变时，对该商品的需求量会增加。需要注意地是，可以影响需求量的因素多如天上繁星，而价格只是其中之一罢了。例如，春运期间，汽车票的价格上升，而其需求量也增加了。这现象并没有推翻需求定律：汽车运输的需求量上升，并不是因为其价格的变化，而是因为春节人们要回家。

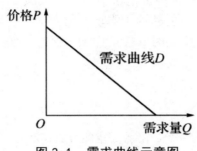

图 2-1　需求曲线示意图

2. 需求量的含义

需求量是指在某一价格下消费者意图购买的商品/服务的数量。此处，需求量只是"意图"的概念，不是事实，也无从观察。这与运输市场中的成交量（运输量）是两回事。成交量是事实，是可以观察到的：一样物品的购买量与出售量永远相同，二者是同一回事，只是从成交量的不同视角来看罢了。因此，切勿混淆"需求量（某一价格条件下的需求数量）"和"运输量（需求和供给相互影响下的实际成交量）"。对于运输来说，运输量的大小当然与运输需求的水平有着十分密切的关系，但运输量本身并不能完全代表社会对运输的需求，因为运输量还要取决于运输供给的状况。

此外，还要注意，"需求量"与"需求"是不同的概念。前者是因价格变动而变动的。而后者的变动，是因为价格之外的其他因素引起的。春运期间（是个变量），影响了"需求"，使整条需求曲线向右移动。因为这种移动，需求量也就增加了，但这增加可不是由价格变动引起的。很明显，要以需求定律来表达公路票价与公路运输需求量的关系，我们必须假设分析的时期不变。

3. 价格的含义

现代经济学之父亚当·斯密认为价值有两种：一是使用价值（use value），二是交换价值（exchange value）。使用价值是一个消费者对某物品在边际上所愿意付出的最高代价；交换价值是获取该物品时所需要付出的代价，在市场上，就是该物品的市价；价格是就货币而言的物品的交换价值。一些物品没有市场，所以没有市价，在此我们用代价来取代市价，代价也是要付出或放弃的物品的最高边际使用价值。需要注意地是，市价是一种代价，但代价不一定是市价。

4. 需求量的变动与需求变动的区别

如图2-2所示，需求量变动和需求变动的含义：需求量是在某一时期内，在某一价格水平上，消费者购买的商品数量，商品价格的变动引起购买量的变动，我们称之为需求量的变动，它表现为需求曲线上的点的移动（例如由A点移动到B点）。而需求是在一系列价格水平时的一组购买量，当商品价格之外的因素变化引起购买数量发生变化时，我们称这种变化为需求变动，它表现为需求曲线的移动（例如需求曲线D移动到D'）。当所要购买的数量在每一价格水平增加（或减少）时，称为需求增加（或需求减少）。切勿混淆"沿着曲线的移动（需求量的变动）"和"曲线的移动（需求的变动）"。区别的关键在于价格变动时其他条件是否保持不变。

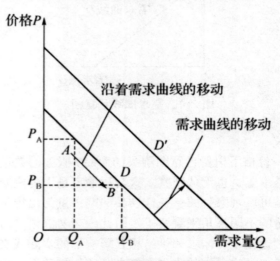

图2-2　运输需求与价格的关系

（二）运输需求概述

1. 运输需求产生的原因

汤普森（Thompson）曾经把现代社会的人们为什么"需要"交通运输归结为以下七个原因：

①自然资源分布的非均衡性，这意味着任何一地都不可能提供当地居民所需要的全部物品，因此需要运输来使不同地区之间互通有无。，

②现代社会的高度物质文明依赖于专业化分工，而大工业既需要从各地获得多样化的原材料，也需要为自己的产品去开拓远方市场。

③优良的运输系统有助于实现由技术革新、自动化、大批量生产与销售以及研究与开发活动支持的规模经济。

④运输还一直承担着重要的政治与军事角色：对内而言，一个国家需要良好的运输系统以支持有效的国防并增强政治上的凝聚力；对外而言，强大的运输能力是一个国家强盛的重要标志，也是那些大国实现海外野心和统治殖民地的手段之一。

⑤良好的交通是增加社会交流与理解的基础，并有助于解决由于地域不同而产生的问题；对于很多国家，提供基本的交通条件目前还是解除一些地区封闭状态的首要途径。

⑥交通条件的改善使得人们在自己的居住地点、工作地点以及日常购物、休闲地点之间可以做出很多选择和安排，这在很大程度上影响了人们的生活方式。

⑦现代交通有助于国际文化交流，以便人们了解其他国家的文化特点，并通过国际展览、艺术表演、体育比赛等方式向国外展示本国文化。

2. 运输需求的概念

需要说明的是，需求（demand）与需要（need）是两个不同概念。从经济上讲，有支付能力的需要，方构成对商品或服务的需求。引申到运输领域，运输需求（transport demand），是在一定的时期内，一定的价格水平下，社会经济生活在货物与旅客空间位移方面所提出的具有支付能力的需要。同需求一样，具有实现位移的愿望和具备支付能力是运输需求的两个必要条件。不过，由于交通运输具有社会服务的性质，因此也有观点认为它应该满足的是社会"需要"，而不仅仅是市场"需求"，而只依靠以简单盈利为目标的市场力量就不足以实现那种对交通运输的更加宽泛的社会标准和要求。

运输需求分析研究的是运输需求曲线所在的位置、曲线斜率以及曲线在何种因素影响下左移或右移的程度。但由于运输市场是十分复杂的，因此运输需求分析的难度也很大。从运输市场是"一组运输服务"的概念来看，根据分析问题的需要，现实中可以存在着无数多各种各样从很小到非常大的运输服务的组合，因此运输市场的种类几乎是没有穷尽的，而每一组这样的运输服务都对应着一条自己的需求曲线。

二、运输需求的特点

与其他商品的需求相比，运输需求主要具有以下特点：

（一）派生性

运输需求总体上是一种派生性需求而非本源性需求，这是运输需求的一个重要特点。所谓派生性需求（derived demand）是指一种商品或服务的需求是由另一种或几种商品或服务需求派生而来，是由社会经济中的其他活动所引发出来的一种需求。人们希望旅行，一般是为了在最后的目的地能得到某些利益。因此，旅程本身要尽可能的短或快捷。自然，也有"爱驾车兜风者"，但他们总是少数。同样，货物运输的使用者把运输看成他们总生产函数中的成本，因此，会尽量设法使之减少。显然，货主或旅客提出位移要求的最终目的往往不是位移本身，而是为了实现其生产、生活中的其他需求，完成空间位移只是中间的一个必不可少的环节。

（二）广泛性

运输需求产生于人类生活和社会生产的各个角落，运输业作为一个独立的产业部门，任何社会活动都不可能脱离它而独立存在，因此与其他商品和服务的需求相比，运输需求具有广泛性，是一种带有普遍性的需求。

（三）多样性

货物运输服务提供者面对的是种类繁多的货物。承运的货物由于在重量、体积、形状、性质、包装上各有不同，因而对运输条件的要求也不同。在运输过程中，必须相应采取不同的技术措施。对旅客运输需求来说，对服务质量方面的要求也是多样的。这是由于旅客的旅行目的、收入水平、自身身份等不同，对运输服务质量（安全、速度、方便、舒适等）的要求必然呈多样性。

（四）空间特定性

运输需求是对位移的要求，而且这种位移是运输消费者指定的两点之间带有方向性的位移，也就是说运输需求具有空间特定性。对于货运来说，运输需求在方向上的不平衡性更为明显，特别是一些受区域分布影响的大宗货物如煤炭、石油、矿石等，都有明显的高峰方向，这是造成货物运输量在方向上不平衡的主要原因。需要注意的是，在这种会随着时间变化的运输需求面前，运输供给常常难以及时做出反应，而在短期内表现得完全无弹性，但它又需要尽可能地去满足需求。所以，在运输需求量急剧增加之时（如春运），只好以大幅度地降低运输质量去适应需求，求得均衡。而在运输需求量大幅度减少之时，又只得靠闲置设备去求得均衡。

（五）时间特定性

客货运输需求在发生的时间上有一定的规律性。例如，周末和重要节日前后的客运需求明显高于其他时间，市内交通的高峰期是上下班时间；蔬菜和瓜果的收获季节也是这些货物的运输繁忙期。这些反映在对运输需求的要求上，就是时间的特定性。运输需求在时间上的不平衡引起运输生产在时间上的不均衡。时间特定性的另一层含义是对运输速度的要求。客货运输需求带有很强的时间限制，即运输消费者对运输服务的起运和到达时间有各自特定的要求。从货物运输需求看，由于商品市场千变万化，货主对起止的时间要求各不相同，各种货物对运输速度的要求相差很大；对于旅客运输来说，每个人的旅行目的和对旅行时间的要求也是不同的。例如，在每天的上下班时间，特别是雨雪天的上下班时间，出行者对出租车有较大的需求，在其他时段，则需求减小。而出租车数量的配置，一般是固定的，一旦投入营运就成为有效供给，因而在每个时段大致都是相同的。这就难免出现在上下班的高峰时段"打车难"、在其他时段有的出租车只好"扫马路"的现象。

（六）部分可替代性

不同的运输需求之间一般来讲是不能互相替代的，例如人的位移显然不能代替货物位移，由北京到兰州的位移不能代替北京到广州的位移，运水泥也不能代替运水果，因为这明显是不同的运输需求。但是，在另一些情况下，人们却可以对某些不同的物质位移做出替代性的安排。例如，电煤的运输可以被长距离高压输电线路的输电替代；在工业生产方面，当原料产地和产品市场分离时，人们可以通过生产力布局的确定在运送原料还是运送生产成品或半成品之间做出选择。人员的一部分流动在某些情况下也可以被现代通讯手段所替代。

三、影响运输需求的因素

通常认为，消费者对某种商品的需求（D）受它的价格（P_0）、其他商品价格（P_1，P_2，…，P_n）以及收入水平（Y）的影响

$$D=f\,(P_0,\ P_1,\ P_2,\ \cdots,P_n,\ Y\,)$$

虽然这一简单结构不仅适用于运输，而且也适用于所有其他商品和服务，但是如果要理解运输市场的运作方式，需要注意其中的细节和微妙之处。上边等式中的每一项，事实上不是简单的变量，而是若干相互作用的因素的复杂复合物。例如，价格不是简单地付出的票价，而必须包括为获得运输服务所付出的所有其他成本（其中的"时间成本"，通常被认为是最重要的其他成本）。同时，影响个人旅行需求的可能不是总收入，而是超过某一维持最低生活水平的收入。此外，有必要弄清，需求的究竟是什么：是旅行本身，还是比这更为具体的某种经济活动？

（一）运输服务的价格

1. 需求的价格弹性

如同上面已经提到的，运输价格所包括的内容大大超过以车票或货运费形式支付的简单货币成本。在运输模型以及定量研究中，价格的这些其他组成部分（即时间成本、等候、不安全等）可能结合起来形成一般化的成本指数，但这里我们把注意力集中在货币价格上，特别是把注意力集中在运输工具的使用者对于运输服务价格的敏感性上。根据微观经济学理论，需求的价格弹性（price elasticity of demand），简称需求弹性，计算公式如下：

$$e_d = -\frac{\Delta Q / Q}{\Delta P_T / P_T}$$

式中：e_d 为需求弹性，Q 和 ΔQ 为需求量及其变动量，P_T 和 ΔP_T 为运价及其变动量。对于商品或服务的不同弹性程度，我们有不同的称呼：

①当 $e_d = 0$：我们称之为完全无弹性，此时，价格的变动对需求量无影响；

②当 $0 < |e_d| < 1$：我们称之为缺乏弹性或无弹性，此时，价格的变动对需求量的影响较小，价格上升可以增加供给者的总收入（价格乘以需求量）；

③当 $|e_d| = 1$：我们称之为单位弹性或单一弹性，此时，价格的变动对供给者的总收入无影响；

④当 $1 < |e_d| < \infty$：我们称之为富有弹性，此时，价格的变动会引起需求量更大的

波动，价格上升会导致供给者总收入的下降；

2. 运输需求弹性的影响因素

许多有关需求弹性的统计资料存在的问题是，它们是关于不同种类运输的平均弹性。事实上，交通运输的价格弹性与其他货物的价格弹性一样，理想的做法应该是进行具体的分类。对于运输而言，以下因素对需求弹性影响较大。

（1）旅行目的

有充分证据表明，某些类型旅行的票价弹性远高于其他种类的旅行。特别是商务旅行需求似乎对于运输价格的变化较之其他旅行更不敏感。

（2）收费方法

各种运输方式的使用者（或者某些时候，相同运输方式的不同服务的使用者），常常遇到完全不同的付费方法。因此，他们对旅行价格的感觉可能与实际花的钱不同。例如，汽车驾驶者对他们旅行的全部真实价格感觉很少，因为他们是根据短期边际成本这一有限概念做出决定的。另一方面，公共运输工具的使用者在旅行开始之前就得买票因而非常强烈地感觉到出行成本。不过，由于有种种季票（从而可整批购买特定路线上的旅行）和"旅行卡"（从而可整批购买特定交通网上的旅行）的便利，区别不是很明显。旅行卡制的价格弹性比传统单票现金支付制低得多。

（3）所考虑的时期

与其他购物决策一样，面对运输价格变动的人们可能在特短时期、短时期和长时期行为方式大不相同。例如，人们对公共交通票价上涨的即时反应可能很激烈，但是经过较长时期，他们会软下来，决心会变弱，因而长期弹性远远低于特短时期的弹性。所以，特短时期的弹性可能非常高但保持时间很短。这种情况可能并不像有人认为的那么普遍，实际上，在稍长的时期，倒可能出现相反的反应。例如，在短期内，人们可能对价格变化反应相当迟钝，或是因为他们并不认为这是永久的变化，或是由于技术上的约束限制了他们立即行动。20世纪70年代石油价格暴涨后对私人大汽车运输需求的增加，就说明了这后一种现象。石油危机的影响十分清楚地表明，价格的短期效应与长期效应完全不同。在短期内，人们试图继续干他们以前干的事情，而在长期内，他们则调整自己的行为。在短期内，石油的价格弹性很低，为0.1；而在长期内，人们则通过调整车辆的大小来做出反应。同样，在考虑上下班出行成本的普遍上升的后果时，工作出行的必要性有可能导致短期的出行方式极少变化，但是在较长时期里，住所或工作场所的改变，可能产生更为显著的后果。

（4）价格变化的绝对水平

人们普遍发现，旅行距离越长，弹性越大。但不应该简单地把这看作是距离的函数，而应该看作是对绝对值的反映，譬如，5英镑的票价增加10%相对于500英镑的票价增加10%。

（5）替代品的多寡

如果某一运输服务在当地没有合适的替代品（例如偏远地区可能只有一条公路而没

有其他运输方式），那么，该运输服务的票价弹性将远低于有替代运输方式时的水平。

（二）消费者的收入水平

需求的收入弹性（income elasticity of demand），简称收入弹性，指的是，在其他条件（如价格）保持不变的情况下，需求量变动的百分比除以收入变动的百分比。

$$e_i = -\frac{\Delta Q / Q}{\Delta I / I}$$

式中：e_i 为收入弹性，I 和 ΔI 为收入及收入的变动量。

虽然有充分的证据表明运输是一种正常商品，即收入水平越高，需求量越大，但这样的概况既不适用于所有运输方式，也不适用于所有场合。例如，收入对车辆拥有量施加了正面影响，但这对公共交通的作用却相反。随着消费者收入的提高，拥有汽车变得更为普遍，而公共运输在许多情况下变成了次等商品。有研究指出，英国城市公共运输旅行对收入的长期需求弹性约为 −0.4 到 −1.0。如同价格一样，收入变化对长期运输需求和短期运输需求施加的压力也有所不同。一般来说，收入的降低会使需求水平急剧下降，但是由于人们在长期中重新调整他们的支出模式，长期弹性又可能低很多。

（三）其他运输服务的价格

1. 需求的交叉价格弹性

任何一种运输服务的需求，都可能受到与其竞争的和补充性的供应者行为的影响（严格地说，它还受经济中所有其他市场价格的影响，但是土地市场以及通讯可能是例外）。另外，在各种公共运输方式之间存在着交叉的价格影响。我们可以用交叉弹性的概念来表明这种影响。需求的交叉价格弹性（cross-price elasticity of demand）的计算公式如下：

$$e_{AB} = -\frac{\Delta Q_B / Q_B}{\Delta P_A / P_A}$$

式中 e_{AB} 为 A 与 B 两种运输方式需求之间的交叉价格弹性，即 A 方式运价升降对 B 方式运输需求增减的影响程度，Q_B 和 ΔQ_B 为 B 方式运输需求量及相应的增量，P_A 和 ΔP_A 为 A 方式运价及相应的增量。若 $e_{AB} > 0$ 表示 B 运输方式的需求量与 A 运输方式的价格正相关，则 A 与 B 互为替代品；若 $e_{AB} < 0$ 表示 B 运输方式的需求量与 A 运输方式的价格负相关，则 A 与 B 为互补品。

2. 运输需求的交叉价格弹性

在其他运输市场，无论是在同一种运输方式的经营者之间还是在不同运输方式的经营者之间需求的交叉弹性可能更高。例如，公路网络的扩大，通过降低公路旅行费用，肯定增加了对某些公路支线的需求，同时减少了竞争线路上的需求。这种网络效应的准确含义比运输方式划分的准确含义更难查明,但实际上这种效应是运输系统的重要特征。

(四) 需求者的偏好

迄今尚未提及但常常包括在需求讨论中的一项,是偏好(preference)这个含义颇广的变量。虽然在某些情况下,这样的变量能够而且实际上也应该包含在需求函数中,但一般来说,偏好更可能影响需求方程的实际形式。因此,可以看到,偏好的变化会影响需求和解释变量之间的关系,而不是导致遵循既定的关系模式沿着需求曲线作某种移动。

"偏好"的经济含义很难弄清楚,但实际上它似乎包括前面标题中未涵盖的所有对需求的影响。随着时间的推移,运输方面的偏好肯定已发生了变化。例如,在私人运输中很多国家的居民拥有小汽车的倾向增加了,而在货物运输中,国民经济结构的改变(特别是从基础重工业转向产生高价值低重量产品的轻工业)使人们将重点从价格转移到了运输服务的其他方面。这两种变化在一定程度上必然与生活水平的上升有关。有了更多财富和更多空闲时间,人们会更加强烈地渴望利用私人运输工具提供的较大自由和灵活性。随着离开市中心的大居住区变得越来越具有吸引力,居住地点模式的改变也称为可能。

"偏好"的另一方面涉及做出决定中的惯性和不对称性这两种含义。首先,作为个人和企业的习惯和惰性的结果,在运输的需求曲线上可能有中断,或者至少有部分需求曲线对价格变化的反应几乎完全不灵敏。这完全可以用以下事实来解释,即:搜寻替代方法的信息是要付成本的,因而像以前那样继续下去是合理的反应,直到发生更大的价格变化。其次,在一些情况下,反应是不对称的,存在着"棘轮效应"(指人的消费习惯形成之后有不可逆性,即易于向上调整,而难以向下调整),因此对价格降低的反应与对同等的价格上升的反应不一样。

偏好也体现在对运输服务质量的反应方面。例如,公共运输需求对于服务质量的变化很敏感,特别是对速度的降低或班次的增加很敏感。

此外,消费者对未来商品的价格预期会影响需求。当消费者预期某种商品的价格即将上升时,社会增加对该商品的现期需求量,因为理性的人会在价格上升以前购买产品。反之,就会减少对该商品的预期需求量。

四、运输需求分析的复杂性

(一) 运输量与运输服务的区别

传统的需求分析中,效用函数只考虑了商品数量与商品价格的关系,而未考虑商品品质对商品价格的影响。针对这一问题,美国学者兰卡斯特(Lancaster)提出了特征消费理论,又称 Lancaster 偏好理论。他认为,进入效用函数的不是商品(goods)本身,而是商品特性或者属性(characteristics or attributes),他同时提出了三大假设:物品本身并不直接提供效用,而是通过物品的特性对消费者产生效用;一种物品本身往往具备一种以上的特性,不同物品可能具备相同特性;物品组合可能与单独物品所具备的特性不同。从这个意义上说,人们需求的不仅仅是运输量,而是包含着一系列特征的运输服务。

（二）运输量的计量单位

我们可以用吨数来表示货物运输数量的一个方面，就像可以用人数来表示旅客运输数量的一个方面一样，因此货运发送吨数和客运发送人数是运输领域中的两个重要统计指标。但是，如果仅仅使用吨数和人数这两个指标，那么运输活动中的另外一个最重要的因素——运输距离就无法反映出来，于是人们一般同时也采用另外两个复合指标来衡量运输的数量。在货运中这个复合指标是吨公里（ton-kilometer），它是所运货物的吨数与运输距离的乘积；在客运中这个复合指标是人公里（passenger-kilometer），它是所运的人数与运输距离的乘积。有了吨公里的指标，我们就可以同时从货物的重量和运输的距离两个角度把握货物运输量了，同样人公里指标可以帮助我们从人数和运输距离两个角度把握旅客运输量，这更加接近运输产品即货物与旅客的空间位移的概念。因此，吨公里和人公里在运输领域中是最常用的统计和分析指标。但尽管如此，吨公里和人公里这两个指标仍然存在着自己的局限性，我们下面以货运产品为例说明这种局限性：

①货物位移指的是货物在空间位置上的变化，而吨公里只是这种变化在重量和距离方面的一个度量单位，例如1000吨公里既可以表示把一吨货物运送1000公里，也可以表示把100吨货物运送100公里，但它们是不同质的空间位移。我们不能把吨公里作为运输业的产品，就像不能把"吨"作为煤炭或钢铁工业的产品一样。

②货物位移是具体的，每一个货物位移都有确定的货物和起运终到地点。起运终到地点不同，尽管货物和运距都一样，也是不同的位移；起运终到地一样但货物不同，也不是同一种运输产品。不同的运输产品之间不能互相替代。但吨公里却是一种抽象物，它可以体现各种货物位移在重量和距离方面的共性，但同时也把其他方面的特征抽象掉了。

③即使是相同的货物位移，在运输服务质量上也可能差别很大，例如货物运送速度的差别、货物完好程度的差别、方便客户程度的差别等，吨公里不能反映这些差别。

④货物位移对应着包括装卸等其他作业的货物运输的完整过程，有时候一个运输过程要包括好几次装卸，吨公里则无法包含这些内容。

⑤相同的货物位移可能产生出不同的吨公里数。例如，两地之间的运输无论使用哪一种运输工具，货物位移都是相同的，但铁路、公路、水运和航空各有自己的线路或航线，产生的吨公里数就不一样。即便是同一种运输工具，也会因为选择的路径不同而出现吨公里数的差异。

⑥因为各种运输方式计费重量和统计方法的规定，货票单据和统计报表上的吨公里数字很多时候并不是实际的货物位移量；而当货物经过两种以上运输方式联运的时候，每个运输部门所统计的吨公里数与真正的货物位移差别就更大了，它们可能只代表整个货物位移的一部分。

（三）运输价格的计量单位

至于运输经济分析中所使用的运输价格的概念，不少运输经济学家主张对货物运输应该使用"吨公里平均运费",对旅客运输则应该使用"人公里平均运费",认为把它们作为运输价格往往比公布的运价表上的数字更具有现实性和对于具体运输流的可比性。吨公里平均运费和人公里平均运费的计算,是用某次(或某类)运输服务所收取的全部收入总额除以该次(或该类)运输服务所产生的全部吨公里数或全部人公里数。当然这只是对应着受雇运输的情况,如果是私人或自有运输费用,那么则应该是用某次(或某类)运输活动所支付的全部费用除以该次(或该类)运输活动所产生的全部吨公里数或全部人公里数。

然而吨公里平均运费或人公里平均运费作为体现单位运输产品运价水平的指标,也不是十分理想的,原因仍然首先在于可获得的收入或费用总额以及吨公里和人公里这些累计运输量往往存在着很大程度上的非同质性。如果收入或费用总额或者累计运输量的成分结构发生变化,这些指标的解释能力就会打折扣。例如,由于公路运输的崛起,美国铁路在二战后一个时期逐渐失去了货运量中价值较大的那些部分,因此尽管总的运量在增加,但增加的大都是低运价的货物,结果铁路的总收入反而下降了。为了扭转收入下降的局面,铁路公司一度提高了货物运价水平,但实际上并没有奏效,于是在那一个时期,美国铁路的运价水平在提高,但其综合性的吨公里平均运费却是下降的。

此外,不同类别的运输需求对运价变动的弹性不一样,这也会使平均运费的使用受到限制。例如,客运中不同方向和航线、长短途、不同出行目的的旅客的需求价格弹性差别,就会让使用平均运费作指标进行的一些分析结论与实际价格引起的市场变动难以对应起来。

平均运费的问题还在于有些额外成本它们可能体现不出来,因此代表不了使用者的完全成本。例如,与私人交通和自有运输的灵活性相比,公共运输一般都需要在固定的场站集中承运,这就引出来一个这些固定场站的可达性成本问题,如果可达性较差,那么对公共运输的真正使用成本会增加很多,而这也是公共运输竞争力下降的一个重要原因。又例如,所有的运输都是要耗费时间的,而对使用者来说时间有价值或者说时间可以计算成本,平均运费一般却并不包括这种越来越为人们所重视的运输时间成本在内。

(四)真实的运输需求曲线

由于运输市场的复杂性和确定有关计量指标的难度,因此运输经济分析需要格外谨慎。例如,可能的真实运输需求曲线并不是像图 2-1 的直线,而是类似图 2-3 凹凸不平的走向。而在这种需求曲线上,要想准确确定其中任何一点的弹性值显然都是很困难的。

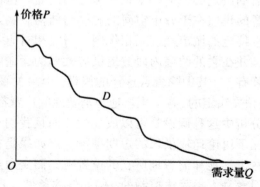

图 2-3　可能真实的运输需求曲线

　　人们或许会问，既然吨公里、人公里、吨公里平均运费和人公里平均运费存在着这些局限性，那么我们为什么不选择其他更合适的指标来对运输市场进行分析呢？答案是可能没有更好的指标。一个指标在多大程度上能够正确体现其所代表的内容，主要取决于根据这些指标汇总的数据其组成部分对于外部影响反应的一致性。运输经济分析的复杂性来源于运输市场的复杂性，在于网络上的运输业产品或服务以及供求关系的极端多样化，而不仅仅在于计量指标的选取。当然，对研究对象的描述难度，在很大程度上决定了研究工作的难度，这也是我们必须提醒分析者在确定所要分析的运输市场边界和搜集有关数据资料时，以及以此作为依据得出结论并制定政策或经营对策时，必须格外谨慎小心的主要原因。

第二节　货物运输需求

一、生产地的区位决定

（一）运输与土地利用的关系

　　毫无问题，在运输与经济的发展之间存在着联系，但二者之间的因果关系却很难说清楚。是高收入导致高水平的流动性，抑或是高收入来自高水平的流动性？答案不是一眼就能看出来。另外，虽然人们现在已充分认识到这些相互作用，但要建立能全面反映所有这些联系的综合理论，实际上却很困难。运输和土地利用变化不断对空间的充分利用作修正的事实，使问题进一步复杂了。因为存在不中断的因果循环，所以难以断定在哪点插入这个变化的连续体是切合实际的。因此，从实际出发，人们必须做出相当谨慎的判断，是把土地利用看作是受运输的影响，还是反过来运输受土地利用的影响，在某种程度上，最后的决定必须取决于正在考虑的问题。城市规划专家往往把运输视为影响因素，他们注意的焦点在于城市空间的规模与结构。例如，为什么出现某种人口密度，或者为什么发生特定的城市经济互相作用。与之相对应，运输经济学家通常接受特定的土地利用模式，并在它的约束内研究提供有效率的运输服务的方法。本书的大部分内容和短期运输决策有关，其中隐含着这样的假设：因果关系是从土地利用到运输，即一般说来，土地利用是预先决定的，各个生产地与消费地的位置都是已经事先确定好的。

在短期的运输需求分析中这种假设是可以成立的，而且我们只能在各生产地与消费地的位置已经确定的情况下讨论运输供求的短期平衡。但如果是在一个很长的时期中，又是什么因素决定了这些生产地和消费地所在的位置呢？而交通运输条件又在其中起着什么作用？有不少地理因素是人类无法控制的，例如气候条件、土地和矿产资源的分布、可通航的水域等，于是人类生产和经济活动的分布在历史上就自然形成了，像种植业和采矿业的地理位置、水运航道的走向等，人们的运输活动只能去适应这些已有的地理分布。但许多产销地点的布局与运输条件以及运输价格之间是有相互影响的，特别是一些制造业的选址与交通运输的关系非常密切。

（二）工业区位理论

1. 工业区位分析的基本思想

工业区位分析的基本思想，是根据加工过程中原材料或产成品减重或增重的程度确定加工厂的位置。凡加工过程减重程度较大的产业，被认为应该设立在原料集中的地点；而加工过程增重程度较大的产业，则应设立在靠近市场的地点。前者我们可以看到例如造纸厂（包括纸浆厂）和糖厂等，绝大多数都设立在原料产地，例如加拿大和北欧国家有丰富的木材资源可以造纸，但它们大量出口的是加工过程中已经减重很多的纸张或纸浆，而不是造纸的初始原料，制糖厂也大都建在甘蔗或甜菜产地；而后者如饮料业，则大多设立在靠近消费地的地方，最明显的例子就是全球最大的饮料厂商——美国可口可乐公司为了节约运输成本，而把自己的分装厂建在了全世界几乎所有被它打开市场的国家。即使所有地方的气候条件、土壤肥力、矿产资源及人口密度等各方面的情况都没有差别，从长期看也仍然会有地区之间的货物运输需求。这种结论乍看起来有些费解，既然所有的地方都有同样的生产条件，那么它们都可以生产自己所需要的各种消费品，为什么还需要地区之间的贸易和运输呢？原因在于生产的专业化可以获得更高的效率，每一种产品的生产都有一定的规模经济，在该范围内生产规模越大，产品的单位生产成本越低，这就使得每一个地区并不是生产所有自己需要的产品都合理，而是低成本地集中生产某些产品，并用自己具有成本优势的产品去交换其他自己需要的产品。这样，地区之间的贸易和运输就是不可避免的了。

2. 杜能的工业区位理论

在农业区位方面最著名的要数另一位区位理论的早期代表人物杜能（J.H.Thunen）提出的理论。杜能关于工业区位的主要思想与其在分析农业区位时的思想保持一致：在均质的大平原上，以单一的市场和单一的运输手段为条件，研究农业经营的空间形态及产地与市场间距离的关系。

按照 19 世纪的运输条件，杜能证明了易腐产品和重量大、价值低从而不利运输的产品应该靠近市场生产，而不易腐坏和每单位重量价值较高、相对较易运输的产品则可适当远离市场进行生产。这样，以市场为中心就会形成一个呈同心圆状的农业空间经营结构，即所谓的"杜能环"。杜能认为，运输费用是决定利润的决定因素，而运输费用则可视为工业产品的重量和生产地与市场地之间距离的函数。因此，工业生产区位是依照产品重量对它的价值比例来决定的，这一比例越大，其生产区位就越接近市场地。杜能的分析虽然很形式化，他的假设条件距离现实也很远，但他的开创性工作为区位理论的形成做出了巨大贡献，也成为后来农业区位、土地和地租分析进一步发展完善的基础。

（三）满意策略

除了认为运输条件在区位选择中常常不是最主要的因素外，现在越来越多的经济学家认为，企业并非总是受成本最小化的观念所左右。因此，即使能分离出对企业而言很重要的那些因素，也不应把这些因素归入成本最小化的构架之中。在许多情况下，其他条件相同的情况下，运输成本低于某一水平的地方被认为是可以接受的。更多的时候，人们一般选取最先碰到的合意地方。因此，在选址时企业常常采取"令人满意"的政策，而不是力求利润或收益的最大化或者是成本的最小化。在选择过程中，作为决策者的个体无法做出完全理性的决策，他只能尽力追求在他的能力范围内的有限理性。于是，决策者通常会定下一个最基本的要求，然后考察现有的备选方案，如果有一个备选方案能较好地满足定下的最基本的要求，决策者就实现了满意标准，他就不愿意再去研究或寻找更好的备选方案了。这是因为一方面，人们往往不愿发挥继续研究的积极性，仅满足于已有的备选方案；另一方面，由于种种条件的约束，决策者本身也缺乏这方面的能力。因此，决策者承认自己感觉到的世界只是纷繁复杂的真实世界的极端简化，他们满意的标准不是最大值，所以不必去确定所有可能的备选方案，由于感到真实世界是无法把握的，他们往往满足于用简单的方法，凭经验、习惯和惯例去办事。因此，导致的企业选址结果也各有不同。在这种情况下，运输成本所起的确切作用变得几乎难以确定，但是看来一旦选定了区位，只有运输成本大幅上升，才能克服似乎伴随着这种管理目标的基本惯性。

二、货运需求的影响因素

（一）运价水平

1. 货物的运价弹性

对货运市场进行需求分析的意图之一，是想确定某一种或几种运输方式的运输需求对于运输价格变化的弹性。甚至被认为这是运输需求分析最重要的目的，比预测总的运输需求更有实用价值，因为在现实中运输企业需要根据对运输需求弹性的分析决定自己在运输市场上的价格水平，政府也需要了解和掌握诸如社会运输需求对提高燃油税措施的反应程度等动向。国外学者曾经做过不少这方面的研究工作，但不同研究者得出的结论差别很大。

实际上，每一种货物运输由于运输对象、地理条件和其他种种因素的影响，其真正的需求弹性是非常复杂的，不同的人从不同角度或使用不同的分析方法都可能得出不同的结果，因此要想十分准确地计算任何一组运输需求的价格弹性都几乎不可能，我们只能从大体上去把握每一种运输需求弹性的变化范围，并进行必要的比较。

进一步地说，即使运输需求弹性值计算准确，我们又能在多大的程度上将其推广使用呢？某一年的运输弹性是否能代表该时期以前和该时期以后的运输市场情况？某种货物的运输弹性是否能代表其他货物的运输弹性？某地的运输需求弹性是否能代表其他地区之间或者全国的运输需求弹性？显然都不能。每一个特定运输市场（即一组运输服务）中的运输需求条件都是唯一的，我们不能武断地随意把特定案例中的运输需求弹性值用在其他的运输环境里。这并不是说运输需求弹性的分析没有真正的实用价值，而是说这种弹性分析必须根据研究目的和各种给定的条件非常细致地去进行，否则就达不到预期的分析目的，甚至会得出错误的结论。需求弹性的概念很简单，但需求弹性分析即使在其他产业中也不是轻易就能给出结论的，在运输行业中只不过由于情况比较复杂，因此要求作结论时更谨慎一些罢了。

最后，当某一条特定运输线的运价水平发生变动，它所影响的可能不只是该线路上的运输量，所有有关的产品供给地都会重新调整自己最合适的运输终到地点，也就是说，所有可能的始发到达地的产品供给曲线和需求曲线都会对新的运输均衡产生影响。因此，在网络上考虑运输需求问题情况十分复杂，因为原来已经存在的特定运输服务组别可能会发生变化，运输距离使运输市场的范围都改变了。因此，我们在运输领域应用一般经济学分析方法的时候应该比较谨慎，要注意运输需求对价格变化的敏感反应，往往不是体现在货运吨数的增减或者运输方式之间的转移上，而是体现在运输距离的远近上。

2. 货运的非价格成本

有些必须考虑的影响因素是"运输的非价格成本"（non-rate cost to transport）或"非价格的运输成本"，我们也可以把它称为"附加的用户成本"。运输的非价格成本本身不是运输价格的组成部分，但是一旦发生这种成本并且其水平达到某种高度，那么它所起的作用与提高运价水平是相似的，也会减少运输需求（或者使运输需求曲线向左移动）。例如，某产品的产地价格是每公斤 9 元，其销地价格是每公斤 10 元，两地之间的正当运输费用是每公斤 0.5 元，在这种情况下可能就会有经销商愿为获得剩余的那平均每公斤 0.5 元的利润，而将该产品从产地运到销地去销售。但如果出现每公斤平均为 0.6 元的额外非价格运输成本，那么产地价加上运费和非价格运输成本的总计就会超过销地价格，经销商则无疑会对该种产品的运销失去兴趣，结果是运输需求下降。

某些产品的性质使其属于易腐坏、易破损或易被偷盗丢失的货物，那么在运输这些产品时，货主就需要多付出额外的费用，例如保证活牲畜运输中的饲养和清洁条件并安排专人押运，易破损货物的特殊包装条件，易损易盗货物的保险费用等，这些额外费用就属于运输的非价格成本。又如运输是需要时间的，而在市场经济中"时间就是金钱"的概念已经被普遍接受。在运输过程中的货物对货主来说有相应在途资金被占用的问题，货物本身价值越高，运输所耗费的时间越长，被占用资金所需付出的代价（至少等于同期的银行利息）就越大，而这笔代价也是由运输引起但却不包括在运输价格中的。还有，在市场经济还不完善的情况下，很多货主在运输中受到承运方工作态度或服务水平较差的影响，例如不能按合同提供运输车辆、运输被延误、货物出现不应有的损害或灭失、出现责任事故后不能及时得到应有的赔偿等情况时有发生，这些情况给货主带来的损失显然也是运输的非价格成本。无论是上述的哪一种情况，运输的非价格成本越高，运输需求就越受到限制。

（二）经济发展水平与产业结构

1. 经济发展水平与货运需求

货物运输需求是派生需求，这种需求的大小决定于经济发展水平。各国在不同经济发展阶段对运输的需求在数量和质量上有很大区别。从西方国家的交通运输发展过程看，工业化初期，开采业和原材料对大宗、散装货物的需求急剧增加；到机械加工工业发展时期，原材料运输继续增长，但增长速度已不如前一期，而运输需求开始多样化，对运输速度和运输质量方面的要求有所提高；进入精加工工业时期，经济增长对原材料的依赖明显减少，运输需求在数量方面的增长速度放慢，但运输需求越发多样，在方便、及时、低损耗等运输质量方面的需求越来越高。出现这些变化的深层次原因在于，经济的发展使得人们更为富裕，人们的消费行为也发生了改变，由需求弹性较低的货物转向需求弹性较高的货物，或是由农产品转向制造业产品及服务业的服务。因此，对产业结构而言，亦会因消费者消费取向的不同而有所转变；在产业结构因经济发展而改变时，会出现货物种类和货运服务特性的改变，从而使货运需求发生变化。根据经济学理论，专业分工越细，规模经济效益越容易得到发挥，从而可以降低生产成本，但相对而言，专业分工的细化也导致了运输成本的增加；例如厂商采取适时制（JIT）生产策略，可有效降低存货成本、增加生产的弹性，但必须为之付出较高的运输成本。当某一地区的产业结构变得更为复杂或单纯化时，会影响到区域（包括境内、入境与出境的）货运量，并对区域间货运量分布的形态产生影响。

2. 货运需求的地区不平衡性

此外，要注意我国货运需求层次地区分布的不平衡性。首先，我国国土面积广大，地区资源分布不均，比如中西部主要是大量能源、原材料的产地，而东南部主要集中的是加工产品的生产，这就使得我国各地区由于货物产品的不同，拥有着不同的货运需求层次。同时，区域经济发展不平衡带来货运需求层次地区分布不均。比如西部地区的经济发展落后于东部沿海，人民消费水平也较低，产品的生产及需求不如东部地区多样，使得西部的货物运输需求层次比较单一简单，而东部就相对要复杂得多。

3. 货运消费者对载运工具的选择

我们来分析一下货运需求变化时运输消费者对载运工具的选择。我们前面已经提到，货物的批量是由储存和运输等物流环节共同决定的。虽然对于载运工具来说，都有一定的装载容积以及相对较"经济"的装载量，运输者必须保证运送的货物达到一定的装载量以满足运输工具一次的装载能力。但对于商品的生产者（货运消费者）来说，装载量越大，其产品的存储数量和时间也越大或越长，而产品存储所造成的成本显然也会越高。如果产品的价值较低且市场需求较稳定，那么，充分利用载运工具的运输能力能够显著地降低运输成本而又不会带来其他成本的大幅度增加。而对于一些单位价值很高、市场需求变化很快的产品来说，过长时间或过大数量的存储显然是不经济且存在极大市场风险的。此时，那些装载容积较小、相对灵活方便的运输工具，特别是卡车的优势就体现出来了，因为它们几乎可以随时启运，大大减少产品的存储成本。所以产品生产地对运输需求的影响，还应该包括存储和装载方面的考虑。极端的情况是适时制生产组织方式的情况，一些汽车公司首先采用了这种生产组织方式，使每一个前方生产者的加工品正好在下一个生产者需要的时候直接供应到位，以最大限度地减少不同工序、车间或分厂之间原材料、零配件及半成品的存储量，甚至做到"零库存"。为了适应这种适时制的生产组织方式，运输组织也必须做到非常准确及时，因为假如某项供应一旦不能及时到位，就可能引起整个生产链停顿的严重后果，而某项供应提前到位也会引起不必要的存储，达不到适时制的目标。这种生产组织方面的变化对运输服务的可靠性提出了空前的要求，因此比较可靠的运输方式被用户青睐，而对那些运输组织环节复杂、时常出现运输延误的运输方式，其运输需求就可能下降。

（三）偏好

1. 发货人对运输企业的要求

运输服务质量对运输需求是有实际影响的。然而对于经济计量分析来说，运输质量的概念目前却很难发挥更多的作用，原因在于很难给出运输质量的准确定义并进而收集到能够进行定量分析的实证数据。每一种运输服务都存在着很多方面的特点，对某些发货人来说运输能力的大小可能是最重要的，对另一些发货人来说运输速度可能更重要，对第三类发货人可能更看重运输的可靠性包括正点服务，还有很多发货人可能对承运人的形象和服务态度十分注重等等。随着经济结构的转变，货物运输的轻型化、小批量、时间紧、安全可靠等特点越来越突出，因此无论是区内运输还是跨区运输，货主都把车型合适与发货迅速摆在最突出的位置。

2. 自备运输问题

在经济生活中还有一种现象，就是尽管专业受雇运输公司的能力越来越大，服务也不断改善，但还有很多一般的工商企业保留了自备运货车或车队。也就是说，这些企业或多或少要把一部分运输能力控制在自己手里，除了必需的内部运输和短途接运，有些还要用于完成中远距离的运输任务。这种情况在各国都很普遍。

第三节　旅客运输需求

一、交通需要的含义

在旅客运输需求分析中要涉及一个概念，就是运输"需要"。一般来说，需要（need）的概念比需求（demand）要大，因为需求只是有支付能力的那部分需要。由于需求要受个人收支预算的限制，所以仅仅按需求去分配社会资源就会由于收入水平的差别而产生出一些不平等。因此有人主张，运输服务，至少其中的一部分，应该按照"需要"进行分配而不是按照有效的"需求"进行分配。其中心思想是，在现代社会中每一个人都应该有权利享受一些不低于基本水平的教育、医疗等服务，而不论他们收入的多少，交通运输也应该属于这一类服务，人们也有权享受某种最低标准的运输供给。

任何一个国家或地区，都会有一些低收入者，还有残疾人、老人和儿童，这些人相比之下需要一些特殊的运输服务，任何一个国家也都会有一些地区的经济开发水平较低同时交通条件较差，需要外界提供一些它们自己难以实现的运输服务，这些运输服务仅靠市场上自发的供求平衡力量往往无法满足。因此，需要被认为是既包括可以用市场去满足的需求，同时也包括要依靠市场以外力量去满足的那些基本要求，这后一部分运输需要有时也被称作"公益性运输"或"普遍服务"。

二、客运需求的影响因素

（一）运价水平

1. 客运需求弹性

客运需求也受运价水平的影响，如果我们已经比较清楚地知道了运输需求与运输价格之间的相互关系，就可以在价格与需求坐标系中画出一条运输需求曲线，可以根据运价水平的变化考察运输需求量的变化。当然，这只是理想条件下的，现实条件下客运需求分析中所使用的变量往往不应该简单处理，例如价格可能并不仅仅是乘客所支付的票价，而是包括了其他许多有关又相互影响的因素，像时间成本就是其中最重要的一项，此外还有安全、舒适和方便等。但由于这种综合性的运输成本不容易准确掌握或计算，因此，在现实中，很多情况下人们还是利用容易取得的价格资料进行运输需求分析。这当然会带来一些问题，其中一个就是对运输需求的价格弹性计算结果往往与人们预料的相差很多，而且一般都是偏低。

2. 客运需求弹性的影响因素

与货运需求弹性的计算结果类似，客运需求弹性也因计算者、计算目的、使用数据来源、计算期间和分析范围的不同而差异很大。运输需求弹性的计算如果过于笼统，它与特定和现实的运输需求特性就会背离较大。于是有学者建议要注意分类对运输需求弹性进行分析，他们认为至少可以从这样几个不同层面去观察客运需求的价格弹性变化：

第一是出行的目的不同。人们的出行目的大体可归类为：出差、旅游、探亲、访友、购物及其他几类。一般认为公务出差的旅行需求对运价的弹性要低于以旅游度假及探亲访友为目的的旅行，前者更倾向于选择更加快速、舒适、便捷的运输方式，因为前者的机会成本通常要高于后者。当然，出行目的本身不能孤立地对方式选择发生作用，而是与其他因素综合作用于方式选择的全过程。

第二是费用支付方式的不同。例如，私人小汽车的燃油等直接费用相对于既包括燃油，又包括保险、保养和折旧等间接费用的全成本来说只是一部分，这使得驾车人的需求弹性按燃油费用与按全成本计算相比就有差别；而公交车票又分别有一次性票、按时间的期票和按里程的累积优惠票等等，结果使需求的价格弹性也不同。'

第三是长短期的弹性不同。例如，人们对市内公交车票涨价的反应，在短期内往往是需求明显减少（抗拒心理），但一段时间以后，当人们的心理逐渐适应，这种反应会软化，因此表现为需求价格弹性短期较高而长期较低。然而燃油价格对人们驾车行为的影响却是一种相反的情况，当 20 世纪 70 年代石油危机导致燃油价格上升时，在短期内人们的驾车距离似乎没有很大变化（人们可能寄期望于油价在将来有所回落，同时，对车辆的投资是种固定成本），但在更长的时期内它对人们选择居住和上班地点以及选择车型都发生了影响。

（二）收入水平

人们的收入水平与交通需求之间有一定联系，过去有人提出，由于在出行时间预算上的限制，人们在出行行为方面具有相对的稳定性，即人们花在出行方面的时间和出行的总次数变化不大，如果以休闲为目的的出行增加，那么以工作为目的的出行就会减少，如果选择使用汽车出行，那么原来以步行或骑自行车的出行次数就会相应减少。但后来的研究表明，人们的平均出行时间和次数都随着收入水平的提高在增加。不少学者对同一国家不同收入水平的家庭，或不同人均收入水平的国家进行过对比分析，结论基本都是相同的。

需要注意的是，虽然可以认为交通在总体上属于经济学中的优质品，即消费随收入增加的物品，但也有人认为如果分更细来看，其中的私人交通特别是人们对小汽车的需要与收入增加的相关性更加明显，而对市内公共交通的需要却可能是在减少的。

三、有关私人交通的分析

（一）小汽车需求的影响因素

私人交通工具的拥有和使用在旅客运输中起着非常重要的作用，私人交通需求与私人交通工具的拥有量以及这些私人交通工具的行驶距离（使用量）有密切关系。

很多人早就对小汽车的需求进行过研究，一般结论是小汽车的需求与居民收入、小汽车售价以及其互补品（主要是燃油）的价格关系比较密切，其中收入水平是最重要的影响因素。国外学者的很多研究表明，私人交通需求的增长与居民的人均收入水平关系十分密切，但人均收入增长对私人交通需求的影响主要体现在拥有私人小汽车的数量上，而不是体现在每辆车每年的行驶距离上，例如，美国的一项研究材料指出，私人小汽车拥有量相对于人均收入水平的弹性值是 0.8，而每辆车每年的行驶距离相对于人均收入水平的弹性值只有 0.1。也就是说，假定人均收入水平增加了 10%，那么私人小汽车拥有量可能会提高 8 个百分点，而平均每辆车每年的行驶距离只增加 1%。

而影响社会上小汽车存量的另一个因素是小汽车的使用寿命。小汽车的报废是一种经济性的决策，它受新车（使用中汽车的替代品）价格和燃油与汽车修理（使用中汽车的互补品）价格或收费的影响。此外，在经济衰退时期，人们会推迟使用中汽车的报废和新车的购买，因此在这种时期道路上汽车的平均车龄就比较长，而在经济繁荣时期道路上汽车的平均车龄就会相对较短。当小汽车价格的上涨快于通货膨胀率上涨时，汽车的使用寿命当然也会长些。小汽车之间的区别除了它们的使用期长短不同，还包括车子的大小和特性。轿车品类的繁多使得人们有可能根据经济形势的变化，在不改变车辆拥有总数的情况下，通过改变使用的车型去调整和适应。例如当油价发生变化时，人们的反应不是多买车或少买车，而是选择买大车还是买小车。有些人家拥有不止一部汽车，因此当油价出现升降，他们就会很自然地决定多开小车或多开大车。与小汽车有关的最大开支是购买和拥有车辆的成本，而不是驾驶车辆的费用。

对于中国人来说，还有一个影响小汽车购买的重要因素 —— 面子。要不要买车、买多大的车、买什么品牌的车、什么时候买车，这些都或多或少地与"面子工程"有关，而不仅仅考虑自身的出行需要。例如，每年春节前夕，我国很多城市小汽车的销售都会出现一个小高峰。其实也不难理解：拿着新发的奖金，带着积累了很久的存款，买辆新车在春节期间走亲访友，无疑是节前最喜庆的消费方式。

（二）私人交通的分析方法

需要注意地是，由于私人交通不是消费者在运输市场上购买的，因此它没有市场价格，为了分析私人交通的需求曲线，经济学家们把私人交通的需求量与私人交通所需要支出的单位费用建立起联系，也就是说，用私人支付的交通费用代替价格来确定需求曲线。道理显而易见，私人交通除了需要购买交通工具，还有很多其他需要开销的费用，包括车辆的保险、维修、燃油、停车费等等，居民收入与所有这些开销的相对关系也影响着私人交通的数量和需求，但影响不如对私人小汽车拥有量影响那样大。这也许可以看作是一种必需的替代，但也有人反对说成本不应该是与需求直接挂钩的变量，而应该与供给挂钩。此外，不同国家经济发达水平、城市化水平和城市结构、人均收入水平、生活习惯和已有的基本交通设施都有很大差别，因此对私人交通需求的各种影响因素发挥影响的程度也差别很大，需要仔细分析研究，不能一概而论，也不能把其他国家的分析结论轻易照本宣科。

四、旅行时间价值

（一）旅行时间价值的概念

旅行时间价值（values of travel time）是人们对旅行时间的评价，是由于旅行者在旅途中耗用的时间存在机会成本所产生的价值。在许多国家的交通运输规划中，旅行和运输时间的节省通常是一项重要的考虑内容，时间的节省构成了运输投资效益的主要组成部分，所以人们进行了大量有关旅行时间价值的研究。

（二）旅行时间价值的计量

西方学者对旅行时间的价值计量一直分为两种情况分别对待，一种是工作时间的旅行，另一种是非工作时间的旅行。工作旅行包括运输工具驾驶员、服务员的在途工作和一般公务旅行，其时间价值一般被认定是旅行者工资的100%。但这里面有这样一些假定：每个人的工资都等于他所创造的边际产品；工资包括了他的全部劳动所得；分析范围不包括涉及重大政治、军事或商业事件时的情况等。非工作旅行包括以通勤、通学、购物、社交、旅游、娱乐等为目的的旅行，一般认为非工作旅行的时间价值要低于工作旅行的时间价值，相当于旅行者工资的某一个百分比，但研究结果差别很大。学者们一向比较关注城市居民上下班通勤的时间价值，也许这是因为相比之下通勤属于最有规律的出行行为而且旅行者的数量最大。

对旅行时间价值的研究需要借助行为科学，过去学者们多采用显示性偏好（revealed preferences）的分析方法，但近年来学者们开始更多地使用表述性偏好（stated preferences）的方法，它们之间的区别是前者注重实际观察到的人们已经做出的选择是什么，而后者则更多根据并未实际发生、但人们在调查表上对各种情况明确表述的选择意愿进行分析。

（三）旅行时间价值的影响因素

尽管已有的研究存在着众多的分歧，但可以相信旅行时间的确是有价值的，而且会由于以下各种影响因素的不同而有差别：①旅行目的。由于旅行目的不同，人们对相应的旅行时间价值评价也不一样。②所在国家与地区。大多数的研究学者都认为一个国家的旅行时间价值与该国的经济发展水平和人民生活水平成正比。③旅行发生的时段不同，旅行时间价值也是不同的。例如工作日一天中旅行时间价值随着各个时段的不同而波动，早晨上班高峰期人们对旅行时间价值的评价最高，而在其余时间特别是晚上，由于人们对时间的安排不那样严格，因此对旅行时间价值的评价则会相对较低。④旅行者收入与职业。收入越高的人，旅行时间的价值越大；反之，收入较低的旅行者，其旅行时间价值较低；对于家庭妇女、退休者、失业者和儿童而言，他们的旅行时间价值与全职工作者的平均工资显然也存在较大差异。⑤零碎的和整块的时间节省。一般认为整块的时间节省比零碎的时间节省产生的经济效益要大。⑥平均旅行时间价值和边际旅行时间价值的区别。⑦某一特殊时点的重要性。例如，严格的上班考勤制度会提高通勤者的旅行时间价值，下班时要不要接孩子对旅行时间价值显然也有影响。

第三章 基于运输需求的公路项目经济效益

第一节 公路项目经济效益依据的理论基础分析

公路项目的基础性、公益性及外部性等特征，决定其形成的经济效益的广泛性，对公路项目经济效益依据的理论基础进行分析，有助于准确把握公路项目经济效益计量的理论依据。公路项目经济效益依据的理论基础，是由其特性决定的。在此，首先对公路项目经济特性进行分析，由其特性，研究确定公路项目经济效益应依据的理论基础。

一、公路项目特性分析

（一）公路项目的公共产品特性

公共产品（Public goods）是指消费过程中具有非排他性和非竞争性的产品。经济学家萨缪尔森（Samuelson）对公共产品的描述为"每一个人对这种产品的消费，并不能减少任何其他人也对该产品的消费"，公共产品具有非排他性、非竞争性及效用的不可分割特性。

非排他性是指在产品消费中，很难将其他消费者排斥在该产品的消费利益之外。非竞争性是指增加该商品的消费所增加的成本接近于零，或消费者消费某种产品是不影响其他消费者从该产品中获益。但是当越来越多的人消费该项产品，人们所得的消费利益将下降。这种状况就称为"拥挤"。效用的不可分割性指公共产品是向整个社会提供的，具有共同受益和联合消费的特点，其效用为整个社会的成员所共享，而不能将其分割为若干可以计价的单位供市场销售。

公路在建成之后其所能承担的交通量是既定的。在不存在超载运输，达到饱和交通量以前，公路上增加一辆车不会影响其他车辆和行人对公路的消费。当公路达到拥挤状况，意味着物品的使用者之间出现了相互影响，增加的车辆会对公路使用者带来拥挤成本。由此可见，公路项目不完全同时具有公共产品的特性，属于拥挤性公共产品，即准公共产品。

公路项目的公共产品特性，决定项目建成后，其经济效益主要体现在通过为全社会公路使用者提供公路运输服务所创造的价值上。财政投资于公路项目的目的是为了满足全社会的运输需求，即实现一切有利于社会经济发展的人和物被移动的需求。

（二）公路项目的基础性

公路项目属于基础设施范畴。世界银行给基础设施下的定义是：基础设施（Infrastructure）被称作一国经济的社会管理资本。它们都程度不同地具有规模效益递增规律，存在着使用者与非使用者之间利益的溢出性。它包括以下几个方面：公共设施、公共工程和运输设施。由此可见，基础设施是维系一个国家社会生产和生活正常进行，促进国民经济发展的必备条件和基础保证。基础设施的基础性，确立了其在国民经济中的"先行性"地位。

从公路项目与各产业的关系看，它是各产业发展的基础。公路建设的目的主要是为推动国民经济各产业的发展，公路项目带来的根本效益表现为公路项目对工业、农业、第三产业等产业的拉动效益。公路建设项目的修建，促进地区间资源的流动，促进了各产业的发展，从而推动国民经济的发展。

（三）公路项目的公益性

公路项目的公益性是由公路项目的公共产品特性和强大的正外部性所决定的。所谓公益性是指产品或服务受益的公共性，即产品或服务使公共集体获得效益，而自身没有得到相应的补偿。纯公共产品由全体社会成员享用，要阻止某些人的享用是不可能的，因此纯公共产品的公益性都比较强。混合产品中公共性和私人性并存，其产生的外部效应具有公益性，而其内在性也会在一定程度上使公共集体获得效益，也具有公益性。

公路项目的公益性表现在以下几个方面，一是由于其基础性，它是其他产业生产发展的基础；二是表现在公路的建设具有促进社会沟通、促进资源开发、节约成本、扩大市场、促进产业结构优化的作用。公路项目公益性还表现在公路项目所产生的效益不仅为旅客或货主所享有，而且使整个社会从中受益。例如，商务人员的出行不仅满足自己的需要，也对出行接触的一方带来一定的效益，探亲旅客的出行给探望的人带来情感上的满足，货物的运输使产品可以在更广的地域范围内销售。也就是说，通过公路项目的运输活动，不仅能为运输参与者，也能够为运输参与者之外的人带来一定的效益，而他们不必为这种收益付出报酬。

综上所述，公路项目具有公共性、基础性、外部性及公益性，从功能上讲，公路项目作为国民经济的重要基础设施之一，其主要作用是为整个社会和经济活动提供必要的运行条件，是社会、经济、文化及国防的重要支撑力量；从经济效益上讲，公路项目的受益者不仅仅是设施的使用者，而且涉及国民经济相关的产业，进而推动了整个国民经济的发展。

二、公路项目经济效益依据的理论基础

（一）消费者剩余理论与支付意愿

1. 消费者剩余的内涵

消费者剩余是指消费者对某种商品愿意支付的价格与实际购买支付的价格之间的差额，这一概念由马歇尔提出。马歇尔在他的《经济学原理》一书中是这样来表示消费者剩余的：如图 3-1 的消费者剩余理论，以 OQ 代表商品数量，OP 代表商品价格，DD 代表需求曲线，则消费者购买 OQ′ 商品时所获得的消费者剩余为三角形 DP′ E 的面积。消费者剩余根源于边际效用递减规律，而决定商品价格的是购买最后一个商品的边际效用，由于消费品先前各单位都要比最后的一个单位具有更高的价值，消费者从先前的每一单位中享受到了效用剩余。因此，消费者剩余衡量的是消费者从某一物品的购买中所得到的超过他们所为之支付的那部分额外效用。

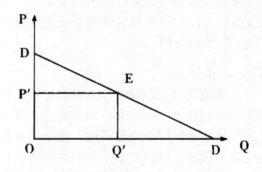

图 3-1 消费者剩余理论

2. 消费者剩余与支付意愿的运用

消费者剩余的存在表明，物品的市场价格并不能完全反映其真实的价值，运输消费者往往会综合考虑付出的成本来获取该运输服务是否"物有所值"。消费者剩余中所指的利益是一种综合的概念，既可能是可度量的利益，也可能是消费者认同的"值"，如消费偏好、对舒适性的要求及时间价值的衡量等。这些衡量标准因人而异，差别很大，但一般都是根据既定约束条件（经济约束、时间约束、可选择的运输方式约束等）按"物有所值"的原则体现出来，考虑花了多少钱、舒适性如何、占用多少时间、能否满足自己的需求等等。

消费者剩余理论，对于分析核算公路项目经济效益具有重大意义。一切经济活动的根本目的都是为了满足人们物质生活与精神生活的需要，公路建设的目的是为了满足人们位移的需要。消费者剩余理论是从公路使用者角度分析项目经济效益，公路的运营，将给公路使用者带来运输成本的节约，运输时间的节省，使用者愿意支付的费用与实际支付的费用之间，会出现一个差额，即消费者剩余。据此，对公路使用者产生的效益可以用其对此所具有的支付意愿来度量。

$$效益 = 支付意愿 = 实际支付 + 消费者剩余$$

在这一效益衡量下，消费者可以获得最大效用。利用支付意愿代替市场价格衡量项目效益是项目评价经济与财务评价的区别之一。利用支付意愿来衡量项目效益的必要性如下：第一，用支付意愿来度量效益可以从狭隘的实际收益和支付中摆脱出来，赋予效益更广泛的意义。对于公路项目来讲，体现公路项目的公益性、基础性及外部性特征。第二，支付意愿在原则上能排除价格扭曲的影响。如果一个项目的产出不能按照某一市场价格供消费者自由采购，或者该项目的产量很大并引起价格降低，此时用市场价格来衡量项目效益将小于项目的真正效益，因为消费者的支付意愿是超过实际支付值即市场价格的。如果利用支付意愿代替市场价格，即使由于价格偏低，实际支付很少，大部分效益也能以消费者剩余的形式表现出来。

（二）最优资源配置理论

人类的生存和发展离不开各种资源，而社会资源的数量是相对有限的，即资源存在稀缺性。正是由于稀缺性的存在，人们不得不考虑如何能够利用有限的资源来满足无穷的欲望。

福利经济学用帕累托效率来衡量资源配置的最佳状态。经济学家帕累托认为，如果有某种资源配置状态，任何可行的调整都无法使得调整之后的一些人的境况变好，而其他任何人的境况至少不变坏，这种状态就是最好的。我们把这种资源配置状态称为帕累托最优或者帕累托效率。如果有某种资源配置状态，通过一定的调整能使一些人的境况得到改善，而其他人的境况至少不变坏，我们就可以肯定地说，调整后的状态优于调整前的状态。我们把符合这一性质的调整称为帕累托改进。能够进行帕累托改进的状态肯定不符合帕累托最优，而帕累托最优是无法进行帕累托改进的资源配置状态。

要衡量资源配置是否达到帕累托效率，通常通过一般均衡分析和局部均衡分析的方法分析。在一般均衡分析中，通常使用三个标准，即是否同时满足生产效率、交换效率和产品组合效率。其中，生产效率是指在现有资源和技术条件的限制下，如何将各种资源用于不同产品的生产才能使产出最大；交换效率指在产出给定的条件下，不同的产品应怎样被个人所利用才最为理想；产品组合效率是指在产出给定的条件下，什么样产品组合才能最大程度地满足社会的要求和愿望。从局部均衡分析的角度考察，实现资源配置的帕累托效率的条件是每一种产品的社会边际收益等于社会边际成本。

运输需求的产生来源于人们对货物或人位移的需要，货物或人的位移的目的是实现资源的流动，将某种资源从较充裕的地区流向资源稀缺地区，实现资源的有效配置。通过资源的有效配置，可提高劳动生存率，带来效益的增加。

（三）国民经济核算原理

公路项目的基础性、公益性、外部性等特定，决定公路项目的评价应从整个国民经济角度核算公路项目带来的效益。国民经济核算与国民经济评价是不同的，前者是指对一定范围和一定时间的人力、物力、财力资源与利用所进行的计量；后者是从一定范围研究项目对国民经济的贡献。由于项目对国民经济的贡献往往要求量化，在量化时可借鉴国民经济核算的方法，在此介绍国民经济核算中的生产核算基本原理。

生产核算是以国内生产总值为核心的。国内生产总值是为了反映一个国家或地区一定时期生产活动和生产活动成果而设计的统计指标或经济变量。国内生产总值概念是一个国际上统一使用的统计概念（简称为GDP），从生产活动和范围看，国内生产总值概念就是一个国家或地区一定时期全部生产单位所生产创造的增加值的全部或总量。它表示生产活动的总规模或生产成果的总水平。国内生产总值概念，一般可以从三个角度理解，即生产过程的结果或成果价值总量、社会最终使用的产品和服务价值总量、对生产过程结果分配形式的收入总量。社会最终使用的产品和服务价值总量，在一个相同的经济体系中，它与生产成果的增加值是完全一致相等。因为生产的成果无非用于三个方面，即人民生活的各种消费、扩大生产或积累的投资或资本形成、净出口。这说明一个经济总量关系，经济体系中的生产总量与最终使用的总量平衡相等。对生产过程结果进行分配所形成的收入总量，在一个相同的经济体系中，它与生产成果的增加值总量、社会最终使用的产品和服务价值总量是完全相等的。因为增加值是生产的成果，也是因使用生产要素所形成的收入总量，所以，对生产过程结果的分配所形成的收入具体表现为劳动要素的报酬收入和资本要素的报酬收入。

第二节　基于运输需求的公路项目经济效益产生

公路项目投资的目的在于追求社会经济效益，准确、合理地判定与衡量公路运输项目的经济效益，是经济评价的一项重要内容。

一、公路项目经济效益的界定

（一）现有公路项目经济效益定义的研究

一般意义上的经济效益是指经济活动中所得和所费的比较，或者换一种说法就是投入和产出的比较，如果写成一个公式，就是：

$$经济效益 = \frac{所得（经济活动的成果）}{所费（劳动消耗）} \quad 或 \quad \frac{产出}{投入}$$

公路项目经济效益与一般意义上的经济效益含义有所不同，关于公路建设项目的经济效益，国内外学术界有不同的提法。国外对公路项目经济效益的界定主要包括四个关键因素：

①项目建设的目标，包括经济的繁荣、生活质量、环境和安全；

②项目的受益范围，包括当地、州、整个地区、国家或全球；

③从受益者角度可分为居民、产业、旅行者及其他；

④确定受益的时间上可包括现在的价值和将来发生的价值。

在实践中，上述几点的界定比理论上的界定更复杂，表现在以下几个方面：

①在理论上，如何界定效益没有明确的观点，而是把整个效益表述为消费者获得的价值（Consumer value），即消费者支付意愿（Willingness-to-pay）。在实践中，效益的衡量采用钱币表示引起了热烈的争论。目前试图将所有的对环境和生活品质的影响转化为单纯用钱币表示的观点已被广泛地接受。

②在理论上，如何选择一个受益空间也没有明确的概念。往往把整个效益界定为给整个社会带来的。在实践中，公路项目对一个当地、州、整个地区、国家或全球的影响是根本不同的，不同层次政体的决策者强调不同的利益。

③在理论上，对某类受益者的影响不需要进行效益成本分析，因为各类受益者获得的效益可以通过被损害的利益的补偿进行表示。在实践中，如此的交叉补贴不可能发生，因此，考虑不同类别受益群体的利益分配是重要的。

④理论上，长期效益可以根据净现值来核算。现实中，即使当回收期超过净现值确定的有效价值边界，也可从战略上进行考虑。

（二）基于运输需求的公路项目经济效益界定

公路项目经济效益定义包含了效益界定涉及的关键因素，即目标、范围及角度等；从国内的研究看，现有的公路建设项目经济效益的定义较为含糊，只界定了其外延，即项目的效益是指项目对整个国民经济所作的贡献，对项目包含的效益内容一般采用了列举的方法。但国内外的研究对效益的内在来源都没有在定义中界定，这也就是说，定义只是从外围进行的，没有涉及核心内容。

任何社会经济活动的根本目标都是最大限度地满足人们不断增长的物质和精神生活的需要。需求因素揭示了运输的真正价值，根据这一基本规则，最大限度地满足国民经济及社会发展对人与物位移的需要，是运输活动的根本目标。这里要分析"人与物位移需要"所体现的内在要求，从表面现象看，公路项目是为了满足人和货物位移的需要，这里只是把运输功能看成一种物理现象，只是简单地理解为"人和物的空间移动"，其实运输有着深层次的功能。首先满足运输需求的程度是不同的，这里存在效率问题，已实现的运输需求虽然也能得到满足，但支付的费用太高，新项目的运营可节约费用，可以更高效率地满足运输需求，使运输对象更快、更节省地运往目的地；其次，从运输需求的本质看，运输在"位移"的表象下，体现着运输需求的本质，即优化资源配置，这里同样包含效率问题，相同的资源会在不同地方发生着不同的效率，公路项目具有的功能就是将资源进行优势配置，因此，公路项目的功能绝不是简单的人和物的空间移动，而是隐含在表象的资源的节约，资源的优势配置，体现着效率问题，其形成的效益就体现在此。

根据公路项目的特性及功能，将公路项目经济效益界定为公路项目在有效满足运输需求及优化资源配置的基础上，而对整个社会带来的经济利益。这里界定的公路建设项目经济效益内涵与其他定义相比较，更能显示公路建设项目的内在本质，公路建设在有效满足运输需求和优化资源配置的基础上，带来了社会资源的节约，促进了社会经济的发展。此定义认为公路建设项目作为供给，就是要最大限度去满足和诱发运输需求，使资源得到优化配置，从而为社会带来更大的经济效益。

（三）衡量经济效益的指标分析

要对公路项目经济效益进行计量，首先要确定用什么指标衡量公路项目经济效益，从而分析公路项目对这些指标的影响。从公路项目的深层次功能看，一方面是为了有效满足运输需求，即不仅仅是满足，还要使运输对象更快、更节省地运往目的地。从这一角度看，公路项目的经济效益体现在项目带来的节约效益，衡量指标应是项目运营后，带来的节约效益。

公路项目作为基础设施，其根本目的就是为了推动各产业的经济发展。公路项目对各产业的经济发展起着重要的推动作用，这一重要作用已经得到经济学者们的广泛认可。杜比（Dupuit）也指出运输使市场一体化成为可能，没有不好的地区，只有不适合的经济活动，落后的地区是由于其他的因素造成的（如劳动力市场缺乏弹性），运输是经济发展所必需的条件。发展经济学家森斯坦·罗丹（Senstan Rodin）在其著名著作《东欧和东南欧国家的工业化问题》中提出了"社会先行资本"，旨在强调在一般的产业投资之前，一个社会应具备在基础设施方面的积累。OECD 在《Transport and ecomomic development》报告中指出，人和货物的移动是提高生产力和经济增长的前提。从产出角度衡量各产业经济发展的指标是经济增长，要衡量公路项目对各产业的推动作用，理应选择经济增长指标。

从确定的衡量公路项目经济效益的指标看，分析公路项目经济效益的形成机制，应从分析公路项目如何产生节约效益，如何促进各产业的经济增长的途径进行分析。下面主要分析公路项目的产出效益形成机理。

二、公路项目经济效益形成机理的现有研究

（一）国外研究状况

单纯研究公路项目经济效益形成机理的并不多，有关这方面的研究存在于基础设施

的效益形成机理中。关于基础设施项目的效益是如何产生的，尤其是 20 世纪 40 年代以后，发展经济学家对此进行了大量的研究，积累了丰富的研究成果，其理论主要有以下观点：

1. 财富论

财富论主要是早期西方经济学家对基础设施作用研究的成果，主要有以下方面的内容：

①基础设施投资能集聚、增长财富。资本主义的原始积累时期，基础设施投资作为增长国民财富的手段，与贸易交往和产业投资密切相关。重商主义萌发最早的意大利，海运与通商贸易基础设施发达，对外贸易发达，国家财富增长迅速。随着 15 世纪末 16 世纪初新航线的发现，通商航线的转移，欧洲贸易中心也转移到西班牙和法国，因而意大利的对外贸易受到沉重打击，财富增长减速。显然航海运输设施的发展对对外贸易有十分重要的作用。重商主义主张积累财富的途径是开展对外贸易，政策上"限入倡出"，保护航运业，扶持出口工业，强调基础设施在发展对外贸易中的作用。

②基础设施被看作是财富增长的投入和手段。基础设施作为生产资本或成本在财富不是由贸易产生而是来自生产领域的观念形成以后，人们便将基础设施看作了财富增长而进行的投入。威廉，配第在阐述其经济增长时，强调分工和专业化对劳动和提高劳动生产率的重要作用。如运输工具专业化对于降低运费、提高运输力和节省劳动方面起重要作用。经济学家李斯特（List）把邮政、交通等基础设施看作是生产力的丰富源泉。

③基础设施的分布影响生产布局，影响国家财富分布。西方生产区位和工业布局的理论先驱法国学者杜能（Thunen），分析了孤立国的生产布局，他认为成本（包括生产成本和运输成本）和价格是决定生产布局的主要因素。把生产费用和运输成本最少、销售价格最低看作是生产布局的最高原则。他把运输成本作为决定生产布局的主要因素，强调交通基础设施分布对生产布局的影响，交通等基础设施的分布对生产布局的影响将影响到地区之间财富分布。19 世纪后期，新古典经济学代表马歇尔（Marshall）从生产力方面考察了工业地区分布和运输的发展对工业分布有重要影响。

2. 结构论

从 20 世纪 40 年代末开始，发展经济学家通过对一些国家现实的研究后指出：基础设施与生产性投资是促进经济增长的两个有机构成部分，两者关系的协调影响经济增长的速度。他们把基础设施看作经济增长的构件，提出了基础设施是经济增长的有机组成部分的结构理论，该理论主要内容包括以下三个方面：

①基础设施投资是经济增长的基础。经济学家罗斯托（Rostow）在《经济成长阶段》一书中，借鉴了德国历史学派的经济阶段划分法，熊彼特的创新学说、凯恩斯的宏观经济分析、哈罗德－多马模型等理论和方法，对基础设施的重要意义作了特别强调，他认为基础设施是经济发展的重要前提条件。其理论的主要内容包括三个方面：一是基础设施是社会变革、生产力发展、经济成长的前提条件。二是政府在建设基础设施的过程中应担负起极其重要的责任。三是基础设施部门是其他部门发展的基础。现代工程行业，

如果不是军事需要的话，就是从修筑公路、开运河，为煤矿设计水泵，制造纺织机器开始的，基础设施是众多部门形成和发展的基础条件。

②发展基础设施是经济持续增长的保障。美国经济学家艾伯特，赫希曼在其《经济发展与战略》一书中，提出了著名的"不平衡增长理论（Unbal-anced Growth）"。该理论认为，由于一些国家的经济增长受资源有限的约束，产业与项目之间存在技术经济联系的影响，经济增长是不平衡的。他认为，"对基础设施等公用事业的疏忽，将构成经济进步最严重的拖累"。从他的观点可以看出，基础设施是经济持续增长的保障。

③加速经济增长必须先加速投资基础设施。美国经济学家森斯坦·罗丹把生产（特别是社会间接资本供给）、储蓄和市场需求的不可分性作为其大推进理论的基础。提出：一是基础设施供给存在"不可分性"和初始配置规模具有凝聚性。即指由于基础设施项目规模大、配套性强，必须同时建成才能发挥作用，因此在国民经济发展的初期，必须集中精力，一次性投入大量资金用于基础设施建设。二是与直接生产部门相比，基础设施建设周期长，建设资金回收期长。"只有在一个长的酝酿期之后才变得可以利用"，加上基础设施在时间上是不可分（即不可逆）的，因而在时间上，基础设施投资必须优先于其他直接生产性投资。三是直接生产产业投资机会的创造以基本基础设施投资为基础条件，如电力、运输等基础设施，其服务的提供能为其他产业创造大量的投资机会。基础设施是形成国民经济的基础，是国民经济的分摊成本，所以基础设施必须优先于见效快，具有直接生产性的生产性投资。四是基础设施供给上的不可分性也是经济发展过程中外在经济的重要源泉，由于基础设施的规模经济特性，对其投资要求集中、一次性的大规模投入，才能产生规模经济效益，使整个社会获得其投资的"外在经济"效应。

（二）国内研究状况

20世纪80年代初期，中国经济理论工作者逐步意识到基础设施对经济增长的积极作用，开始了加强对基础设施与经济增长关系的研究。钱家骏、毛立本在中国经济理论界提出"基础结构"这个概念。随着经济体制改革和经济发展，20世纪80年代末、90年代初，中国基础设施的滞后对经济增长的"瓶颈"制约日益严重，与此同时经济界围绕着基础设施与经济增长的关系逐步展开研究，其中，以基础设施对经济增长瓶颈制约生成的原因及对策研究为主。

近些年，随着公路建设的发展，业内的许多学者从产业带理论解释公路项目产生的效益机制。如费洪平博士从企业空间行为的角度研究了胶济沿线产业带变化的内在机制；杨荫凯、张文尝等从时间和空间两个维度研究了哈大交通经济带的形成和演化，认为哈大交通运输的发展，促进了哈大交通经济带产业结构的高级化，增强了区域内的分工。

荣朝和教授在《论运输化》一书中，从交通运输与经济发展长期变化的演绎过程，解析了交通运输与经济发展之间的发展关系。认为交通运输的发展不仅仅是一种单纯的技术进步与满足运输需求的产物，它以一种主导产业的身份和作用促进了整个国家的工业化。

（三）国内外研究的评价

从国内外研究看，在公路项目经济效益的形成机理研究上，财富论主要从运输促进了对外贸易，增加了社会财富角度分析；结构论把基础设施看作经济增长的构件，看作是经济增长的有机组成部分；效益论主要从基础设施对生产效率、生产成本的影响来论述其与经济发展的关系。区域理论、产业带理论主要从公路基础设施对区域优势的影响，研究公路项目形成的效益机制；运输化理论是把运输看作一个主导产业，在长期的演绎过程中，促进整个国家的工业化。

三、公路基础设施对空间范围的影响

要使资源得到优化配置，资源的配置必须建立在一定的空间范围内进行。也就是说资源的优化配置离不开一定的空间。很难想象如果没有解决距离，经济将会如何发展，或者只可能限制在一定的范围内。公路基础设施运营后一个直接的后果是空间范围扩大，使资源可以在更广阔的范围内进行。

（一）空间范围的衡量 —— 可达性分析

交通运输为经济活动提供空间联系的环境，空间范围的衡量不能只用表面上的长度单位去衡量距离这一概念，自然意义上很远的距离可以由于交通的改善，由于交通所需时间或费用的减少而缩短。从经济内涵上衡量距离的尺度是时间和费用，是人们在克服该距离障碍时所付出的代价。这里可用可达性来衡量交通运输的改善而带来的空间范围的变化。

1. 可达性的含义

公路项目的运营，产生的直接效果是可达性提高，使运输空间范围扩大。可达性是指一种依靠交通设施在适当时间到达指定地点的能力。也就是指一个区域与其他有关区域进行物质、能量、人员等交流的方便程度。公路项目的建设和运营对沿线区域最基本、最重要的影响就是创造或提高某地区、地点或区域的可达性，使其交通状况改善，运行时间节约，交通地理位置发生变化。

2. 可达性的衡量

衡量可达性的通常采用四类指标：

（1）加权平均旅行时间指标

加权平均旅行时间指标是一个评价一个节点到各经济中心的时间度量，主要由被评价节点的空间区位决定，也与经济中心的实力及连接评价节点与经济中心的交通设施质量密切相关。指标得分越低，表示该节点可达性越高，与经济中心的联系越紧密；反之亦然。其公式为：

$$W_i = \frac{\sum\limits_{j=1}^{n}\left(T_{ij} \cdot M_j\right)}{\sum\limits_{j=1}^{n} M_j}$$

式中：W_i —— 区域内节点的可达性；

T_{ij} —— 通过某交通运输设施和网络从节点 i 到达经济中心 j（或活动目的地 j）所花费的时间；

M_j —— 评价范围内经济中心（或活动目的地）的某种社会经济要素流的流量，即表示该经济中心的经济实力或对周边地区的吸引力，可采用 GDP 总值、人口总量或社会商品销售总额等指标来衡量；

n —— 评价系统内除节点 i 以外的其他节点总数。

加权平均旅行时间指标侧重于各区域的划分，它是以时间长短和空间范围大小来表示的。

（2）经济潜力指标

经济潜力指标主要由评价节点的经济区位决定，分值越高，表示该节点可达性越高，反之亦然。分值高低与节点和各经济中心、活动目的地间的空间作用正相关，而且其作用强度又与经济中心的规模、实力正相关，与评价节点到经济中心的距离、时间或费用成反比例关系。其计算公式引入引力模型，为：

$$P_i = \sum \frac{M_j}{T_{ij}^a}$$

式中：P_i —— 节点 i 的经济潜力值；

T_{ij}，M_j 含义同上；

a —— 距离摩擦系数，一般取1。

经济潜力指标的计算公式属于"重力型"，侧重于区域间的相互作用，计算结果存在分值随距离逐步衰减现象。

（3）日常可达性指标

日常可达性是指在一天时间内从节点到其他地区进行各种活动的程度和数量，可用活动的人流或物流量来度量，也可用日常最大通行范围来表示。日常可达性水平的高低与交通运输设施的质量、完备程度直接相关，日常出行范围越大，表示该区域可达性程度越高。

（4）费用指标

用从起点到达某一目的地所花费的运输费用来衡量可达性。费用越低，可达性越高，反之，可达性差。公路项目运营后，由于时间的缩短，可达性的提高，往往表现为运费的降低。

（二）公路项目对空间范围的影响

交通运输一向被经济学家看作是重要的区位影响因素，例如，最初的杜能和韦伯区位模型都特别突出地考虑运输因素，他们把绝大多数问题都归结为运输成本问题或是在运输决定区位基础上的变形。传统区位理论特别强调运输成本的作用是因为运输成本对于农业和传统制造业的影响事实上比对其他许多行业的影响更重要、更明显，而且运输成本与其他区位因素相比更易于进行定量分析，因此区位理论首先趋向于以运输因素为分析的出发点和核心。而勒什（Lesh）在后来的区位分析中，就注意同时强调集中经济和运输成本，把集聚效应和运输因素看作决定区位的主要经济约束力量。

交通运输为经济活动提供空间联系的环境，是经济空间结构形成和演变的主要条件之一。公路项目的运营，会使可达性提高，一方面使本区域的人和货物能够运出或者在相同的时间运出的距离更远；另一方面使更远处的人或货物移动到本区域来。关于交通运输对空间范围的影响，胡佛（Hoover）从运输费用的水平对工业贸易的规模和经济中心之间的距离所产生的作用进行过分析。他认为，如果运输费用很小，小到几乎可以忽略不计的话，那么各种行业都会选择本身生产经营成本最低的区位，而不必顾忌空间距离引起的运输成本问题，而规模经济效益则会导致整个行业都集中在某一个或少数几个最有利的地点。相反，如果运输费用大到极点，大到任何远距离运输行为都变为不合理，那么区际交流就不会发生，每个区域都只能依靠自给。根据这两种极端情况的对比可以推知，廉价运输总是扩大贸易区的范围，并促使出现规模巨大且相距遥远的经济中心。运输费用一旦变得低廉，社会运输量就会增加，生产者和消费者之间的距离就会拉开，贸易范围就会扩大。从胡佛的分析可得出的结论是：运输费用的降低是工业和贸易能够实现规模经济的先决条件之一。

现代意义上的运输随着社会经济发展水平演变，运送手段、对象、运输的规模及强度都在发生着变化，运输体系也越来越发达。因而，只有在强大的运输体系的支持下，空间范围的急剧扩大，从而使资源在更广泛的空间进行优化配置，才能使经济真正实现全球化。

（三）公路项目对市场范围的影响

交通运输影响着空间范围的大小，在市场经济条件下，经济活动空间范围的大小转化为市场范围的大小。经济的发展依赖于一定的市场范围，对于交通运输与市场供求之间的关系，马克思作了精辟的论述，认为交通运输的发展可缩短产销时空的距离，改变了商品时空的相对状态，扩大了商品市场供求领域。市场是配置资源的重要力量，有关市场如何配置资源，亚当·斯密（Adam Smith）用"看不见的手"进行了形象的解释。企业生产经营依赖于两个重要市场，即劳动力市场和货物市场，下面从公路项目对劳动力市场和货物市场范围的影响，来分析公路项目对市场范围的影响。

1. 公路项目对劳动力市场范围的影响

劳动力是经济活动区位尤其是生产活动区位中重要的区位因子之一。劳动力无论是在质上还是在量上都存在着空间上的差异。劳动力的空间分布差异以及劳动力移动上的摩擦等因素导致劳动力成本存在着空间差异，而劳动力空间移动的摩擦主要是由不发达的交通运输网络造成的。

交通条件的改善，可达性的提高，使劳动力市场的范围扩大。一个有效的较大的劳动力市场有利于更好地调节劳动力的供给与需求。相反，在一个相对小的劳动力市场，工人能找到充分发挥他们技能和经验的工作机会相对小，企业也很难聘用到具备某一特定工作需要的技能和经验的工人，求其次企业不得不聘用不能完全胜任这一特定工作的工人。而一个大的有效的劳动力市场，将增加满足工人和企业的需要的机会。对企业来讲，劳动力市场的扩大，意味着就业竞争加剧，企业可以更低的工资聘用工人，劳动力成本降低，从而使产品成本降低；同时熟练工人的获得，也将提高企业的劳动生产率。对个人来讲，运输条件的改善，寻找工作的成本降低，增加了个人获得较满意工作的机会。一个相对大的劳动力市场，可带来劳动生产率的提高，这一原理已被经验所检验。运输通过对劳动力市场范围的影响，使投入到生产经营的劳动力的素质提高，在劳动力因子中，越来越多地不是取决于劳动力的数量，而是取决于劳动力的质量。现代经济活动由于有高度发达的交通体系和技术体系作为依托，其区位选择的空间尺度更大，灵活性更强。在生产力各要素中，劳动者是最活跃的因素，劳动者素质的提高，会大大提高劳动生产率。

2. 公路项目对货物市场范围的影响

市场的规模对经济活动产生重要的影响。首先市场规模直接影响到经济活动的持续以及经济合理性。经济活动无论是生产活动还是服务活动都要求达到一定规模，这一规模就是所谓的需求门槛。市场规模只有达到一定程度，经济活动才可能持续进行。市场规模也直接影响到经济活动的合理性，这是因为规模经济在起作用。其次，市场地域范围大小直接影响经济活动的类型与规模。尤其是传统商业活动中的零售业，不同的经营类型与规模对应于比较固定的市场地域的范围与规模。总之，市场规模的大小对经济活动具有重大的影响，而市场规模的扩大需要交通运输系统的支撑。现代经济活动，尤其是工业活动，在强大的交通运输体系支持下，原材料组织和产品销售的空间范围已经扩展到全球。

交通运输条件的改善，运输费用的降低，可消除或降低贸易障碍，使货运市场范围扩大，进而影响生产规模。

四、公路项目对经济增长的影响

（一）经济增长的源泉分析

公路项目的运营，促进了资源的优化配置，从而对经济活动产生一系列影响。经济效益来源于经济增长，分析经济效益产生机理，首先要分析经济增长的源泉，然后分析公路项目对经济增长源泉要素的影响。

关于经济增长的源泉，在这里采用生产函数法（Production function）来解释。生产函数是用来描述企业生产过程中投入和产出之间数量关系的数学表达式，生产函数的相关理论是微观经济学的重要内容之一。在 20 世纪五、六十年代，随着公共部门经济学的迅速发展，人们越来越关注公共投资所带来的效用和效率，其后的 80 年代，经济学家们将生产函数的应用引入到宏观经济研究领域，试图将政府看作为一个经济主体，以谋求国民经济总产出最大化并进而获得财政支出效用最大化为目标。

设一种生产活动产出的产品量为 Y，投入各要素量为 z_1, z_2, $\cdots\cdots z_n$，它们之间的函数关系为：

$$Y = f\left(z_1, z_2, \cdots\cdots z_n\right)$$

这是生产函数的一般形式，即产出是投入要素的函数。柯布·道格拉斯（Cobb-Douglas）生产函数是生产函数的一种具体形式：

$$Y = AZ_1^{a_1} Z_2^{a_2} \cdots\cdots Z_n^{a_n}$$

式中，指数 a_n 叫作相关投入要素的弹性系数，其经济含义是该投入要素增加 1% 所能带来的产出增长率。根据 $\sum a_n$ 大于、等于或小于零，可以判断出该生产函数是规模报酬递增、不变和递减的生产函数。

从生产函数的公式，可看出经济增长主要取决于以下因素：

1. 生产要素供给的增长

大多数经济的生产要素的供给一直在增加着，劳动力在增长，资本存量在增加。那么，产出的增长中有多少是直接依靠要素供给的增长而取得的呢？为了分析的简单明了，可以假设经济只生产一种产品，假定生产要素只有劳动和资本，如果劳动和资本的投入按相同的比例增加，产出也按相同比例增加，在这样的情况下，经济增长取决于劳动和资本组合起来的增长，即取决于总要素的投入。然而，劳动和资本对产出所起的作用并不相同。劳动和资本对产出的增加所作的贡献用每一要素所获得的国民收入份额来测量。可用下列公式来解释：

设产业增长率为 $\dfrac{\Delta Y}{Y}$；资本供给增长率为 $\dfrac{\Delta K}{K}$；劳动供给增长率为 $\dfrac{\Delta L}{L}$；资本产出占国民收入份额为 a；劳动产出占国民收入份额为 β。

劳动和资本的综合增长率为：

$$\alpha \cdot \frac{\Delta K}{K} + \beta \cdot \frac{\Delta L}{L}$$

由于假定规模报酬不变，所以：

$$\frac{\Delta Y}{Y} = \alpha \cdot \frac{\Delta K}{K} + \beta \cdot \frac{\Delta L}{L}$$

这个方程的含义是，在一个规模报酬不变和没有技术进步的经济中，产出的增长率是资本和劳动增长率的加权总和。

2. 生产要素的生产率

美国经济学家约翰·肯德里克（J.Kendirich）在测算一些国家长时期投入和产出的增加时，发现产出的增长率一般大大高于投入的增长率。说明，除了劳动和资本增加以外，生产要素生产率是产出增长的重要源泉。即 $\frac{\Delta Y}{Y} > \alpha \cdot \frac{\Delta K}{K} + \beta \cdot \frac{\Delta L}{L}$，两者的差额，即要素生产率的增长率。

近一个世纪以来，经济学家不断探究要素生产率增加的原因。他们把增长的原因归结为以下几点：一是资本品积累（投资）的增加。每个工人拥有的资本品越多，越是用先进的工具和机器设备把自己武装起来，他们的产出就会越大。二是劳动力质量的提高。劳动者愈有技能，其生产效率愈高。先进的技术设备，必须有高素质的劳动者来操纵。三是资源从低生产率部门不断转移到高生产率部门的重新配置。资源的配置离不开运输，运输需求的本质就是优化资源配置，当今这一资源配置的趋势正在加速。四是技术变革尤其是高新技术转化为现实的生产力。技术的进步体现在更高的产品质量，更好的生产方式和组织生产的更好方式上。

3. 规模经济

规模经济是指企业因扩大某种产品的生产规模或经营规模而使收益增加的现象。规模经济表现为，随着企业某一产品生产经营规模的扩大，长期平均成本不断下降直至最低化。规模经济产生的原因主要包括：一是生产专业化程度提高。大规模生产可以促进生产分工细化和生产职能分解。分工是现代工业区别于传统工业的标志，是生产组织的重要形式，分工的目的是为了进行专业化生产。二是生产要素具有不可分的性质。有些要素必须达到一定的生产水平，才能更有效率。这表明原有生产规模中含有扩大生产的潜力。三是管理更合理。生产规模扩大时，容易实行现代化管理。现代化的管理，会造成一种新的生产力，合理的、先进的管理可以进一步充分发挥各要素的组合功能，带来更大的效率和收益。当一个生产经营单位规模过小时，就不能取得应有的效率，这种情况可称规模不经济，通过扩大规模，可提高效率，以取得规模经济。

（二）公路项目与资源配置

公路项目的运营，使市场范围扩大，资源将在广阔的空间进行优化配置。在经济学中，资源有狭义和广义之分。狭义资源是指自然资源；广义资源是指经济资源或生产要素，包括自然资源、劳动力和资本等。可以说，资源是指社会经济活动中人力、物力和财力的总和，是社会经济发展的基本物质条件。在任何社会，人的需求作为一种欲望都是无止境的，而用来满足人们需求的资源确是有限的，因此，资源具有稀缺性。资源的稀缺性决定了任何一个社会都必须通过一定的方式把有限的资源合理分配到社会的各个领域中去，以实现资源的最佳利用，即用最少的资源耗费，生产出最适用的商品和服务，获取最佳的效益。

运输条件的改善，市场范围的扩大，使资源配置可在更大的范围进行，从而使资源优化配置成为可能。很难想象，没有足够大的空间，资源能够得到有效配置；而正是交通运输的高度发达，使资源能够在全球领域进行优化配置。由于交通运输的发展是动态的，资源优化配置也是一个动态的过程，没有绝对的优化，只有相对的优化，随着交通运输的发展，资源优化配置也在不断地进展，运输需求的本质是优化资源配置，这也正是交通运输发展的意义所在。公路运输对资源的配置作用，可通过下列形式表现出来：

1. 自然资源的开发与利用

随着经济的发展，各地区面临着资源稀缺与社会需求增长的基本经济矛盾，解决这个矛盾的有效方法之一，就是要把有限资源如劳动力、资金、土地和其他自然资源合理地配置，最充分地发挥其效率。用等量的投入取得尽可能大的产出或用最少的资源取得既定的产出，由此达到资源最优配置的目的。

自然资源是区域经济发展的基础支撑，再发达的科技，如果没有自然资源，也将成为无米之炊。发展区域经济的重要活动就是对区域内自然资源的开发利用。一个区域的各种经济活动的产生是与其所拥有的自然资源密切相关的。区域内自然资源的禀赋直接影响着区域经济活动的规模与效益。自然资源的组合状况在一定程度上决定了区域经济活动产生的现实可能性及增长的潜力，即地区具有自然资源意味着区域有发展相关经济活动的潜能。但如果这种潜能不被开发利用，就不会产生任何效益。

交通运输可促进区域自然资源的开发及利用。首先，交通运输的改善使资源的开发成为可能。在有公路项目的情况下，由于交通便利，使区域内的矿产资源、旅游资源等的大规模开发成为可能。其次，交通运输对资源的开发利用起着重要作用。可达性的提高，市场范围的扩大，意味着开发的自然资源或以自然资源为原料生产的产品，有了较大的市场，通过交换，使开发利用成本得到补偿。最后，交通运输使资源优化配置成为可能。运输需求的本质就是有效配置资源，人类社会发展的过程就是不断进行资源优化配置的过程。资源配置的过程表现为人和物的移动，这需要由交通运输来实现。

自然资源的开发，促使区域内使用该资源的相关产业得到发展，使自然资源开发的力度加深。

2. 对生产力布局的影响

生产力布局是生产的空间形式，运输条件是影响区域生产力布局的重要因素。工业生产接近原料、燃料产地和消费地区这一工业生产力布局原则主要由运输因素决定。合理布局生产力的一项重要任务，就是要在空间可达性改进的情况下，依据区域自然的可能性和经济的可行性选择交通便利、条件优越区位，按照比较优势原则，实行适度规模化经营。

交通地理位置的改变，扩大了企业生产和商业贸易活动发展的空间，促进区际间的广泛交往，使本来受制于地区和区位条件而难以均衡分布的产业，借助于公路运输条件，相对合理地分布于各相关区域。工业企业可远离矿区，农业商品基地可远离城市，从而使区域经济发展获得更广阔的空间。生产力布局合理性的标志是提高劳动生产率和节约资源消耗，在生产规模适度前提下，取得最大经济效益。合理的生产力布局可促使构成生产力的要素按合理的比例相结合，把生产能力转化为现实的生产力。要发展生产力，就要改善生产力布局。

公路基础设施的改善，会提高区域的通达性，优化生产力合理布局，从而产生分布效应。

3. 对产业结构的影响

产业结构是各产业按照社会再生产的投入产出关系有机结合起来的一种经济系统，是一个多元化、多层次的动态产业系统。不同的产业结构具有不同的整体效益，必然导致经济以不同的速度增长；不同的经济增长又对产业结构产生不同的要求，促使产业结构进行合理化调整。产业结构对经济增长的影响是通过结构效益实现的，结构效益高的产业结构能促使经济以较快的速度增长，它是在不增加投入的情况下实现经济增长，因而属于内涵扩大再生产的范畴。在社会再生产过程中，技术条件不断变化，产业结构、产品结构不断更新形成新的组合，引起社会生产力发生质的飞跃，促使经济增长。

公路项目的运营，可达性的提高，使区域腾出资金发展自己有比较优势的产业，放弃那些自己不具有比较优势同时可以通过运输从外地运进产业产出品的产业。不同区域都有自身的比较优势，区域的不同产业的投入产出系数不同。依靠区域比较优势的产业投入产出系数必然高于区域的其他产业的投入产出系数。产业结构在社会生产发展中遵循一条从低水平到高水平的上升运动规律，因而从本质上讲经济增长是以产业结构升级为核心的经济成长过程。产业结构一般由两个指标来衡量：一个是价值指标，如某一产业部门所创造的国民收入占全部国民收入的比例，或某一产业的资本额占全社会资本额的比例；另一个是就业指标，如某一产业部门就业人数占总就业人数的比例。公路项目运营后，可用上述指标来衡量某区域产业结构变化情况。

第三节　基于运输需求的公路项目经济效益内容界定

公路项目的基础性、外部性、公益性等特征，决定其经济效益的广泛性。对公路项目经济效益的衡量，可从投资角度、交通需求等角度进行分析，本研究从运输需求角度，即由于运输量的变化，而带来的经济效益进行识别，在识别的基础上，根据核算的需要，界定公路项目经济效益计量的内容。

一、基于运输需求的公路项目经济效益的识别

（一）公路项目经济效益识别原则

公路项目带来的效益非常广泛，形成的效益具有复杂性，根据公路项目的特点，总结出以下的效益识别原则：

一是从整个国民经济角度进行衡量的原则。国民经济是指一个现代国家范围内各社会生产部门、流通部门和其他经济部门所构成的互相联系的总体。工业、农业、建筑业、运输业、邮电业、商业、对外贸易、服务业、城市公用事业等，都是国民经济的组成部分。公路项目具有公共性、基础性、外部性及公益性，从功能上讲，公路项目作为国民经济的重要基础设施之一，其主要作用是为整个社会和经济活动提供必要的运行条件，为各产业生产发展提供条件。因此，对公路项目经济效益的识别，应从整个社会经济的角度考查项目对社会经济的贡献，从公路项目对各产业所带来的产出效益上进行计量。基于此，凡是依托于项目才有可能形成的国民经济效益，都应当归属于项目效益中。如有项目后，对国民经济各产业部门的拉动效益，虽然依赖于相关产业的投入才有可能形成，但相关产业的投入及发展是以公路建设项目为前提条件的，这样的效益应理解为以项目为条件而带来的效益。在进行国民经济评价时，应将其列入效益的范围。只有这样才能真正"跳出交通"，真实反映公路建设的根本目的。

二是有无对比的原则。采用"有无对比"的原则评价公路项目经济效益，在国内外公路项目评价中已经达成共识。对公路项目进行评价，就是根据实施某个项目或不实施某个项目对国民经济的影响来确定项目的效益。换句话说，就是通过分别考察有项目和无项目两种情况下的效益，两者的差是该项投资带来的效益。与"有无对比"原则相对应的是"前后对比"原则，它是指将项目实施前的各项效益和项目实施后的各种效益进行分析比较，以确定出由于项目的实施所带来的经济效益的一种方法。前后对比法没有考虑在没有投资项目情况下可能会发生的情况变化，因此对于项目投资带来的效益的反映不全面。

也就是说，只有在无项目下效益和费用的状况在未来保持不变，二者核算的效益才会相同。然而，实际中，和现状相比，无项目下的效益在计算期往往会发生变化，所以，前后对比法客观上不能准确反映由于公路建设带来的效益，而只有坚持有无对比的原则，才能使效益的识别更为准确、科学。

三是使用增量数据的原则。在经济学中有三种类型不同的数量，即存量、流量与增量。存量是指系统在某一时点所保有的数量；流量是指在某一段时间内流入及流出系统的数量（其中流入量或流出量称为单边流量，而流入量加流出量称为双边流量）；增量则是指在某一段时间内系统中保有数量的变化。进行公路项目的国民经济效益的识别和

计量，应当遵循使用增量数据的原则，而不能将有项目情况下的数据直接拿来作为公路项目国民经济的效益，只有这样，才能真正体现有项目后而带来的经济效益。

四是避免重复、遗漏的原则。在进行项目效益识别时，要注意识别哪些已经被计入效益，哪些应该被计入效益而没有计入。公路项目效益的复杂性，使其效益错综复杂，要想避免重复及遗漏，必须对其形成机理进行细致地分析。这里所说的避免遗漏，只是避免对一些根本性的、数量大的效益的遗漏，而不是指对效益的识别做到"连一些小的效益也去进行识别"。

（二）基于运输需求的公路项目经济效益的识别

进行项目的经济效益分析，首先要进行效益的识别，效益识别的质量直接影响着评价的结果。基于运输需求公路项目经济效益的识别应从公路项目运营是否满足了运输需求进行分析。公路按运输需求状态分类，运输需求可分为已实现的运输需求、潜在的运输需求和诱发运输需求。已实现的运输需求指有此项目前从量上看已经得到满足，新项目的运营将使这部分运输需求从质上得到更高的满足，即由"走得了"转为"走得好"。体现在使用者（包括各企业、政府部门及居民个人）运输费用的节省，运输时间的节约，货物周转速度的加快而带来的资金成本的节约等节约效益，这部分效益属于公路项目合理利用空间及交通运输条件的改善形成的。

公路项目对未实现的运输需求的满足程度可分为两者情况，一是"有运输障碍"的运输需求，即潜在的运输需求；另一种是"无运输障碍"的运输需求，即诱发运输需求。"有运输障碍"的运输是指由于运输条件的限制，使本区域的资源无法运输或以本区域的资源生产的产品无法运出，而放弃开采或生产，使运输需求无法实现。这部分无法满足的运输需求，是由于存在公路的瓶颈制约，使运输不便或经由其他途径的运输成本太高而不值得运输，造成区域某类或某种资源或产品，因运输原因停止生产或开采。在我们的调研中，尤其是广大的农村，存在大量的"有运输障碍的运输需求"。

"有运输障碍"的运输需求的满足，公路项目的运营起到决定作用。即假设没有此公路项目，这部分运输需求将不会得到满足，其经济效益不可能实现；也就是说，存在运输障碍的运输需求的满足，依赖于公路项目，满足后带来的经济效益应归为公路项目带来的经济效益。

"无运输障碍"的运输需求是指不存在区域的资源或利用本区域资源生产的产品因交通运输而影响了生产。公路建成后，基础设施环境的改善，使相关产业增加投入，通过资源的有效配置，带来社会产品的增加。在这里，公路项目的修建及运营，诱发了运输需求，在此公路项目作为一个必要条件，即没有此公路项目，各产业就不会增加投入，也就没有这部分运输需求的产生。现有的公路项目经济评价理论中，未将相关产业的投入带来的经济效益作为公路建设项目的效益来考虑，是基于这样的认识：这些效益归属于相关产业的效益，因此不再算作公路建设项目的相关效益，否则出现重复计算，夸大效益总额。这种认识混淆了国民经济核算与项目经济评价之间的区别。国民经济核算，应避免效益重复计算，而项目经济评价，关键应明确项目与经济之间的内在联系，重点考核项目对社会经济的影响。

由上述分析可知，满足已实现运输需求而产生的效益属于节约效益；对于满足潜在运输需求和诱发运输需求，都会带来经济的增长，属于产出效益范畴。因此，以公路基础设施为条件，在有效满足运输需求及资源优化配置的基础上，而给整个社会带来的经济效益，应识别为公路项目的经济效益。

二、基于运输需求的公路项目经济效益的划分

分类就是将事物的整体按照某一特定的标志分解为若干组成部分的过程。公路项目经济效益的构成可从不同角度进行划分，本部分仅从运输需求角度，对公路项目经济效益进行分类，为此首先应对运输需求进行分类。

（一）运输需求的分类

1.按运输需求技术上的可实现性分类，可分为有效运输需求和无效运输需求。有效运输需求指在现有技术经济条件下可以实现的运输需求，无效运输需求指超越现实技术经济条件可能的运输需求，它是运输技术进步的导向因素。这一分类是从社会的技术经济条件角度进行分类的，分类的目的是全面了解有效运输需求（品质与数量），为优化运输供给提供依据，从经济评价角度讲，是为了分清评价项目经济效益的组成及评价内容。对于无效运输需求，只从理念上把握即可，它通常在发生运输技术进步后才能显现出来。由于有效运输需求是现有技术条件可实现的运输需求，而无效运输需求是现有技术条件达不到的运输需求，因此，对运输需求的测算及评价其实现程度，只应包含有效运输需求部分，本书中所讨论的运输需求指有效运输需求。

2.按运输需求状态分类，可分为现实的运输需求、潜在的运输需求和诱发运输需求。现实的运输需求是指在一定的交通运输条件下，能够通过供给实现的运输需求。潜在运输需求指尚未得到满足的运输需求，是指在一定的交通运输条件下，现实中存在的有效运输需求，但在一定时期内由于运输的瓶颈，没有得到满足的运输需求。诱发运输需求是指由于公路基础设施的改善，投资的增加，资源配置功能的发挥，而带来的社会产品的增加所产生的运输需求。

由于现实中往往把运输量与运输需求混为一谈，这里要区分运输量与运输需求的关系。运输量与运输需求密切相关，但运输量并不完全代表经济社会对运输的需求。在运输能力完全满足运输需求的条件下，运输量基本能反映运输需求。在运输能力不能完全满足运输需求的条件下，运输量仅代表被一定运输设施所限制的运输需求量。当运输设施得到改进，运输能力得到加强时，就会诱发运输需求，潜在的运输需求和诱发的运输需求就会转化为运输量。

运输需求中能够实现的部分即运输量，已经存在但未被实现的部分即为潜在的运输需求，诱发运输需求是由交通条件的改善带来的，通过公路项目而转化为运输量。由此可看出，运输供给对潜在运输需求及诱发运输需求产生重要影响，决定着它们能否产生

和实现。对运输供给而言，最大限度地满足运输需求，是发展运输业的根本宗旨，而运输业的发展就是在不断诱发运输需求，不断挖掘潜在运输需求，并使这些运输需求得以实现的过程中使运输业自身得到发展。

3.按照公路项目对运输需求实现的影响程度,可分为已实现运输需求、"有运输障碍"的运输需求和"无运输障碍"的运输需求。已实现运输需求是指在一定的运输供给条件下，已经实现的运输需求。未实现的运输需求根据公路项目对其影响的程度，可分为"有运输障碍"的运输需求和"无运输障碍"的运输需求。"有运输障碍"的运输需求是指由于运输条件的限制，使本区域的资源无法运输或以本区域的资源生产的产品无法运出，而放弃开采或生产，使运输需求无法实现。这部分无法满足的运输需求，是由于存在公路的瓶颈制约而造成的。"无运输障碍"的运输需求是指不存在区域的资源或利用本区域资源生产的产品因交通运输而影响了生产。公路建成后，基础设施环境的改变，吸引了投资，从而增加的运输需求，这部分运输需求是由公路项目诱发产生的。对于"有运输障碍"的运输需求，公路项目对运输需求的满足起着决定作用；对于"无运输障碍"的运输需求的产生，公路项目起着条件的作用。

（二）基于运输需求的公路项目经济效益的划分

1.按经济效益来源类型，可分为节约效益、产出效益和传递效益。基于运输需求的公路项目经济效益形成的过程是复杂的，但最终结果可归结为节约效益和产出效益。节约效益是指公路项目的运营，使运输条件得到改善，空间布局资源被合理利用，带来运输成本的降低，时间节约及资金成本的节约等。节约效益是公路项目满足已实现的运输需求带来的，新项目运营后，已实现的运输需求将面临异质的运输供给，有此项目和无此项目相比，将带来节约的经济效益。

产出是指生产过程中创造的各种有用的物品或劳务。因此，产出效益是指创造的各种有用的物品或劳动的价值实现。公路项目带来的产出效益是指公路项目的运营，改善了区域运输条件，使劳动力市场和货物市场范围扩大，而对区域经济发展的各个方面产生影响，如资源开发利用、交易效率、生产力布局、产业结构等，从而产生生产的专业化分工和经济规模的扩大，带来劳动生产率的提高及规模经济，增加社会总产品，促进经济发展。显然，产出效益是由于满足潜在运输需求和诱发运输需求而带来的效益。

传递效益是指经过某一媒介而产生的效益。公路项目产生的节约效益和产出效益，会带来收入效应和消费效应，而波及区域的各个行业。

因此，将公路项目的运营，给使用者带来的成本节约、时间节约等效益称为公路项目的节约效益；而将由于运量的增加而实现的价值称为产出效益。将节约效益和产出效益带来的收入效应和消费效应，称为传递效益。

2.按照公路项目对运输需求实现的影响程度，可分为满足已实现运输需求带来的经济效益，消除"有运输障碍"的运输需求带来的效益和满足"无运输障碍"的运输需求带来的效益。满足已实现运输需求带来的经济效益是指公路项目的运营，交通条件的改善，带来已实现的运输需求的成本节约而产生的效益。消除"有运输障碍"的运输需求带来的效益是指由于公路的"瓶颈",而存在部分潜在运输需求得不到满足,公路项目的运营,公路"瓶颈"的消除,使这部分潜在运输需求转化为运输量,从而价值得到实现,在此公路项目起着决定作用。满足"无运输障碍"的运输需求带来的经济效益是指由于公路项目的开通引发的运输需求,通过运输资源配置功能,使社会产品增加,产品的价值得到实现,从而产生经济效益,在此,公路项目起着条件的作用。

3. 按公路项目对运输需求实现的作用程度,分为直接效益、条件效益和间接效益。在辞海中对"直接"一词的解释是事物的关系不必要经过第三者而发生,而"间接"指通过第三者发生关系的。"条件"指的是影响事物发生、存在或发展的因素。中国在实践中,将直接效益界定为公路使用者费用的节约,主要有拟建项目和原有相关公路的降低营运成本效益,旅客在途时间节约效益和拟建项目减少交通事故效益。将与交通特性相关性不大的效益都界定为间接效益。

公路项目的目的是有效满足运输需求,根据公路项目对运输需求满足的作用程度,在此将直接效益界定为直接通过公路项目而对国民经济产生的效益,公路项目对运输需求的实现起着决定作用。公路项目的运营,交通条件的改善,使空间布局发生变化,直接带来运输成本的降低、时间的节约及资金成本的节约等。"有运输障碍"的运输需求的实现,公路项目起着决定作用,由此带来的国民经济效益属于公路项目的直接效益。

条件效益界定为公路项目作为运输需求的形成和实现的一个条件,通过公路项目的运营而带来的国民经济效益。在这里公路项目是作为条件出现,有此项目后,区域优势的增加,吸引了投资,而形成运输需求,通过公路项目又使运输需求得到满足。也就是说,如果没有公路项目,则不会产生这些效益;如果只有公路项目,而没有其他产业的投入,也不会产生运输需求,也就不会带来这些效益。因此,将公路项目运营条件下产生的效益,称为条件效益。

"无运输障碍"的运输需求的满足就属于公路项目带来的条件效益。关于运输的条件作用,OECD在《Transport and economic development》报告中也提出:运输是经济增长的必备条件,没有运输投资,区域经济增长是不可能实现的。可见,运输作为必要条件早已得到经济学家的承认,但没有明确区分公路项目作为必要条件的作用情况。这里提出条件效益的意义在于,真正识别公路项目带来的不同效益,根据公路项目对运输需求的作用程度,确定计量内容和方法。目前只将公路项目经济效益分为直接效益和间接效益,本书中提到的条件效益被笼统划归为间接效益。这种粗略的划分方法,不能充分反映公路项目产生的不同经济效益类别,条件效益的获得,不是公路项目通过"第三者"才发生的,而是公路项目作为条件,带来的经济效益。把条件效益划归为间接效益,造成公路项目带来的根本效益 —— 条件效益长期被排除在公路项目经济效益定量计量范围外。间接效益是直接效益与条件效益所诱导的效益,交通条件的改善,公路使用者运输成本费用的节约,相关产业的发展,将传递到整个区域,产生收入效应及消费效应。

从公路项目的作用程度,将公路项目经济效益分为直接效益和间接效益,不能充分反映公路项目与社会经济的关系。本研究划分公路项目带来的效益角度是运输需求的满足程度，凡公路项目直接满足的称作直接效益，作为一个条件满足的称为条件效益，在直接效益和条件效益下，对国民经济的影响称为间接效益。这种划分方法与现行方法比较的优点在于，一是真正体现公路项目与国民经济的关系；二是符合概念的界定。将条件效益划归为间接效益，从概念上看，不符合间接效益的内涵界定，条件效益的获得，不是公路项目通过"第三者"才发生的，而是公路项目作为条件，带来的经济效益。三是有利用正确核算公路项目带来的经济效益。长期以来，由于条件效益混合在间接效益中，在公路项目经济评价实践中，不重视这部分效益，把它混同于间接效益而只进行定性描述。其实，这部分效益属于公路项目的根本效益，数量大，如果被排除在外而不进行核算，就会影响评价结果的准确性。

4. 从受益者角度划分，可分为使用者、企业和当地的居民等带来的效益。对公路使用者来讲，效益主要体现在公路项目对使用者的时间、运行费用及安全的影响；对于企业，主要指由于运输条件的便利，使企业劳动生产率的提高及规模经济的形成，增加产出而带来的效益；对于当地居民，基础设施的改善，为当地居民提供了便捷的交通条件，增加了经济发展的机会，往往带来当地居民收入的增加。

三、基于运输需求公路项目经济效益的计量内容界定

公路项目效益的广泛性、复杂性，要求对公路项目经济效益的核算内容进行界定，有利于规范公路项目经济效益的核算。

（一）确定公路项目计量内容的原则

公路项目计量范围的合理性，决定着公路项目经济效益计量的科学性及公路项目经济评价工作量的大小，也就是说合理确定计量范围，不但增加了公路项目评价的科学性、准确性，而且还可提高评价的工作效率。

在选取公路项目计量范围时，应根据以下原则确定计量的具体范围：一是根据评价目的确定计量范围。公路项目产生的效益是广泛的，对其评价应根据评价的目的确定效益的计量内容。不同的评价目的，选择不同的项目经济效益内容进行计量。只有这样，才能有的放矢，使评价过程、结果更科学。二是抓住根本效益及量大的效益。公路建设的根本目的是有效满足人或物位移的需要，满足社会位移的需要而带来的效益应为公路项目的根本效益。分析公路项目对经济的影响效益，必须抓住项目带来的基础的、重要的效益。对用户来讲，需求因素揭示了运输的真正价值，因此确定公路项目经济效益应从运输需求角度出发。现在公路项目经济效益计量，只考虑了项目节约形成的效益，而对运输量增加形成的效益没有进行计量，核算中没有抓住项目的根本效益。三是简化合并的原则。公路项目经济效益是广泛的，几乎不可能对其进行不遗余漏的核算。对一些效益不明显的可以舍弃，对有些效益可以进行合并简化。例如，缩短里程节省的成本往往已在运输成本降低中得到反映，里程的缩短，使汽油、轮胎及司机的工资等减少，使运输成本降低。如再对其核算，很容易造成重复计量。

（二）基于运输需求公路项目经济效益计量内容界定

1. 公路项目经济效益计量内容界定

目前对公路项目经济效益的评价，侧重直接效益的计量。对公路项目的分类，只是研究分析的需要，是否把某一类别作为计量的重点，应视其是否是公路项目的根本效益。即分析运输项目对经济的影响，必须抓住项目带来的基础的、重要的效益，是运输系统潜在的可操作的效益，这些贡献可以被叫作直接的主要效益。

基于运输需求公路项目经济效益计量的角度应为运输需求的满足程度。按运输需求状态分类，可分为已实现的运输需求、潜在的运输需求和诱发运输需求。对于已实现的运输需求，就在于如何由"运得了"而达到"运得好"，"运得好"体现在运输费用的节约、时间的节约、资金的节约等，即节约效益。对于潜在的运输需求和诱发的运输需求，就是要把一定数量的资源配置到优势地区，提高资源的利用率，从而带来社会经济的增长，体现在产出效益。

公路项目满足运输需求的目的是为了促进国民经济的发展，即将资源分配到优势地区，提高资源的利用效率，从而促进整个社会经济的发展。因此公路项目的根本目的是为了产出效益，公路项目促进经济增长的效益是运输效益的根本效益，经济增长的多少，预示着公路项目效益的好坏。与产出效益相比较，节约效益是公路项目在促进各产业发展时，所派生出的效益。由此可看出，目前的公路项目国民经济评价所计量的内容是本末倒置。

根据公路项目的特性，按照公路项目经济效益计量范围的原则，考虑公路项目评价的目的，本书认为对公路项目的可行性评价，其经济效益的计量应包节约效益、产出效益和传递效益，这三个效益中，产出效益是根本效益，节约效益是公路项目直接带来的，传递效益是由节约效益和产出效益通过乘数作用带来的。

2. 产出效益界定

产出效益是指创造的各种有用的物品或劳动的价值实现，产出效益的前提是产品量的增加。因此，公路项目的产出效益是指有项目后，通过资源的有效配置，使社会产品增加，再通过货物和人的位移，而使商品的价值得以实现。也就是说，有项目与无项目相比，社会总产品（或服务）的增加量而带来的效益。

根据运输对象的不同，公路运输可分为货物运输和旅客运输，产出效益可分为货运产出效益和客运产出效益；根据公路项目对未实现运输需求的作用程度，可分为"有运输障碍"的运输需求和"无运输障碍"的运输需求，由于这种分类方法对被动位移的货物运输更明显，在此只讨论货物运输的情况。对这两类运输需求的满足，可带来运输量的增加。运输量的增加，从物的流动规律来看，增加的这部分运输量大部分具有商品属性，其内涵的价值因物的流动（被运输）得以实现。对于旅客运输而言，由于旅客运输量的增加，使区域消费增加，从而拉动区域的旅游、餐饮及当地交通等行业的发展而带来的效益。

3. 传递效益界定

传递效益是指经过某一媒介而产生的效益。公路项目产生的节约效益和产出效益，会带来收入效应和消费效应，而波及区域的各个行业。节约效益和产出效益的增加，使相关部门人员收入增加，人们收入增加后，必然将所增加的一部分收入用于消费，使社会的最终需求增加。社会最终需求的增加必然刺激各部门进一步扩大生产，从而导致收入的进一步增加。在以上的每一个环节中，均会给有关部门带来效益，通常把这一系列由于消费的作用而产生的各生产部门效益之和称为消费乘数效益。

第四节　基于运输需求公路项目经济效益的计量

一、节约效益的计量

（一）节约效益的计量方法分析

节约型效益的计量，适用于消费者剩余理论和支付意愿理论。消费者剩余是指消费者对某种商品愿意支付的价格与实际购买支付的价格之间的差额。消费者剩余的存在表明，物品的市场价格并不能完全反映其真实的价值，消费者往往会综合考虑付出的成本来获取该运输服务是否"物有所值"，即用消费者支付意愿能更好地反映运输服务的价值。为了分析的需求，在此将节约型效益统称为"广义的运输成本降低"，具体分析见图3-2。

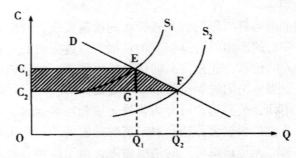

图3-2　公路建设项目带来的成本节约效益分析

图3-2中，横轴 Q 表示运输量，纵轴 C 表示广义的运输成本，D 代表运输需求曲线，S 代表在一定通行能力下的系统供给曲线。S_2 是"无此项目"时供给 S_1 与需求产生的均衡运输量，此时相对应的运输成本为 C_1。"有此项目"后，供给曲线向右移至 S_2，Q_2 是"有此项目"时供给 S_2 与需求产生的均衡运输量，这时相对应的运输成本为从图3-2可看出，由于供给的增加，公路通行能力的改善，带来运输成本降低，降低成本形成的

效益即为图 3-2 中的梯形 EC_1C_2F（图中阴影部分）。

对公路建设项目带来的成本节约效益的核算，采用对比的方法，即"有项目"和"无项目"相比，用路者由于成本节约而带来的节约效益，可用下列基本公式确定：

$$B = (C_1 - C_2)Q_1 + \frac{1}{2}(C_1 - C_2)(Q_2 - Q_2)$$

式中：B —— 表示"有此项目"后货运成本降低得到的效益；
C_1 —— 表示"无此项目"时货运老路成本；
C_2 —— 表示"有此项目"时货运新路成本；
Q_1 —— 表示"无此项目"时供给 S_1 与需求产生的均衡运输量；
Q_2 —— 表示"有此项目"时供给 S_2 与需求产生的均衡运输量。

（二）节约效益中运输量的确定

鉴别和定量公路项目经济效益的方法有两种，一是"前－后对比法"（Before and after analysis），另一种就是"有－无分析法"（With and with out analysis）。相对的在确定主变量运输量时，也可分为这两种方法。"前－后对比法"就是对项目实现以前和实现以后所出现的运输量进行对比，其差别反映了以项目出现前后为分界的运输量变化情况。一般情况下，即使不修路，随着经济的发展，运输量也会自然增长；自然增长的这部分运输量，即使不进行公路建设，也不会阻碍对其运输，则这部分运输量如果采用前后对比法，就会划归为由新路带来的运输量，就会高估新项目带来的运输量。"有无对比分析法"则是对有项目实现和没有项目实现的运输量进行对比，自然增长的这部分运输量，即使不进行公路建设，也不会阻碍对其运输，不划归为有项目带来的运输量。在图 3-2 中，运输量有两部分组成，Q_1 和 $\Delta Q = Q_2 - Q_1$，Q_1 是已经实现的运输需求，ΔQ 包括两部分运输量，一是自然增长的运输量，二是潜在需求的满足和诱发运输的满足而增加的运输量。这部分运输量是由于公路项目新建或改建的原因而产生的运输量。这里的潜在运输需求是指在一定的交通运输条件下，现实中存在的有效运输需求，但在一定时期内由于运输的瓶颈，没有得到满足的运输需求。也就是说，本地区原来就有的运输需求，在无项目时，由于运输的不方便或成本太高而被抑制的运输需求，有项目后，这部分运输需求的实现成为可能；诱发运输需求是指由于公路基础设施的改善，投资的增加，资源配置功能的发挥，而带来的社会产品的增加所产生的运输需求。对于潜在需求和诱发运输需求满足形成的运输量，"无"的情况下是不存在，因此对应的是同质的供给，也就不存在"有－无对比"下的成本差额。

通过上述对运输量产生的分析，已实现的运输量和自然增长的运输量，面对的是异质的供给，成本效益可以用有无对比法进行核算。对于已实现的运输量，面对异质的运输供给容易理解，对于自然增长的这部分，如果无项目，其运输将在原路上进行，无项目的运输成本可看作是老路的运输成本，而进行有无对比分析。

（三）公路项目节约效益的计量

1. 降低运营成本效益（B_{J1}）

运营成本降低效益是指公路项目运营后使客、货运营成本降低产生的效益。可按无此公路项目时旅客、货物通过其他公路或其他运输方式运输的营运成本，与有此项目时的营运成本之差额计算，其计算公式为：

$$B_{J1} = (C_0 - C_1)(Q_{h1} + \Delta Q_{hz})L$$

式中：B_{J1} —— 表示"有此项目"后年货运（客运）营运成本降低得到的效益（元）；

C_0 —— 表示"无此项目"时货（客）运老路成本（元 / 吨千米）或（元 / 人千米）；

C_1 —— 表示"有此项目"时货（客）运新路成本（元 / 吨千米）或（元 / 人千米）；

Q_{h1} —— 表示"无此项目"时已实现的货运量（吨）客运量（人）；

ΔQ_{h2} —— 表示自然增长的运输量；

L —— 表示新路辐射区域的长度（千米）。

2. 旅客在途时间节约的效益（B_{J2}）

$$B_{J2} = I_K (T_0 - T_1)(Q_{k1} + \Delta Q_{kz})$$

式中：B_{J2} —— 表示旅客在途时间节约的效益；

I_k —— 表示旅客时间价值（元 / 小时 / 人）；

T_0 —— 表示"无项目"时旅客运输时间（小时）；

T_1 —— 表示"有项目"时旅客运输时间（小时）；

Q_{k1} —— 表示"无项目"时已实现的客运量（人）；

ΔQ_{kz} —— 表示自然增长的客运量。

这里有一个难点就是确定旅客的时间价值，时间是有价值的，任何节约时间的运输项目都会产生重要的可计量的效益。关于旅客时间价值的研究国内外都非常重视，并取得了丰硕的研究成果。对如何估算时间价值的研究，大概可以归纳为两大类：一类是直接估算方法，有生产法、收入法、费用法、收入—费用法和生产费用法等；另一类是间接估算方法，有显示偏好分析法和陈述偏好分析法。在公路项目评价中，如何科学地确定旅客时间价值需要对其进行深入的研究。

二、产出效益的计量方法研究

（一）国内生产总值核算方法

国民经济核算主要是核算产出效益，核算指标方法比较成熟，这里借鉴国民经济核算的方法计量公路项目带来的产出效益。

1. 生产成果的价值测度

生产成果的价值测度包括两种，一个是以生产成果的全部价值测度，一般称为总产值或总产出；另一种是以生产成果的新增价值测度，一般称为增加值。生产成果的总产值或总产出是指产品或服务的生产全部过程中所形成的全部价值，具体包括生产消耗的转移价值、劳动要素使用的报酬价值、资本要素使用的报酬价值，它与经济学中一般表示的（C＋V＋M）的总价值或总产出是一致的。总产出的另一个理解角度是从市场上实现的销售价值，也就是说总产出的价值测度本质上是市场最终确认的，产品和服务最终在市场上卖多少钱就是多少产出，因此用产品或服务的市场实际价格乘上产品产量或服务量就是总产出的价值总量。

从生产成果的新增价值出发测度生产成果的价值，是指从产品或服务的生产全部过程中所新增加的价值部分进行计算，具体包括劳动者报酬价值、资本报酬价值，一般称为增加值。资本报酬价值在现实中一般表现为固定资本消耗的价值、生产税净额、营业盈余。其中生产税净额可以理解为政府公共资本的报酬部分，营业盈余是经营资本的报酬部分。从理论上，生产的新增价值不应该包括固定资本消耗的价值，但是在现实中固定资本消耗的价值很难客观地准确测度，而一般使用资产折旧来代替，固定资产折旧往往是主观确定的，因此在技术上，在总产值中扣除中间性的生产消耗（一次性价值转移）和固定资产折旧，来获得新增价值，就会因为固定资产折旧的不客观而产生不可比的数量变化。针对这种情况，新增价值统计在概念上，一般把固定资产消耗价值包括进来，构成现在我们普遍使用的增加值概念。

为了避免重复核算，国民经济核算采用增加值的方法，下面介绍国民经济核算的原理及方法。

2. 国内生产总值核算方法

（1）国内生产总值核算原理

国内生产总值的衡量方法一般有两种，一种方法将 GDP 看成是购买总产出的全部支出之和，即所谓的支出法；另一种方法将 GDP 看成是产品生产过程中所创造的收入，即所谓的收入法。本年度的 GDP 可以通过加总购买本年度总产出的全部支出或加总生产本年度总产出所创造的全部收入来确定。也就是：

购买本年度总产出的支付额＝生产本年度总产出所得的货币收入

这种关系是恒等的，即按定义，方程的一边总是与另外一边相等。购买（支出货币）和销售（收到货币收入）是同一交易的两个方面。对那些贡献人力和财力资源来生产产品并把它推向市场的人而言，花在该产品上的开支就是他们的收入。

在此将上述恒等式关系扩展成如下所示：在 GDP 的产出一侧，经济中的所有最终产品被三个国内部门（家庭、企业和政府）以及国外购买者购得。在收入一侧，企业从总产出的销售中所获得的总收入，以工资、租金、利息和利润收入的形式分配给了资源的提供者。

（2）国内生产总值核算的支出法

支出法是从最终使用的角度来反映最终产品的规模。用公式表达为：

$$国内生产总值 = 最终消费 + 资本形成总额 + 净出口$$

最终消费是核算期内机构单位为满足个人物质、文化与精神生活的需要，对货物和服务最终消费的合计。它通常由两部分构成，一是居民消费，即居民在核算期内对货物和服务的最终消费支出；另一部分是政府最终消费支出总计。资本形成总额是机构单位在核算期内对固定资产和存货的投资支出总计，包括固定资产形成和存货增加两部分。净出口是出口减进口的差额。

（3）国内生产总值核算的收入法

收入法也称分配法，它是从增加值形成的要素收入分配角度进行统计。在生产过程中，劳动投入获得劳动者报酬，资本投入获得资本报酬（体现为营业盈余和固定资产折旧），政府以提供社会资本资格获得社会资本报酬（体现为生产税净额）。劳动者报酬、固定资产折旧、生产税净额和营业盈余在统计上称为增加值的构成项目。用收入法核算国内生产总值，是将所有产业部门的生产核算，或是所有机构部门的生产核算加以汇总，以要素收入形式体现国内生产总值的内容和结果，用公式表达为：

$$国内生产总值 = 劳动者报酬 + 固定资产折旧 + 生产税净额 + 营业盈余$$

3. 国民经济核算与国民经济评价的区别

国民经济核算是指对一定范围和一定时间的人力、物力、财力资源与利用所进行的计量；国民经济评价是从国家整体角度研究项目对国民经济的净贡献，以判断项目的经济合理性。国民经济核算是对国民经济运行过程及结果的核算，是认识国情国力的有力工具，是为国民经济宏观调控提供决策依据的重要手段。国民经济评价主要是为项目的可行性提供依据，通过计量项目运营后，给整个社会带来的经济影响，来选择经济上可行的项目。国民经济核算要区分整个增加值中是由哪部分带来的，是一个一一对应的关系，经济评价主要关注的是项目对经济的整体影响，核算项目运营后对经济的影响有多大或拉动的程度。由此可看出国民经济核算与国民经济评价有着本质的区别，公路项目经济效益的计量是从评价的角度进行的，仅仅是从方法上借鉴国民经济核算的方法，不等同于国民经济核算。

（二）"有运输障碍"的运输需求效益计量方法

1. "有运输障碍"的运输需求分析

"有运输障碍"的运输需求即潜在运输需求，在新公路项目运营前已经存在，由于公路的"瓶颈"，而无法得到实现。对于"有运输障碍"的运输需求分析，要从区域的资源禀赋角度进行，分析区域的优势资源是否存在由于运输的原因而放弃开采或生产。从运输对象上划分，运输可分为货物运输和旅客运输，旅客运输与货物运输性质上是有区别的，旅客运输更机动灵活，甚至采取步行的方式，因此，这里的"有运输障碍"的运输需求分析，主要分析货物运输情况。

2. "有运输障碍"的运输需求经济效益测度

潜在的运输需求的满足，会使运输量增加，从而使商品的价值得到实现，带来经济的增长。这里就要分析潜在运输需求的满足，价值的实现，有多少效益是由于公路项目的影响带来的。生产成果的价值测度包括两种，一个是以生产成果的全部价值测度，一般称为总产值或总产出；另一种是以生产成果的新增价值测度，一般称为增加值。决定公路项目带来效益的多少应根据公路项目对价值实现的影响程度来确定。显然，"有运输障碍"的运输需求，如果没有公路项目的运营，这部分潜在运输需求的价值是不可能实现的，商品的价值只有在公路项目作用后才能实现，因此满足"有运输障碍"的运输需求而形成的商品价值实现，公路项目对价值的实现起着决定作用，在评价时都应归结为公路项目带来的效益，即消除"有运输障碍"的运输需求经济效益的测度采用总产出核算方法。

从微观单位如一个企业来说，市场上实现的销售价值衡量，总产出一般表现为在市场上的销售额或营业额，从价值概念讲，总产出是指一定时期一个企业从事生产活动所创造的全部货物和服务的价值，包括新增价值，也包括转移价值，即生产成果的全部价值为（C + V + M）。

3. "有运输障碍"的运输需求效益的计量方法分析

根据上述的分析，"有运输障碍"的货物运输效益内容为潜在运输需求满足后，而带来的商品价值实现，即计量指标为增加的商品价值。具体分析如下：

在分析"有运输障碍"的运输需求时，这里假定某区域的运输需求只包括已实现的运输需求和潜在的运输需求。对某一相关货物运输产业来说，在某一年，运输需求由两部分组成，已实现的运输需求 Q_1 和潜在的运输需求 $Q_{潜}$，假设无此项目该区域在一定的供给条件下，能满足某类产品的运输量为 Q_1，由于存在运输障碍，存在部分潜在的运输需求 $Q_{潜}$ 得不到满足，有项目后部分潜在的运输需求得到满足，实现的运输需求量变为 Q_2，则有运输障碍的潜在运输需求得到满足的量为 $\Delta Q = Q_2 - Q_1$，Q 表示有项目后"有运输障碍"的运输需求得到满足部分的运输量，即潜在运输需求得到满足的运输量。从物的流动规律来看，增加的这部分运输量大部分具有商品属性，其内涵的价值因物的流动（被运输）得以实现。从产品市场来分析，运输量的增加，意味着产品供给的增加，根据供需理论，产品的价格往往会降低。

第四章 公路运输供给研究

第一节 运输供给概述

一、供给与供给量

（一）供给

供给是指生产者在某一特定时期内，在每一价格水平时愿意而且能够供应的商品量。供给也是供给欲望与供给能力的统一。供给能力中包括新生产的产品与过去的存货，供给是商品的供给，它取决于生产。

（二）供给表与供给曲线

表 4-1 描述了某种商品的供给状况，这个表明某种商品的价格与供给量之间关系的表就是供给表。供给表实际上是用数字表格的形式来表述供给这个概念。它表示：若价格为 1 元 /t，没有任何生产者愿意提供产品；若价格为 2 元 /t，则该市场各个生产者愿意销售的数量为 3t；价格为 3 元 /t 时供给量为 6t……若销售价格上升到 6 元 /t，该市场各个生产者愿意销售的数量达到 11t。把表 4-1 的数据描绘在坐标图上，就是图 4-1 的供给曲线。供给曲线是根据供给表画出的表示某种商品价格与供给量关系的曲线，向右上方倾斜。供给曲线实际上是用图形的形式来表述供给这个概念。

表 4-1　某种商品的供给表

价格 /（元 /t）	供给量 /t
6	11
5	10
4	8
3	6
2	3
1	0

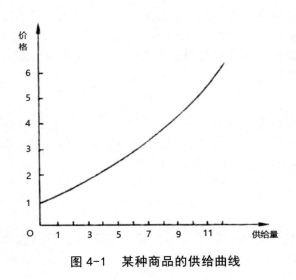

图 4-1　某种商品的供给曲线

（三）影响供给的因素与供给函数

1. 影响供给的因素

影响供给的因素很多，有经济因素，也有非经济因素，概括起来主要有以下几种：

①生产者的目标。在经济学中，一般假设生产者的目标是利润最大化，即生产者供给多少取决于这些供给能否给他带来最大的利润。如果生产者的目标是产量最大或销售收入最大，或者如果生产者还有其他政治或社会道义目标，那么供给就会不同。

②商品本身的价格。一般来说，价格上升供给增加，价格下降供给减少。

③其他商品的价格。在两种互补商品之间，一种商品的价格上升，对另一种商品的需求减少，从而这种商品的价格下降，供给减少；反之，一种商品的价格下降，对另一

种商品的需求增加，从而这种商品的价格上升，供给增加。在两种替代商品之间，一种商品的价格上升，对另一种商品的需求增加，从而这种商品的价格上升，供给增加；反之，一种商品的价格下降，对另一种商品的需求减少，从而这种商品的价格下降，供给减少。此外，两种没有关系的商品，一种商品价格的变动也会影响另一种商品的供给。例如，同一个生产者既生产军用品又生产民用品，如果军用品价格上升，生产者则会把资源用于生产更多的军用品，从而就减少了民用品的供给。

④生产技术的变动。在资源为既定的条件下，生产技术的提高会使资源得到更充分的利用，从而供给增加。

⑤生产要素的价格。生产要素的价格下降，会使产品的成本减少，从而在产品价格不变的情况下，增加利润，增加供给；反之，生产要素的价格上升，会使产品的成本增加，从而在产品价格不变的情况下，减少利润，减少供给。

⑥政府的政策。政府采用鼓励投资和生产的政策（例如减税），可以刺激生产增加供给；反之，政府采用限制投资和生产的政策（例如增税），则会抑制生产减少供给。

⑦生产者对未来的预期。如果生产者对未来的经济持乐观态度，则会增加供给；反之，如果生产者对未来的经济持悲观态度，则会减少供给。

影响供给的因素要比影响需求的因素复杂得多，在不同的时期、不同的市场上，供给要受多种因素的综合影响。

2. 供给函数

如果把影响供给的各种因素作为自变量，把供给作为因变量，则可以用函数关系来表示影响供给的因素与供给之间的关系，这种函数称为供给函数。以 S 代表供给，a，b，c，d，…，n 代表影响供给的因素，则供给函数为

$$S = f(a,b,c,d,\cdots,n)$$

如果只考虑供给量与价格之间的关系，把商品本身的价格作为影响供给的唯一因素，以 P 代表价格，就可以把供给函数写为

$$S = f(P)$$

上式表明了某商品的供给量 S 是价格 P 的函数。

二、运输供给

（一）运输供给的概念

运输供给是指在一定时期内、一定价格水平下，运输生产者愿意而且能够提供的运输服务的数量。运输供给必须具备两个条件，即运输生产者出售运输服务的愿望和生产运输服务的能力，缺少任一条件，都不能形成有效的运输供给。

运输供给包含如下四个方面内容：

①运输供给量。通常用运输工具的运输能力来表示，说明能够承运的货物和旅客的数量与规模。

②运输方式。指水运、铁路、公路、航空和管道五种不同的运输方式。

③运输布局。指各种运输方式的基础设施在空间的分布和活动设备的合理配备及其发展变化的状况。

④运输经济管理体制。它是运输软件的供给，是指指导运输业发展所相应建立的运输所有制结构、运输企业制度、运输资源配置方式以及相应的宏观调节机构、政策和法规等。

运输供给是由现有的社会运输能力所确定的，或者说现有的运输能力是运输供给的基础因素。当现有的运输能力发生变化时，如运输基础设施建设增加、运输工具增加或减少时，运输供给就会发生改变。

（二）运输供给量

运输供给的大小通常用运输供给量来描述。运输供给量是指在一定时间、空间和一定的条件下，运输生产者愿意而且能够提供的运输服务的数量。在这里，"一定的时间、空间"同运输需求量中时间、空间的含义是相同的；"一定的条件"指的是影响运输供给的诸多因素，如政府对运输业的政策、运输服务的价格、运输服务的成本等。

（三）运输供给表与供给规律

根据运输价格与供给量的关系所列成的表叫作运输供给表，如表 4-2 所示。

供给规律的形成是由生产者追求利润最大化的行为决定的，在各种生产要素价格（生产成本）以及其他因素不变的条件下，某种商品价格的上升会使生产者的利润增加，从而促使生产者加大该种商品的投入，增加供给；如果该种商品的价格下降，生产者获利减少，生产者就会将其掌握的生产资源转用到其他商品的生产，从而使该商品的供给减少。

表 4-2　运输供给表

线路 1	价格	1	2	3	4	5	6	7
	数量	1	2	3	4	5	6	7
线路 2	价格	1	2	3	4	5	6	7
	数量	2	4	6	8	10	12	14
线路 3	价格	1	2	3	4	5	6	7
	数量	3	6	9	12	15	18	21

（四）供给与供给量的变化

运输供给是指在不同价格水平下运输生产者愿意且能够提供的运输服务，它表示的是供给量同运价之间的一种对应关系，一个特定的运输供给对应于一条供给曲线。而运输供给量则表示在一确定的价格水平上，运输生产者提供的运输服务数量，它对应于供给曲线上一点。运输供给量的变动就是当非价格因素不变时，供给量随运价变化而沿供给曲线移动，每一运价水平对应一个相应的供给量；运输供给的变动是非价格因素变化时导致的供给曲线的位移，如果供给发生了变动，即使价格不变，运输供给量也会发生变化。

（五）影响运输供给和供给量的因素

影响运输需求的某些因素同样会影响运输供给和供给量，这主要体现在以下几个方面。

1. 经济因素

一个国家或地区的经济状况直接影响着运输供给的发展。综观世界各国，运输业最发达、运输供给水平最高和运输供给能力最强的国家，是经济发展水平最高的发达资本主义国家，而很多国家，大多都是运输业落后、运输供给短缺的国家，就一国经济发展的历史也可以看出，运输供给能力和水平是受制于该国当时的经济发展总水平的。国家或地区的经济实力越强大，越可能拿出更多的国民收入投入到运输基础设施建设和运输设备制造中去。从一个国家不同地区的局部运输供给也可以看出上述规律性，如我国珠江三角洲、长江三角洲、京津唐地区、辽东半岛、山东半岛等是我国经济发达地区，也是运输供给水平较高的地区，其运输基础设施比较完备、运网密度较大、配套水平较高、运输供给能力较强；而青藏高原地区是我国经济最落后的地区，也是运输供给能力最差的地区。

2. 政治和军事因素

运输业是一个国家重要的基础产业，它不仅关系到一个国家经济的发展，政治的稳定，而且也关系到国防的巩固。各国政府一般都对运输业实行不同程度的干预，因此政治和军事因素也对运输供给产生重要的影响。运输政策是影响运输供给的重要政治因素，它是一个国家为发展运输业而制定的准则，是经济政策的组成部分。运输政策制定需要从经济、政治、军事以及国际社会等各个方面加以考虑，因而是国家利益的重要体现。特别是对运输业的重要领域，如国际航运业，各国政府或给以财政支持，或给以行政和法律保护，这些扶持和保护的政策措施无疑对运输供给能力的增加提供了有力的支持。

军事运输是一个国家运输业的重要组成部分，运输经济学的研究对象虽然不包括军事运输，但军事因素对运输业的影响是显而易见的。一个国家运输网的规划、设计和建设不能不考虑到国防建设和军事上的需要，军事运输要经常利用民用运输线路，在战时，民用运输也要服从军事需要；同样，军事运输线路在平时也可以转为民用运输，我国在20世纪70年代所修建的"战备公路"今天仍在经济建设中发挥着重要的作用，

3. 技术因素

科学技术是推动社会发展的第一生产力，也是推动运输业发展的第一生产力。新型运输工具的出现、运输工具性能的重大改进，无一不是科技进步的结果。科学技术对于提高运输生产效率、降低运输成本、提高运输服务质量、提高生产的组织管理水平起着重要作用。从运输工具的发展史上就可以看到科学技术在提高运输供给中的巨大作用因

此，科学技术的应用既提高了运输供给量，也提高了运输供给能力。

4. 市场价格因素

市场价格因素的影响体现在运输服务价格、运输服务成本、运输的相关市场的价格等方面。运输产品价格是影响运输供给量的重要因素。在其他因素不变的情况下，运价同运输供给量呈同方向变化趋势。当价格降低时，运输企业往往为了减少耗油而降低运输设备运行速度，不会增加成本到异地载货而宁愿等待，甚至于封运等，使得供给量减少；反之，运价升高时，运输企业不断挖潜，多装快跑，提高运力使用能力，使得运输供给量增加。运输价格是由运输成本所决定的，引起运输成本变动的因素很多，主要是生产要素价格和生产技术状况。生产要素价格上涨，必然导致运输成本的增加，使运输供给量减少；生产技术的进步则意味着运输能力的提高或运输成本的降低，其结果是能够在原运价水平下，增加运输供给量。运输的相关市场如运输工具的制造市场、运输工具的买卖市场等，其价格也将影响投放到运输市场上的供给能力。

价格因素不仅是影响供给量的重要因素，还是影响供给的重要因素。由于市场价格的上升，也会刺激社会资源向运输领域转移，使得车辆产量增加，运输供给得以提高；反之，市场萧条，大量运输工具报废或解体，使得运输供给减少。

三、运输供给的特征

（一）运输设施的能力决定着运输供给能力

运输生产活动是通过运输工具使运输对象发生空间位置的变化，不生产新的物质产品。运输产品的生产和消费是同时进行的，它不能脱离生产过程而单独存在，所以，不能像一般工业一样，可以将产品储存起来，这就是运输产品的不可储存性。一般工业可以通过产品储备的形式适应市场供需变化，而运输产品的非储存性决定了运输业不能采取产品储备的形式，而只能采取运输能力储备的形式来适应运输市场变化。

运输业有着固定设备多、固定资产投资大、投资回收期长等特点，运输能力的设计多按运输高峰的需求设计，具有一定的超前量。运输能力的超前建设与运输能力的储备对运输市场来说，既可适应市场需求增长的机遇，也可能因市场供过于求而产生风险。因为运力储备越大，承担的风险越大，适应市场需求的能力也大；相反，运力储备小或没有储备，承担的风险小，但适应市场需求的能力也小，这一点在国际航运市场上尤其明显。

（二）运输供给的不平衡性

运输供给的不平衡主要表现在：①受运输市场运价和竞争状况影响，当运输市场繁荣时，刺激运力投入；当运输市场萧条时，迫使运力退出。②运输需求的季节性不平衡，导致运输供给出现高峰与低谷供给量的悬殊变化。这两方面都带来运输供给量在时间分布上的不平衡。③由于世界经济和贸易发展的不平衡性，运输供给在不同国家（地区）之间也呈现出一定的不平衡性。经济发达的国家（地区）的运输供给量比较充分；而经济比较落后国家（地区）的运输供给量则相对滞后。运输供给的不平衡性在我国国内市场上表现得不很明显，而在国际运输市场上表现突出。供给与需求的平衡是暂时的、相对的，而不平衡却是绝对的、长期的。

（三）运输供给使用的不充分性

运输业是特殊产业部门，其生产与消费过程是同时进行的，运输服务的生产过程，既是运输对象发生位移的过程，亦是运输服务的消费过程。但这并不意味着运输产品的生产必然能与运输产品的消费相结合，现实中生产与消费脱节的现象不可避免。如运输需求在运输时间上的规律性、在运输方向上的单向性、个别运输需求对运输工具的适应性等都会导致运力浪费；为实现供需时空结合，企业要经常付出空载行驶的代价，这种由于供给与需求之间在时空上的差异所造成的生产与消费的差异，使运输供给者必须承担运力损失、空载行驶等经济上的风险。所以，运输活动的经济效果取决于供需在时间与空间的正确结合上，这就要求运输企业掌握市场信息，做好生产组织，运用科学管理方法提高企业经营管理水平。

（四）运输供给的成本转移性

同运输生产的时空差异带来运力浪费情况相反的是，运输供给能够在较大范围内超额生产，并不带来成本的明显上升。这种情况在我国各种方式的旅客运输中较为普通。运输企业可以在成本增加很少的情况下，在需求允许时，增加供给量（运输工具超载），但伴随而来的是运输条件的恶化，运输服务质量的下降，使得本该由运输企业承担的成本部分地转移到消费者身上。运输供给的成本转移还体现在由运输活动带来的空气、水、噪声等环境污染，能源和其他资源的过度消耗，以及交通阻塞等成本消耗也部分地转移到运输业外部的成本中。

（五）运输供给的可替代性与不可替代性

在现代运输业中，铁路、公路、水运、航空、管道等多种运输供给方式同时存在，各种运输方式中的千千万万个运输供给者同时存在，并都有可能对同一运输对象进行空间位移。在这种情况下，运输需求者完全可能根据自己的意愿来选择任何一种运输方式中的任何一个运输供给者，这就是运输供给的可替代性。这种可替代性构成了运输业者之间的竞争。但这种可替代性又是有一定条件的，因为运输需求和运输供给有时空特定性的特点，各种运输方式的技术经济特征不同，发展水平不同，运输费用不同，运送速度不同，在运输总供给中的分工和地位不同，都决定了运输供给的可替代性会受到不同程度的限制。因此，运输供给的可替代性与不可替代性是同时存在的，运输市场的供给之间既存在竞争、垄断，也存在协作关系。

第二节　运输供给的价格弹性

一、运输供给的价格弹性

运输供给的价格弹性是指在其他条件不变的情况下，运价变动所引起的供给量变动的灵敏程度。运输供给的价格弹性系数表示为

$$E_S = \frac{\Delta Q / Q}{\Delta P / P} = \frac{\Delta Q}{\Delta P} \cdot \frac{P}{Q}$$

点弹性：

$$\varepsilon_S = \lim_{\Delta P \to 0} E_S = \frac{\mathrm{d}Q}{\mathrm{d}P} \cdot \frac{P}{Q}$$

弧弹性：

$$E_S = \frac{Q_2 - Q_1}{P_2 - P_1} \cdot \frac{P_1 + P_2}{Q_1 + Q_2}$$

由于运价同运输供给量同方向变动，所以供给弹性值为正值，这样，供给量对运价变化的反应可以用供给弹性系数的大小衡量：

$E_S > 1$，供给量是富有弹性的；

$E_S < 1$，供给量是缺乏弹性的；

$E_S = 1$，供给是单位弹性的。

供给曲线上的每一点，表示一定的供给状态。根据供给曲线上的特定点，可检验其供给弹性的状态特征，即是富有弹性还是缺乏弹性。

图 4-2 中 SS 为一条供给曲线，要检验 S_1、S_2、S_3 三个特定点的供给弹性大小，可采用简便的切线判断法。分别作 S_1、S_2、S_3 处的切线 l_1、l_2、l_3，并与坐标轴相交。如果切线与运价轴 P 首先相交，则 $E_S > 1$，如 S_1 点；如果切线与供给量轴 Q 首先相交，则 $E_S < 1$，如 S_3 点；如果切线穿过原点，则 $E_S = 1$，如 S_2 点。

如果供给曲线为直线，则过价格轴的供给曲线 $E_S > 1$；过供给量轴的供给曲线 $E_S < 1$；过原点的供给曲线 $E_S = 1$；平行于供给量轴的供给曲线 $E_S = \infty$；垂直于供给量轴的供给曲线 $E_S = 0$。通常在运输市场上，供给弹性呈现为富有弹性和缺乏弹性两种情况。

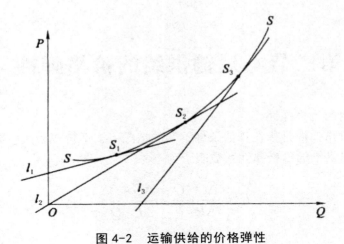

图 4-2　运输供给的价格弹性

二、影响运输供给价格弹性的因素

（一）影响一般商品供给价格弹性的因素

供给取决于生产。影响供给价格弹性的因素比影响需求价格弹性的因素要复杂得多，主要有这样一些因素：

①生产时期的长短。在短期内，生产设备、劳动力等生产要素无法大幅度增加，从而供给无法大量增加，供给弹性也就小。尤其在特短期内，供给只能由存货来调节，供给弹性几乎是零。在长期中，生产能力可以提高，因此供给弹性也就大。

②生产的难易程度。一般而言，容易生产而且生产周期短的产品对价格变动的反应快，其供给弹性大；反之，生产不易且生产周期长的产品对价格变动的反应慢，其供给弹性也就小。

③生产要素的供给弹性，供给取决于生产要素的供给。因此，生产要素的供给弹性大，产品供给弹性也大；反之，生产要素的供给弹性小，产品供给弹性也小。

④生产所采用的技术类型。有些产品采用资本密集型技术，这些产品的生产规模一旦固定，变动就较难，从而其供给弹性也小；有些产品采用劳动密集型技术，这些产品的生产规模变动较容易，从而其供给弹性也就大。

在分析某种产品的供给弹性时要把以上因素综合起来。一般而言，重工业产品一般采用资本密集型技术，生产较为困难，并且生产周期长，所以供给弹性较小。轻工业产品，尤其是食品、服装这类产品，一般采用劳动密集型技术，生产较为容易，并且生产周期短，所以供给弹性大。农产品的生产尽管也多采用劳动密集型技术，但由于生产周期长，因此也是缺乏供给弹性的，

（二）影响运输供给价格弹性的因素

①生产要素适应运输需求的范围大小。运输服务就是使运输对象发生空间位移，但由于个别运输需求的差异性，导致运输服务的生产要素的差异性。如果生产要素适应运输需求的范围大，则供给弹性就大；如果生产要素适应运输需求的范围小，则供给弹性就小。

②调整运力的难易程度。一般来说，能够根据价格的变动灵活调整运力的产业，其供给价格弹性大；反之，难于调整运力的，其价格弹性就小。

③运输成本增加幅度大小。如果一种运输服务增加供给引起的成本增加较大，那么，其供给弹性就小；反之，如果增加的成本不大，其供给弹性就大。如旅客运输在满员情况下还能超员运输，其成本随运量变化而增加的幅度小，则供给价格弹性大。相对而言，处于运量饱和的货物运输再增加运量，就必须增加运输工具等，因此带来成本增加幅度大，此时的供给价格弹性小。

三、运输供给价格弹性的特点

（一）同考察期间的长短有关

运输业是资金密集型产业，有初始投资大、建设周期长，运力储备风险较大等特点，所以短时间内调整运力不易做到，供给价格弹性较小。但从长期考察，运输市场在运价的作用下，供给与需求会逐步趋于相互适应，表明在长期内运输供给具有足够的弹性。

（二）同运输市场上供需的相对状况有关

当需求量低时，通常运输市场供给过剩，因此具有较大的供给价格弹性；需求量高时，通常运输市场供给紧张，即使价格上升，也无大量供给投入，因此供给弹性较小。

（三）同运价波动的方向有关

运价朝不同方向变化时，运输供给价格弹性大小亦不同。一般地说，运价上涨时，刺激供给增加，运输供给弹性较大；运价下跌时，供给并不情愿退出市场，只有实在难以维持，才被迫退出市场，故供给弹性较小。

（四）同运输市场范围有关

运输经营者往往是分布于各个地区的大小承运人，其行动基本上是相互独立的。各个经营者无力左右运输市场运价，只能在一定的运价水平下采取一定的营运策略。当运价上涨或下跌时，运输公司将采取复运或停运，租进或租出运力，买进或卖出运输工具，推迟或提前报废运输设备等策略以增加或减少运力供给。如果市场形势在较长时期内运价坚挺，这将进一步刺激投资建造新运输设施或工具的兴趣，竞相订造新运输设施或工具以增大供给能力，因比，个别的供给弹性较大。

从整个运输市场考察，可能与个别供给有所不同。在短期内运价上升，虽有租进运输设备、买进运输设备等活动，但是在新运输设备投入市场之前，整个市场的供给量不会有显著增加，其主要增加的运力是复运运输设备和加速运输的结果。当运价上涨并且在一段时间内保持较好的水平时，必然会引起运输工具价格的上升，这时，用巨额投资建造新运输设备的热情会有所减弱。因此，整个市场的供给弹性相对较小。

四、运输供给的交叉价格弹性

由于运输业在不同运输方式之间存在某种程度的可替代性和互补性，因此，有时要研究在运输企业、各运输方式之间的供给交叉价格弹性，即某种运输服务价格的变动引起的另一种运输服务供给的变动的灵敏程度，表示为：

$$E_{SAB} = \frac{\Delta Q_A / Q_A}{\Delta P_B / P_B} = \frac{\Delta Q_A}{\Delta P_B} \cdot \frac{P_B}{Q_A}$$

式中 E_{SAB} ——B 种运输服务价格变化引起 A 种运输服务供给的变化的弹性值（即 A 对 B 的价格交叉弹性）；

$Q_A, \Delta Q_A$ ——A 种运输服务供给量及供给量变化值；

$P_B, \Delta P_B$ ——B 种运输服务价格及价格变化值，

理论上，若 A、B 相互独立、不可替代，则 $E_{SAB} = 0$；若 A、B 可替代，则 $E_{SAB} < 0$；若 A、B 互补，则 $E_{SAB} > 0$。

第三节　运输供给的结构

交通运输是国民经济的基础性、战略性、先导性产业，也是重要的服务性行业。推动交通运输高质量发展，实现交通运输由追求速度规模向更加注重质量效益转变，由各种交通方式相对独立发展向更加注重一体化融合发展转变，由依靠传统要素驱动向更加注重创新驱动转变，是新发展阶段交通运输贯彻新发展理念，服务构建新发展格局，推动高质量发展的必然要求，也是建设交通强国的必由之路。

一、正确认识交通运输高质量发展的内涵

交通运输高质量发展，是指交通运输在规划设计、施工建设、运营服务、装备制造等各环节实现高品质、高效率发展，在推动交通运输自身产业升级的同时，产生显著的外部溢出效益，更好服务经济社会发展大局，有力支撑交通强国、科技强国、制造强国等战略目标实现。

交通运输高质量发展包括行业自身层面和宏观层面两个方面的高质量发展。在行业自身发展层面，交通运输高质量发展是指实现从规划设计、施工建设、运营服务、装备

制造等全产业链的高品质、高效率发展，在确保安全可靠运行、服务水平优质、应急保障能力充分的同时，不断增强内在发展动力，提高财务可持续性。在宏观层面，交通运输高质量发展是指交通运输行业能够践行绿色发展理念，实现交通与资源环境的和谐发展，能够充分发挥交通先行引导作用，促进相关产业和区域经济发展，推动技术创新和应用，有力助推交通强国、科技强国、制造强国等国家战略，有力支撑经济社会发展。

具体而言，交通运输高质量发展主要体现为以下四个方面。

（一）规划建设高质量

合理规划、高质量建设是交通运输高质量发展的前提和基础。通过科学规划和管理，确保交通基础设施网络总规模、空间布局和技术结构满足经济社会发展需要，既适度超前发展，具有较高的可靠性和必要的冗余性，避免对经济社会发展构成瓶颈制约，且能承受、应对突发事件并实现快速恢复，又要避免交通运输供给能力明显过剩造成资源浪费。同时，在交通领域科技发展日新月异的情况下，通过超前谋划推动先进技术研发应用，不断提高交通运输产业现代化水平。

（二）运行效率高质量

稳定、可靠、高效运行是交通运输高质量发展的保障和重要体现。通过科学管理，充分发挥市场机制的作用，确保交通基础设施和运输服务稳定、可靠、高效运行，充分发挥网络经济，释放运输能力，降低运输成本，有效满足不断增长和变化的客货运输需求。

（三）投入产出高质量

投入产出高质量是交通运输高质量发展的重要衡量标准。交通建设成本高且沉没成本巨大，随着我国交通网络规模逐步扩大并趋于完善，交通投资产生的各种直接效益和间接效益呈现边际收益递减趋势。推动交通运输高质量发展，就是要使同样数量的交通投资能够产生更大的经济溢出效益、社会外部溢出效益、技术溢出效益，使交通建设和运营更好带动上下游产业发展，更好促进经济增长和区域城乡协调发展，通过交通运输领域的先进技术研发应用推动我国科技变革和产业变革。

（四）环境影响高质量

环境影响高质量也是交通运输高质量发展的重要衡量标准。在绿色发展理念下，应以更小的资源环境代

价实现交通健康、持续发展，充分发挥交通建设和运营的正外部性，尽量降低其环境负外部性，形成交通与资源环境和谐共生、保障代际公平的绿色、可持续发展模式，助推我国顺利实现碳达峰碳中和目标。

二、交通运输高质量结构构成的主要特征

基于交通运输高质量发展的内涵，从发展目标和结果的角度，交通运输高质量结构应具有以下主要特征。

（一）网络完善，结构合理

交通运输具有典型的网络经济性，交通运输高质量发展的首要特征体现为交通基础设施网规模适度、空间布局和技术结构合理，能够有效支撑经济社会发展、国土均衡开发、对外经贸发展和保障国防安全。首先，交通基础设施网络总规模适度，既能实现对国土空间的有效覆盖和均衡开发，又避免规模过大造成运能闲置和浪费；其次，因地制宜布局交通基础设施网，与区域要素禀赋、发展模式、人口和产业布局相匹配，网络空间布局合理；第三，交通基础设施网络技术结构合理，既要加快先进技术应用推动交通运输智慧升级，又要与区域发展水平相适应，切实保障群众基本出行需要，充分满足多层次运输需求。

（二）安全可靠，保障有力

新时期，统筹发展和安全是我国面临的重大课题，交通运输作为国民经济重要的基础性产业，其高质量发展的重要特征之一就是确保安全可靠运行，发挥好战略保障作用，为经济社会稳定运行和健康发展提供有力支撑。首先，人防、物防、技防"三位一体"的安全保障体系不断完善，交通运输本质安全水平不断提高，确保行车安全，交通事故率不断降低；其次，交通发展韧性不断提高，能够预测和适应不断变化的自然环境，具有较高的可靠性和必要的冗余性，提高应对重大自然灾害和突发公共事件的应急保障能力；第三，按照我国对外开放整体部署，提高与周边国家互联互通水平和运营组织能力，保障重要战略物资运输安全可靠，确保供应链稳定，更好支撑高水平对外开放和保障国家经济安全。

（三）服务优质，便捷高效

交通运输是国民经济重要的服务性行业，交通运输高质量发展的根本目的是为经济发展、人民生活提供高品质的客货运输服务，使旅客出行更加便捷从容，货物运送更加高效经济。客运方面，高质量的出行服务，能够为旅客提供优质的"一票到底""无缝衔接""全程服务"的联程联运服务，使旅客在购（退）票、达到（离开）车场站、候车、中转换乘、乘车等各个出行环节的都能享有高效、人性化的服务，旅客出行更加便利从容，甚至可以将出行过程作为一种享受。货运方面，高质量的货运服务，业务受理方式简便、直接、快速，货物运送快速、及时、准时，能够为货主提供优质的"一次托运、一票到底、一个多式联运经营人、一个费率、一次保险、一体运输"的多式联运服务。

（四）绿色智能，创新驱动

与过去相对粗放式发展模式相比，交通运输高质量发展是一种绿色低碳的发展模式，更是一种依靠创新驱动，不断提高信息化智能化水平，体制机制健全，内生动力强劲的发展模式。首先，通过加强节能减排新技术新材料新装备应用、优化运输结构等途径，进一步推动综合交通运输体系向绿色低碳方向发展。其次，交通自主创新能力和产业链现代化水平全面提升，交通科技创新体系健全完善，关键核心技术装备自主可控、先进适用、安全高效。第三，交通运输管理体制机制更加健全，制度更加完备，产业组织更加合理，企业发展活力增强，交通治理体系和治理能力实现现代化。

（五）前后联动，效益显著

在实现自身高质量发展、产生直接经济效益的同时，交通运输高质量发展更多地体现为对上下游产业所产生的前向和后向带动作用，对区域经济社会发展发挥的重要促进作用，这些都是交通运输高质量发展所产生的溢出效益。首先，通过交通技术创新，尤其是向智能化方向发展，带动高端装备制造、新能源、新材料、信息等高新技术产业发展，有力助推我国产业基础高级化和产业链现代化；其次，交通运输与农业、制造业、旅游业、物流业等产业深度融合发展，形成融合共生、相互促进的发展格局；第三，交通运输通道、客货运输枢纽等成为集聚物流、人流、信息流、资金流的重要载体，对产业集聚、城市群和都市圈空间开发产生明显的支撑引导作用，有力助推构建国内大循环为主体的新发展格局。

三、交通运输高质量供给结构体系的总体思路

基于交通运输发展面临的形势和要求，立足我国交通运输现实发展水平和存在的不足，未来一个时期，推动交通运输高质量发展的总体思路是：沿着"一条主线"、借助"两大动力"、坚持"三个统筹"、紧抓"四个着力点"，即：以深化交通运输供给侧结构性改革为主线，以改革和创新为根本动力，统筹存量和增量、设施和服务、国内和国际，以"补齐短板、提升服务、强化创新、提高效能"为着力点，精准匹配供需关系，实现精细化、人本化供给，提高交通运输供给质量、运行效率和发展效益，更好服务经济社会发展大局，有力支撑交通强国、科技强国、制造强国等战略目标实现。

（一）以深化交通运输供给侧结构性改革为主线，提高交通运输战略支撑能力

交通运输供给不平衡、不充分，是造成供需之间存在结构性矛盾、制约交通运输高质量发展的重要原因所在。应按照国家关于推动供给侧结构性改革的统一部署，深化交通运输供给侧结构性改革，以交通运输发展突出存在的主要问题为切入点，着力补齐交通运输领域的短板、强弱项、固优势，实现精细化、人本化供给，及时、充分、精准满足运输需求，更好满足产业升级、产业空间布局变化、区域经济发展、城镇化发展、对外开放等产生的新要求，提高交通运输战略支撑能力，助推我国构建国内大循环为主体、国内国际双循环相互促进的新发展格局。

（二）以改革和创新为根本动力，推动交通运输高质量发展

以改革和创新为根本动力，推动交通运输高质量发展。一方面，改革是推动交通运输高质量发展的永恒动力，应针对当前交通运输存在的主要体制机制问题，加大改革力度，加快完善交通运输市场体系，推动治理能力和治理体系现代化，使市场和政府形成合力，深化交通运输供给侧结构性改革，提高交通运输发展的质量、效率和效益。另一

方面，创新是推动交通运输高质量发展的深层次动力和关键"支点"，在新的发展形势下，应加快核心技术研发应用，提升交通运输信息化智能化发展水平，加快交通运输组织和服务创新，不断增强交通运输发展的内生动力，形成创新驱动交通运输发展的新动能。

（三）统筹存量和增量、设施和服务、国内和国际之间的关系，更好服务构建国内大循环和更高水平对外开放

推动交通运输高质量发展，应统筹存量和增量、设施和服务、国内和国际之间的关系，更好满足新阶段新形势对交通基础设施建设、运输服务发展等提出的新要求。

统筹存量和增量的关系，是指一方面要进一步挖掘存量交通基础设施的潜力，提高存量设施的利用效率，充分发挥既有超大规模交通网的优势，另一方面顺应新一轮科技革命和产业变革浪潮，利用先进技术建设智慧交通，积极探索布局超新型交通基础设施，通过增量优化交通网结构和布局，以增量带存量，以存量促增量，不断改善交通运输供给质量和结构，创造新供给，培育新需求。

统筹设施和服务的关系，是指在保持交通基础设施、技术装备适度扩张和升级改造的同时，更加重视通过运输组织创新、科技创新、体制机制创新等，提升客货运输服务质量，大力发展新型运输服务，进一步发挥交通运输对产业升级、城镇化发展、区域城乡协调发展等的支撑引领作用。

统筹国内和国际的关系，是指一方面要提高交通运输对乡村振兴战略、国家重大区域战略、区域协调发展战略等重大战略的支撑作用，充分发挥交通运输在巩固脱贫成果促进乡村振兴、服务支撑国家战略布局等方面的重要先行作用，更好服务国内大循环；另一方面要加强国际通道和重要物流节点建设，有序推进境外交通建设项目，进一步发挥中欧班列战略通道作用，积极参与国际交通合作，助力更高水平对外开放。

（四）以"补齐短板、提升服务、强化创新、提高效能"为着力点，提高交通运输供给质量、运行效率和发展效益

当前，在我国业已形成超大规模交通网的基础上，应以"补齐短板、提升服务、强化创新、提高效能"为着力点，提高交通运输供给质量、运行效率和发展效益，推动交通运输由规模扩张型发展模式向质量效益型发展模式转变。

一是以补齐短板、优化结构为导向，合理控制交通基础设施建设节奏，优化路网技术结构和区域布局。新建交通基础设施应以补齐重点地区、薄弱环节的发展短板为导向，以优化路网结构为主要目的，避免过度超前建设、重复建设带来能力富余和浪费，以及债务风险增加。按照需求导向、效益为本的原则，合理编制交通运输发展规划并确定技术标准，形成能力适应、结构合理、功能互补的多层次交通基础设施网。

二是大力完善交通运输服务和运营模式，提高客货运输服务质量和效率，更好适应新发展形势下客货运输需求的变化。进一步丰富客运产品，推进交通与旅游等深度融合发展，更好满足旅客出行需求升级需要。提升集装箱、商品汽车、冷链物流等专业化运输服务水平，创新货运新模式，延伸运输服务链，推进交通运输企业向现代物流企业转型。

三是加快技术创新和体制机制创新，以创新增强交通运输发展新动能，推动交通运输高质量发展。进一步提升交通自主创新能力和产业链现代化水平，加快智慧交通建设，以技术创新推动交通运输服务提质增效，更好地服务于新形势下产业升级、城镇化发展和人民出行需求升级需要。加快交通体制机制创新，推进交通治理能力现代化建设，完善交通运输市场体系，以体制机制创新激发交通运输行业活力，增强发展动能。

四是促进交通运输与其他产业深度融合，着力增强交通运输对相关产业、区域经济的促进带动作用，提高交通运输发展的社会经济效益。顺应现代产业组织变革趋势，以价值创造为灵魂，将交通运输服务融入其

他产业链条，以客户需求为中心，拓宽交通运输服务边界，全面推动交通运输与制造业、物流业、农业、旅游业、商贸服务等产业深度融合发展。以交通技术创新和智能化发展，带动高端装备制造、新能源、新材料、信息等高新技术产业发展，有力助推我国产业基础高级化和产业链现代化。以交通通道、枢纽场站等为载体，支撑引导产业集聚、城市群和都市圈空间开发，有力助推构建国内大循环为主体的新格局。

第四节　运输供需均衡

一、运输市场供需均衡

运输市场的均衡是指市场上各种对立、变动着的力量，在相互冲突、调整、运行过程中，出现相对力量相当、供给与需求处于暂时平衡的状态。

从运输供给与运输需求两方面的对比关系考察市场状态及其变化规律的方法属于均衡分析。根据所考察的对象与前提，均衡分析可以分为局部均衡分析和一般均衡分析。局部均衡分析是假定在其他条件不变的情况下，分析某一货类或运输工具的供给与需求达到均衡的运动过程；一般均衡分析是假定在各货类和所有运输工具的总供给、总需求与运价相互影响的情况下，分析总供给与总需求同时达到均衡的运动过程。

供给与需求是决定运输市场行为的最基本的两种力量，它们之间平衡是相对的，不平衡是绝对的。但是，市场作为一种有机体，总是存在着自行调节机制——市场运行机制。由于市场机制的自行调节，使供给和需求形成某种规律性的运动，出现某种相对的均衡状态，即市场均衡。

首先分析在供给条件与需求条件没发生变化的情况下，供需是如何实现并保持均衡的，即研究稳定的均衡机制。

所谓均衡，就是当运输需求和运输供给两种力量达到一致时，即处于均衡状态。运输的需求价格与供给价格相一致，这个价格称为均衡价格；运输需求量与供给量相一致，这个量称为均衡供求量。均衡价格一经确定，均衡供求量也相应确定。

图4-3中，DD是运输需求曲线，SS是运输供给曲线，纵轴表示运价P，横轴表示供给、需求数量Q，E为均衡点。E点是供给曲线与需求曲线相交点，其对应的运价为均衡运价，由均衡运价决定的运量为均衡运量。

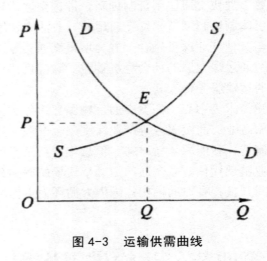

图 4-3　运输供需曲线

均衡运价是通过运输市场供需的自发调节而形成的。当市场运价背离均衡运价时，由于需求与供给曲线没有变，也就是说该市场上的均衡点没有变，这样，市场供需就会自发地发挥作用，促使运价又恢复到均衡运价的位置。

二、运输市场运行机制

运输市场均衡的形成与变动过程是其基本的运行机制。通常，在供求条件不变的情况下，市场处于一定的稳定均衡状态。虽然不均衡是经常、大量出现的，但是通过运价与供求的相互冲突、调整等作用，能够不断地恢复和维持均衡。

当供求之间出现矛盾，比如供大于求时，势必导致运价的下跌，随着市场运价下跌，供给逐渐减少，需求逐渐增加；反之亦然。供给与需求变动到一定程度，即两者趋于一致时，运输市场会出现供求平衡状态。然而，由于市场盲目冲击力的存在，市场"不均衡—均衡—不均衡—均衡"的过程是反复进行的。在一定的供给和需求条件下，就必然能够形成和维持相对稳定的均衡，即稳定的均衡机制。

供给、需求和市场运价就是这样在相互影响、相互作用中，推动运输市场形成稳定均衡、维持均衡、均衡被打破、从而形成新的均衡，这样周而复始地运动着。这就是以运价为自动调节的市场机制的动态运行过程。

三、供需均衡与短缺

运输市场供需均衡调整着运输系统内外部的关系，在完全自由竞争的市场经济中，在供求条件不变的情况下，市场处于一定的稳定均衡状态。虽然失去均衡是经常的、大量出现的，但是通过运价与供需的相互冲突、调整等作用，能够不断地恢复和维持均衡。当种种因素变化导致需求与供给发生变化时，旧的均衡被打破，随着运价的波动，将会推动市场走向新的均衡。因此，从长期发展来看，市场均衡是暂时的、相对的，不均衡却是绝对的。在市场经济的运输市场上，供需均衡的变动过程时常出现。但对于存在一定计划经济的运输市场来说，供需均衡的变动过程较少出现，因为政府对某些运输服务规定法定价格，这种价格或者高于或者低于均衡价格，从而不会出现因价格变动而带来的供需状态变化。尤其是在运输业发展滞后于经济发展的国家或地区，更多出现的则是运输的短缺。短缺作为需求与供给差异的一种表征，反映了一定经济条件下生产不能满足需求的滞后现象，这种短缺的结果不仅表现为数量上的不足，也表现为质量上的下降。在我国运输市场中，这种短缺现象尤为突出。

短缺作为供给的约束，制约着经济的增长。运输短缺表明许多地区得不到足够的物资补给，自身的产品不能送到市场上去，从而使经济蒙受损失。在运输业内部，运输短缺还可引起运输需求在运输方式之间的替代或转移，这种需求的替代或转移将引起运输投入分配的变化，也会改变运输格局。

四、税收及补贴对均衡的影响

在市场经济中，政府对运输服务实行征税及补贴会影响原有的供需均衡，现分析如下。

图 4-4 中，SS 为某种运输的供给曲线，DD 为需求曲线，均衡点为 E。现假定国家对这种运输服务实行征税，因为税收是由生产者或销售者支付给国家的，并且包含在消费者所接受的运价当中，所以消费者对于价格中是否含有税金并不关心，他们关心的只是价格的高低。价格高了，需求量就会减少，价格低了，需求量就会增加，所以，征税对需求曲线没有影响。但是，征税对供给曲线有影响。征税后，供给曲线将沿运价轴方向向上移动一段距离，这段距离的长短为单位运输服务的税额（EM），使新供给曲线为 $S'S'$，此时新的均衡点为 E'，运价从原来的 P_0 升高到 P'，需求量由原来的 Q_0 下降为 Q'。可见，征税使运价提高了，需求量减少了。

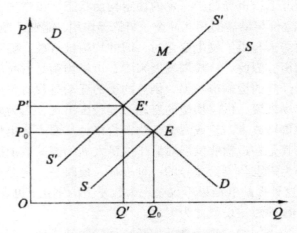

图 4-4　税收对均衡的影响

相反，如果政府给予某种运输服务以补贴，则运价会降低，需求量将增加。那么税收由谁来承担呢？作为运输服务生产者，力图把税收转嫁给消费者，而该种服务的消费者也力图把税收推给生产者。究竟由谁负担税收取决于双方寻找替代服务能力的比较。如果消费者在运价下跌时寻找可替代的运输服务的能力大于生产者在价格下跌或成本增加时寻找替代服务的能力，那么消费者所负担的税收份额将小于生产者所负担的税收份额；反之，如前者能力小于后者，则前者所负担的税收份额将大于后者所负担的税收份额。而寻找替代服务的能力决定了需求弹性与供给弹性，寻找替代服务能力越强，则弹性越大；反之，弹性越小。这就是经济学中的税收负担原理，即税收负担由消费者负担，还是由生产者负担，还是两方都负担，取决于这种运输服务的需求弹性和供给弹性。如果需求弹性大于供给弹性，则消费者负担的税收份额就小于生产者负担的税收份额；如果需求弹性小于供给弹性，则消费者负担的税收份额就大于生产者负担的税收份额。这种关系可用公式表示如下：

由于

$$供给弹性 = \frac{\dfrac{Q_1 Q_0}{O Q_0}}{\dfrac{P_0 P_2}{O P_0}}，需求弹性 = \frac{\dfrac{Q_1 Q_0}{O Q_0}}{\dfrac{P_0 P_1}{O P_0}}$$

所以

$$\frac{供给弹性}{需求弹性} = \frac{P_0 P_1}{P_0 P_2}$$

即

$$\frac{消费者负担的税收份额}{生产者负担的税收份额} = \frac{供给弹性}{需求弹性}$$

上式右边表示需求价格上升部分与供给价格减少部分的比例，亦即表示消费者负担的单位运输服务的税收份额同生产者负担的单位运输服务的税收份额的比例。

第五章 公路运输市场构成

第一节 运输服务的定价

一、定价原理

（一）定价的作用与目标

定价（pricing），是一种资源配置的方法。不存在所谓"正确的"价格，只有可以实现预期目标的优化定价策略。例如，为达到利润最大化的优化价格，可能不同于使福利最大化或是保证最高的销售收入所需要的价格。在某些场合，制定价格并非为了试图把什么东西最大化或最小化，而只是为了去实现较低水平的目标（安全、最小市场份额等等）。进一步说，定价可能是为了实现运输供应商在福利方面的某些目标（这是私营运输企业的情况）；但在另外一些情况下，定价可能是为了增进消费者的福利（这是某些国营运输企业的情况）。其中的区别是很细微的，甚至许多企业认为运用定价机制去达到它们的目标也将自动地与顾客的利益相符合。因此，讨论实际定价政策的一个首要问题是确定"目标"到底是什么。例如对于港口定价问题，"欧洲"的定价理论与"英国"的定价方法之间曾存在较大的差异，前者旨在寸进港口后面内陆的经济增长，而后者试图确保港口能收回自身的成本，如有可能还要盈利，不顾对较广大的地方经济的影响。但无论是哪一种目标，企业理论都假定供给者意在使自己的福利最大化，无论是把福利定义为利润还是较高层次的追求。

（二）企业定价的标准状况

利润最大化是私营企业传统的动机。这种情况下的世纪价格水平取决于市场中竞争的程度。在竞争相当激烈的地方，没有单独一个企业可以操纵价格水平，价格水平取决于整个市场中供给与需求的相互作用。在这一完全竞争的环境中，任何运输供应商不可能长期获得超额利润，因为这种利润的刺激将使新的企业进入市场并增加供应总量。因此，从长期来看，价格将与每个供应者的边际和平均成本相等。

相反，一个真正的垄断供应商不担心新的进入者增加运输服务的总供给，并且可以自由地制定价格或者规定他所准备提供的服务水平。对垄断者的有效约束是需求的抵消力量，它可以组织产出和价格的联合决定。然而，鉴于假定没有竞争以及垄断者享有的自由程度，几乎可以肯定，利润最大化的价格将导致收费超过边际成本和平均成本（唯一的例外是完全弹性市场需求曲线情况的出现，但几乎不可能出现这种情况）。这就是为什么政府总是趋向于管理具有垄断特征的铁路、港口和其他运输企业的原因之一了。

可是，对标准状况的这种简单描述，确实掩盖了一些运输市场的某些独特性。因为实际供应单位——运输工具——是活动的，所以运输市场有可能看起来基本上是竞争的，但各个供应商制定价格时，却好像是垄断者，或似乎至少能发挥某种垄断力量（不受管制的市内出租汽车市场就是这方面的一个例子）。

二、效率原则

（一）经济效率原则

对运价进行评价的标准首先应该是经济效率原则，一个好的运价结构必定是鼓励运输消费者和生产者有效利用其所得到的资源。如果一家公路运输公司的运营活动导致了过多的车辆空驶，那肯定存在着无效率；如果车辆的维修工作实际只需要40个修理工，但公司却雇用了50个，那肯定也浪费了资源。经济效率原则的重要性在于，它可以使人们在给定土地、劳动力和资本等资源数量下取得最大的社会福利。运输活动中的经济效率原则不只适用于减少空车行驶，它也涉及社会经济生活中应该生产哪些产品和服务，以及这些产品或服务的供求水平是否合理。这并不奇怪，频繁发生的交通堵塞就是造成导致人力与资本严重浪费的明显例子，而交通堵塞就产生于对拥挤道路的过度需求。如果人与车辆不是在阻塞的道路上一再耽搁，这些人和耗费掉的资源完全可以在其他领域或用途中产生出更大的社会福利来。显然，在道路上的堵塞和在企业中使用过多的人力对于社会福利造成的损失，从性质上看没有本质区别，它们都产生于资源的无效率使用。

而很多经济活动中的无效率都与价格水平的不适当有关。价格是同时引导消费者和供给者的最有效信号：过低的价格会导致某些产品或服务的需求过于旺盛，但生产者却没有兴趣增加供给；而过高的价格又会引起生产者在缺少足够社会需求的产品或服务上投入过多资源。此原理在运输市场是完全适用的,因为身在其中的运输服务消费者与供给者也是根据运输价格做出自己的判断,是价格在引导它们做出正确或者错误的选择,运价决定了运输市场上运输服务的种类与数量,也决定了需求者的满足程度。

效率原则认为,对某一特殊产品或服务愿意支付最高价格的人可以享有消费的优先权。经济效率原则强调消费者个人偏好的重要性。而大家都知道消费者的支付意愿与其收入水平有关,那么这一标准会不会因为有偏袒富有人群之嫌,因而引起人们的不满呢?经济学家认为社会生活中确实存在收入分配的不平等,但导致这一现象的原因是多方面的,因此也不能仅仅依靠某一个部门,例如运输业的价格制定去扭转这种情况。在市场经济中,是价格决定生产哪些产品或服务和由谁来消费这些产品或服务,因此要运输业偏离经济效率原则而遵循与其他部门或行业完全不同的价格制定标准,显然是不合理的。社会分配不平等问题的解决应该通过税收对工资、租金、利息和利润等进行调节,而不是依靠扭曲运输价格去解决;否则,不但手段和工具用错了,无效率的引入还会导致在运输业和社会生活中产生一系列新问题。

(二)效率与机会成本

为了实现资源的有效利用,价格应该等于所提供产品或服务的机会成本,这一原理是普遍适用的,对于运输价格也是如此,无论是进行短期还是长期分析。只有运价等于提供运输位移的机会成本时,社会为该位移所付出的资源数量才是最合理的,否则不是过多就是过少。例如,重型卡车行驶时对道路的损坏较大,因此就应该对它们收取较大的费用,不这样那些卡车对道路的使用和损害就会更大,而社会为维修道路所支付的代价也会超过重型卡车本身由于使用道路所获得的收益。又如,小汽车从 A 地到 B 地的机会成本是 10 元,但是如果驾车者仅需要支付 5 元,那么驾车者们就会得到有关资源稀缺与否的错误信息,即他们的驾车成本只有 5 元,但实际上被占用的社会资源却价值 10 元。在该两地之间的车流中,有些驾车者其实愿意为他们的出行支付 10 元,如果剥夺他们的这一出行机会,损失会更大;而另一些驾车者的支付意愿可能是在 5 ~ 10 元之间,如果需要支付 10 元全额,他们就会放弃这次出行,但现在只需付 5 元,所以他们还是开车上路了。后一部分驾车者实际上浪费了社会资源,因为他们的出行决策是在 5 元的价格上做出的,如果价格正确,这些人就可能不出行或会选择其他交通方式,而社会资源就会节省,道路上的拥挤程度也不会那么厉害。

从运价与载运工具拥有成本的关系看,运价的效率表现在它对市场配置稀缺资源起着重要作用。

三、现实中的定价方法

(一)高峰定价

1. 高峰问题

大多数运输形式,无论是货运还是客运,对其服务的需求都有高峰,而且这种高峰是有规律的。这种运输需求在时间和空间上的不平衡性导致了运输服务定价的困难。城市公共交通在每个工作日的早晨和傍晚的繁忙时刻经历需求高峰，城市货物运输也有需求高峰以适应顾客的要求和经营习惯；一年之中，空运、公路运输和铁路运输在夏季的几个月和春节等公共节假日期间经历假日交通需求高峰；而在一周之内，周末和工作日之间的需求水平有明显的差异；在更长的时期里，随着世界经济繁荣和衰落的交替，运输需求也出现周期性的变化。从空间的角度来看，运输业者往往需要载运工具在完成运输任务后回到起始时的位置，而实际的运输业务却往往只是单程的，货物一般绝不会再由原车载回；旅客一般倒是需要返回其旅行的原起始地，但却存在一个时间差，于是上下班通勤往返的时段客流的主要方向可能相反，此类运输需求在方向上的不平衡会引起如何在满载方向与回程方向分配运输成本的问题也需要解决。

在所有这些情况下，困难在于如何确定一种价格模式，以保证运输基础设施得到最优的利用，并为未来的投资政策提供指导，以及保证所有的相关成本均得到补偿。问题的本质是相对于需求而言，供给在时间和空间上不可分的问题，是特殊形式的联合生产问题。此类问题在其他经济部门也存在，但是运输服务无法被储存起来以使需求变化与平稳而均匀的生产相一致，调节只能通过价格进行 a

2. 高峰定价法

"高峰定价法"（peak-load pricing）的基本原理是，供给者成本的主要部分应当由需求最大的消费者来承担，即高峰时期或地区的用户应当支付运输费用的大部分，而非高峰用户只要求支付变动成本。由于多个承运人会竞相压低运价以承揽那些数量有限的回程货物，因此回程运价只能定得很低，这时候对航运公司来说运价再低也比空返更合算。人们还可以举出城市轨道交通每天都会有两次运输高峰期的例子，其运量在方向上也明显地出现不平衡，早上是从市郊住宅区到市中心工作的客流，下午则是从市中心返回市郊住宅区的客流，一些城市的轨道客运公司就自然地让重车方向的乘客票价能够同时抵偿重空车两个方向的成本。又如，计程出租车对某些前往偏远地点（也可能是所有地点）的乘客也会加收回程车费。

（二）固定基础设施成本的分摊

1. 边际成本定价的问题

对于公路这样的运输基础设施来说，有效率的边际成本定价（收费）是要做到让驾车人意识到其出行的社会边际成本，而不是他所引起的道路当局的开支。此时，道路当局通过征收拥挤费得到的收入有可能弥补道路开支，但也可能弥补不了。例如，只有当道路通过能力不足而发生拥挤的时候才需要征收拥挤费，而当道路通过能力大于车流量因此没有拥挤现象时，是不需要征收拥挤费的。因此，这里面确实存在着矛盾：如果根据可以制定较高拥挤收费的标准扩建或者新建了道路，而工程竣工的结果却是拥挤现象消失，那么原来收费的企图就达不到（或者必须降低收费），原本合理的投资基础也就改变了。现行的公路财务体制与实行拥挤收费的原则有很大差距，某些路段、桥梁或隧道被允许收费，一般都是为偿还其建设资金，一旦建设资金偿还完毕，收费就被取消了。在这种体制下，往往车辆越少收费越高，车辆越多收费反而越低，这与实行拥挤收费的有效定价原则正好背道而驰。另外，公路当局的其他财政来源如车辆牌照费和燃油税，也都不是根据发生拥挤的时间和路段去确定的。这里的问题就在于，根据定义，边际成本定价法是不考虑固定成本的，因而，边际成本定价法无法弥补固定设施的成本。

2. 运输基础设施定价的作用

在现实中，对于已有但经营不好的固定设施是否值得维持继续运营，私营公司往往容易过快地做出放弃的决定，而政府则反之，往往容易过迟地做出放弃的决定。对于政府兴办的基础设施，如果某些潜在使用者了解到他们不必付出足额的私人代价，就会热情地支持该项目的兴建，而政府则可能在利益集团或舆论的导向下，就很有可能把原本通不过有效定价标准的固定设施项目付诸实施，并长期营运下去。

私营企业的经营决策在很多时候是以财务成本而不是以机会成本为基础的，这中间的主要差别是是否考虑沉淀成本。这也是可以理解的，因为经营者在开始时往往是靠贷款开办运输业务的，固定设施形成以后即使已经成为沉淀成本，但贷款还是要偿还的。这样，在运输基础设施建成后的决策评估中就有了两个不同的成本标准，一个是不包括沉淀成本的机会成本标准，另一个是包括沉淀成本的财务成本标准。我们在前面也谈到过，由于运输投资的沉淀特性，因此私人资本往往不愿意投资于这一领域。相对应地，政府由于不是仅仅以经营收入为基础来做出经营是否有利的判断，因此往往不愿轻易做出放弃已有基础设施的决策。

因此，对运输设施的使用制定有效价格，是要使使用者的支出与其造成的边际成本一致起来，它会导致对运输设施的最有效利用。在十分理想的情况下，对超量使用者征收的拥挤费正好可以用来弥补道路拥有者的道路成本，然而由于运输设施所需要的投资数量巨大、回收周期长和运输能力增加的非连续性或突变性等原因，用这种办法来回收运输设施投资是相当困难的。例如某一使用寿命为 75 年的运输设施，在开始使用的 25 年中预计根本不会出现拥挤状况，那么所设计的有效拥挤收费就要在设施建成的 25 年以后才开始征收。因此，为了"鼓励这方面的投资"，显然就需要使用其他不是仅仅按照效率原则设计的收费办法了。此外我们在前面也谈到过，很多运输设施投资的财务评价指标并不好，但由于其外部效应的存在，却可以获得很好的社会经济评价结果，像有利于环境保护、开发落后地区、具有国防意义等，这就使得运输设施的建设不会仅仅遵循经济上有效的原则。由于这些原因的存在，有效率的定价并不能保证所有运输设施的投资都获得补偿，因此需要政府也有必要的资金投入。这里要说明的是，尽管有政府参与的必要，我们还是需要研究如何利用资本市场为运输基础设施筹集基金，具体来说就是研究固定设施成本如何在不同运输使用者之间进行合理分摊。

3. 运输基础设施成本的分摊

几乎所有的运输基础设施都是由很多使用者共同利用的：卡车和小汽车共同使用公路，客机和货机共同使用机场，客运列车和货运列车共同使用铁路，而货运列车上又装载着不同货主的货物等等,为运输固定设施制定价格常常被认为就是其成本的分摊问题。那么每一个或每一组使用者应该分摊到多少固定设施成本呢？"均摊法"和"高峰定价法"是两种传统的分摊方法。

"均摊法"是一种最简单的平均计算方法,像把全年用于公路的所有开支总额除以上路的车辆总数。例如,某条贷款收费公路的年还贷金额加上运营成本为 2000 万元,全年通行的各种机动车总数为 200 万辆,则平均每辆车的固定设施成本为 10 元。有人认为这种方法简单明了,也容易理解。但是,不同的人在使用均摊法的时候却可能得出不同的结论,这一下子就使得原本似乎很准确的计算变得不那么可信了。

使用均摊法定价还会引起效率上的问题。例如如果以车数作为定价的基础,重型卡车与轻型卡车的付费一样,那么就会导致重型车的使用更多,并使得道路的损坏更加严重,道路成本增加更快。对某一项运输固定设施而言,例如前面分析过的运河,如果大小车辆的收费一样,就可能使感到吃亏或难以承担该价格的小型车辆逐渐退出对该设施的使用,结果固定设施成本就会全部转移到大型车辆身上,而当它们也感到承担不起的时候,该运河的使用者就会越来越少。对另一些运输设施,用均摊法又可能导致定价过低,结果引起该设施的过度使用或不断加剧拥挤现象。总之,简单使用均摊法定价不能鼓励有效率地利用运输基础设施。

前面已经提到的"高峰定价法"是另一种用于不同使用者共同利用基础设施的成本分摊方法。在这里,高峰定价粗略地说就是对一天的不同时段制定不同的价格,它的基础是由于交通量在不同时段上存在着很大差别,拥挤时段要根据明显上升的边际成本收取拥挤费。在不拥挤的时间,驾车的边际成本与平均变动成本相等,因此不收费。从图 5-1 我们可以看到,在不拥挤时段驾车人只承担 OA 水平的自我驾车成本,不必为固定设施付费。而一旦需求曲线右移到分别与 MC 和 AVC 有不同的交点,就应该开始收费了。

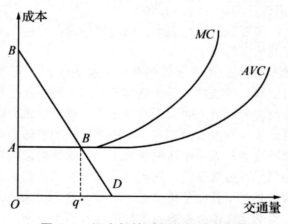

图 5-1 没有拥挤时不收拥挤费的情况

但是需要注意的是,对在交通高峰期收取拥挤费的高峰定价法的使用也得比较谨慎，因为如果要依靠这种办法全部分摊运输基础设施成本，它所要求的适用条件是非常严格的，很少有能够完全满足条件的情况。因此，如果某些条件不满足，例如运输设施一直处于不拥挤状态，那么增加车辆对道路和其他驾车人所引起的边际成本就很小或者没有，也就不需要收费，结果固定设施的投资成本就根本无法收回。于是，运输经济学家还必须讨论运输设施成本分摊的其他方法，比如像每一类使用者付费时都不会产生对其他类别使用者提供实际补贴的"互不补贴定价"方法。

（三）互不补贴定价

1. 互不补贴定价的原理

互不补贴定价（subsidy-free pricing）源于这样一个原则，即某一运输设施的所有使用者作为一个整体，应该补偿该设施的全部成本。如果做不到这一点，那么肯定就会出现由其他人对他们提供补贴的情况。因此，从道理上讲，所有公路的使用者就应该支付公路的机会成本，而所有铁路的使用者也就应该支付铁路的机会成本等等，依此类推。

但当一个使用者的整体恰好支付了运输设施的全部机会成本时，在该群体内部也会存在一部分人比另一部分人支付的更多些的情况，也就是说在群体内部存在着一部分人补贴另一部分人的现象。但在这里我们只把注意力集中在使用者的类别或群体上。一种价格结构如果做到了使任何一个使用者群体都不能通过取消其他使用者而使自己对运输系统的利用状况变得更好，那么就可以被叫作互不补贴定价。换一个说法则是，如果一个使用者群体需要支付的固定设施成本可以由于取消其他使用者群体而降低，那么前者就是对后者实施了交叉补贴。也就是说，互不补贴的价格结构可以做到使每一个使用者群体都最少能够支付由他们所引起的运输系统的增量成本。本书在前面已经提到过增量成本，这是与边际成本存在一定区别的概念。虽然都是由于增加产量或服务引起的成本，但边际成本主要是指增加的最后那一个产量或使用者所引起的成本，一般情况下仅包括变动成本，而增量成本更像是指最后增加的那一批产量或一个使用者群体所引起的成本，在通常情况下增量成本还需要包括固定成本，因此增量成本比边际成本更接近于提供一种或一组新的服务所需要的全部成本。

互不补贴定价的概念是在使用者群体的基础上扩大了前述有效率定价的原则。我们还记得，有效定价需要满足的条件一是价格等于使用者的边际成本，二是总支付意愿（已经支付的价格加上消费者剩余）要大于或等于所用资源的机会成本（包括固定设施成本）。互不补贴定价把这些标准扩大到多个使用者形成的群体和多项服务，要求总收入大或等于总成本。这种概念扩大对于运输业来说是很重要的，因为运输业在通常情况下都是共用设施的，如果所有被观察的使用者群体都支付了他们所引起的增量成本，那么此时的价格就可以认为是互不补贴价格。对于私营运输公司来说，因为公司经营的目的是为了盈利，因此是否满足互不补贴定价的标准比较容易判断，如果出现亏损，只要分析中止哪些服务就能够扭转亏损，即比较可能的成本节约和收益损失就可以了。但对于政府经营的企业则会存在一些问题，因为政府在很多情况下并不是或并不应该以利润最大化为目标，特别是在提供基础设施方面，所以公营企业的价格并不一定都满足互不补贴定价的原则。还应该说明，实行互不补贴定价仍然存在着不公平的现象。这是因为作为一个群体的使用者偿付了他们引起的增量成本，但该群体中的个体之间还是存在差别，所以很难完全避免使用者个体的支付与其真正引起的成本消耗并不一一对应，还是存在某种程度上的交叉补贴。

2. 互不补贴定价的困难

互不补贴定价原则所决定的固定设施成本分摊方法，大大减少了由于多个使用者共同使用基础设施所导致成本计算的不确定性和任意性。比起有效率原则的定价，互不补贴定价原理的适用条件放宽了一些，但它也还是只能适应长期成本与短期成本的区别不是十分清晰，固定成本与沉淀成本的区别也不是十分清晰的那些情况，它对交通量与运输基础设施能力可及时随价格变化而协调也有比较严格的要求。然而在现实生活中，对交通量的预测往往并不能做到很准确，运输能力及交通量的反应也往往显得迟钝，因此仍旧需要像对收取拥挤费用一样，对互不补贴定价原则的使用也允许有偏差。

对于现实不可能像以上理论所要求的瞬间完成市场调整的情况，例如高速公路上行驶重型卡车的例子。由于现有的高速公路当初可能并不是为这些大型车辆设计和修筑的，因此这些重型卡车对道路路面造成了很大的破坏，因此很多人主张对重型卡车征收较高的通行费用。但如果当时设计和修筑高速公路时能够把路面的厚度增加几英寸，路面的损坏就不会像现在这样严重，较高的重型卡车通行费只不过是一种惩罚性或补救性的短期措施。而从长期来看，对道路今后的维修和建设计划是要根据目前的交通量来制定的，那么由于过高惩罚性收费导致的车流量扭曲又可能会进一步引起投资判断的失误，因此短期均衡也许会引起长期的低效率。

交通设施确实应该根据预期的交通流量进行设计和建设，通行重型卡车的道路必须路面较宽较厚，路上的桥隧也必须更加坚固。根据互不补贴定价原理，引起这些更大固定设施成本的交通工具，像重型卡车就有责任补偿相应的额外成本。如果一种运输方式仍旧处在扩张时期，即仍旧需要新建或扩建设施，而新的设施标准可以根据目前交通流量的信息指标加以确定，那么每一类交通量显然就应该为自己所引起的增量成本负责，这些增量成本不仅包括现有设施的维修费，也应该包括新的投资。但还是有很多情况是反方向的，运输设施建设时制定的标准对于现有交通量来说过高或过大，运输设施的能力得不到充分利用，例如目前一些高速公路的车流量已经很小，显然也不能制定很高的收费让公路的使用者去补偿当初为满足大量车流而修建高速公路的投资。根据西方国家的经验，互不补贴定价方法在像公路这样仍在高速发展的运输领域有更好的应用效果。

（四）次优定价

1. 次优定价的原理

互不补贴定价法在不同使用者群体之间确定了费用分摊的上下限标准，这些标准往往不是针对使用者个人，而是针对使用者群体的。此外，互不补贴定价法常常也不能把成本全部分摊完毕，因而仍旧不能完全解决固定设施成本的回收问题。我们知道，任何偏离边际成本的定价都会导致资源配置的低效率，如果目标是高效率，就需要有一种"次优"的定价方法。为了克服固定成本分摊的武断性并尽可能地增进社会福利，有学者提出了"次优定价法"（second-best pricing），又称"拉姆奇定价法"（Ramsey pricing）。

该方法是指在最优（最有效或福利最大化）定价无法实行的情况下，采取次优方式分摊固定设施成本，具体地说，是利用不同使用者群体的需求价格弹性差别作为分摊固定成本的基础。根据拉姆奇定价法，每一个使用者群体都要支付一部分固定成本，其中需求弹性最小（也就是其他选择可能最少）的使用者群体承担的比重相对最大。该理论的解释是，任何偏离边际成本的定价（此时已无法避免）都会引起运输设施使用中的无效率，对于那些需求弹性较大的使用者，价格上升引起的退出使用的无效率也会较大，而为了尽可能地减少这种无效率，就只好对需求弹性较小的使用者提高价格。拉姆奇定价法的计算公式如下：

$$\frac{P_i - C_i}{P_i} = \frac{\lambda}{e_i}$$

式中：P_i 是对使用者 i 群体收取的单位运价；

C_i 是对使用者 i 群体引起的边际运输成本；

e_i 是对使用者 i 群体的需求弹性；

λ —— 是对所有使用者群体都相同的常数，其数值由所需要的收入目标决定。

2. 次优定价的优势

拉姆奇定价法运用的领域很广。例如，许多非营利性企业从税收或慈善机构的捐款中接受补贴。在这种有补贴的企业里（例如地铁公司），拉姆奇定价法仍然有用。即使有补贴，把价格定在边际成本上也不一定能使企业补偿其总成本，但通过使用拉姆奇定价法，经理们就既能补偿一定数量的固定成本，又能使对资源配置的消极影响最小化。此外，拉姆奇定价法有时候遭到批评是因为对那些替代品最少的产品或服务（即需求弹性最小的产品）在定价时偏离边际成本最远，因而面对的价格最高。尽管这一情况属实，但除了使用拉姆奇定价法外，的确没有更好的其他方法了。

（五）差别定价

1. 差别定价的原理

差别定价，也可称为价格歧视（Discrimination Pricing），指的是一家企业在出售一样的产品或服务时，对不同的顾客索取不同的价格的现象，有时候差别定价是指对成本不同的产品制度统一的价格，更多的差别价格是指成本基本相同而价格不同，其目的都是为了增加企业的总利润。实施差别定价需要满足三个条件：首先，企业对价格至少有一定的控制能力（垄断能力），而不是只能被动地接受既定的市场价格。其次，企业能够根据价格弹性的不同把企业的产品市场划分为几个不同的市场，即企业必须能够分清应该向谁索取高价，向谁只能索取低价。最后，企业的市场必须是能分割的，即企业必须能够阻止可以支付高价的顾客以低价购买商品。满足这三个条件，企业就能实施价格歧视，并从中谋取到更大的利益。

2. 差别定价的分类

差别定价可采取许多形式，但通常分为三类，它们的共同点是允许企业攫取统一定价本来能给予消费者的部分消费者剩余。

一度差别价格是指为每单位产品或服务索取最高可能的价格。一度差别价格是差别价格最极端的形式，也是企业最能赢利的一种定价方法。由于每个单位的产品或服务都被索取了最高价格，因此，所有的消费者剩余都被攫取了。一度差别价格并不常见，因为它要求卖者十分了解市场需求曲线。比较接近的可能是某些城市私车牌照拍卖制度，管理部门要求每一个可能的买者进行投标，凡超过最低标价的投标都被接受，投标人就有义务按投标的报价购买车牌。通过这一过程，就有可能向每个准车主索取他愿意支付的最高价格。

二度差别价格是一度差别价格的不完全形式，它不是为每单位产品或服务制定不同价格，而是根据单个消费者购买的数量大小来定价，每个购买相同数量的消费者支付的价格相同。二度差别价格主要用于产品和服务的消费量可以进行测度的情况，例如一些铁路旅客票价的单位里程运价随乘车总里程的不同而发生变化，乘车总里程越长，单位里程的旅客票价越便宜。某些城市公交采用月票制和季票制，通常季票比月票更"划算"，因为这样可以鼓励消费者购买更多的产品。

三度差别价格最为常见，它要求按需求价格弹性的不同来划分顾客或市场。这种划分可以根据市场的不同地理位置来定，也可以根据用户的特征来定。与拉姆齐定价法很相似。三度差别价格也是对需求弹性较小的顾客或市场制定价高的价格，而对需求弹性较大的顾客或市场制定较低的价格。

3. 差别定价的效率

那么，差别定价或价格歧视的经济效率在哪里？令人惊讶的是，它们常常会提高经济福利。为理解这一点，回顾一下垄断者通过提高价格和降低销量来增加利润。他们这样做会赢得急需其产品或服务的顾客，同时也会失去那些犹豫不决的顾客。通过区分愿意支付高价的顾客（向他们收取高价）和只愿意支付低价的顾客（他们可能愿意以较低的价格获得低级的产品），分别制定不同的价格，垄断者就可以同时提高利润和消费者的满意度。

第二节　运输市场结构

一、运输市场的概念

（一）市场的概念

市场（market），是买者和卖者相互作用并共同决定商品和劳务的价格和交易的机制。市场看上去只是一群杂乱无章的卖者和买者，但却总是有适量的产品被生产出来运送到合适的地点。这似乎是一个奇迹，然而，市场体系既不是混乱也不是奇迹，它是一个具有自身内在逻辑的体系。在市场中，是价格在协调生产者和消费者的决策。

（二）运输市场的概念

运输市场（transportation market）有狭义和广义之分。狭义的运输市场是指为完成旅客和货物的空间位移而提供客位或吨位的场所，即运输需求方（旅客和货主）、运输供给方（运输业者）及运输代理者共同进行运输交易的机制。广义的运输市场则包括运输活动各方在交易中所产生的经济活动和经济关系的总和，即不仅包括运输营业场地、运输代理机构等各种提供客位和吨位的场所，也包括运输产品的生产者和消费者之间、运输能力供给和运输需求之间、运输部门和其他部门之间的经济关系，还包括运输市场结构、运输市场机制、运输市场调节和管理以及企业在运输市场的经营等。

当然，运输市场是一个相当复杂的概念，运输经济分析应该避免比较笼统地谈论一般的所谓运输市场，例如"铁路运输市场""公路运输市场""某两地之间的运输市场""西南地区运输市场"或"城市运输市场"等，而是更加注意根据所提出的具体问题，区别各种基于特定运输对象（不同种类的货物或旅客）、有特定运输目的和特定始发和到达地点的运输服务，并根据可搜集到的可靠数据资料进行分析。因此，目前有些运输经济学家主张"运输市场是一组其产出和价格均可计算的运输服务"这样的提法，也就是说，每一个具体运输市场上的产出应该是同质的，即其起讫地点和运输方向、所运货物或对象都是一致的，与其他运输市场上的需求及供给不应混为一谈。这是有一定道理的。

二、运输市场的类型

按照不同的标准，运输市场可以有多种分类方式。例如，按运输方式，可分为公路运输市场、航空运输市场、水路运输市场；按运输距离的远近，可分为短途、中途和长途运输市场；按运输市场的空间范围，可分为地方运输市场、跨区运输市场和国际运输市场；按运输市场与城乡的关系，可分为市内运输市场、城间运输市场、农村运输市场和城乡运输市场等。更一般的分类是按运输市场的竞争性，分为完全竞争、垄断市场、寡头市场和垄断竞争市场。

（一）完全竞争市场

完全竞争市场（fully competitive market）是一个理想化的市场，在这样的市场中，有许多规模较小但进出市场自由的企业，每一个企业都生产完全相同的产品，每一个企业的规模都太小，以至于无法影响到市场的价格；而且，市场交易活动自由，没有人为限制，市场的所有参与者（企业和消费者）均拥有充分的信息。在完全竞争市场中，市场完全由"看不见的手"—价格进行调节，政府对市场不作任何干预，只起维护社会安定和抵御外来侵略的作用，承担的只是"守夜人"的角色。

给定一个完全竞争企业的成本和需求，以及要获得最大利润的愿望，它将如何决定它所愿意供给的数量呢？经济学的答案是，在完全竞争条件下企业的供给原则为，当企业将其产量确定在边际成本等于价格的水平上时，就实现了利润的最大化，即：

$$边际成本 MC = 价格 P$$

用图形来说，这就意味着企业的边际成本曲线也是它的供给曲线。于是，我们可以根据企业的边际成本曲线来寻找最佳产量水平：最大利润的产量发生在价格线与边际成本曲线相交的点上。如果企业的产量大于或者小于上述最优产量，企业将不可避免地出现亏损。换个角度讲，在利润最大化的产量上，完全竞争企业得到了零利润这个最好的结果，总收入正好等于总成本。需要注意地是，这里讲的利润是经济利润，包括所有的机会成本（包括劳动和资本的机会成本）。因此，零利润并不意味着白白提供了运输服务，只是在零利润点上，价格也刚好等于平均成本，因此收入正好弥补成本。

停业原则（shutdown rule）：企业在收入刚好抵补它的可变成本或者损失正好等于固定成本时，停业点就会出现。当价格低于该水平时，致使收入无法抵补它的可变成本时，企业就会停业以使其利润最大化（即损失最小化）。关于企业停业点的分析得出了一个似乎出人意料的结论：即使追求利润最大化的企业亏损，它也可能在短期内继续经营。尤其是对于大量负债，从而拥有较高的固定成本的运输企业来说，这一情况是成立的。因为，只要亏损小于固定成本，他们继续经营就是实现利润最大化和损失最小化。

完全竞争市场只是西方经济学家在研究市场经济理论过程中的一种理论假设，在现实生活中，完全竞争市场所需的前提条件很难成立。尽管完全竞争市场在现实经济生活中几乎是不存在的（公路普通货运市场具有接近于完全竞争市场的特征），但是，研究完全竞争市场类型仍有其积极的意义。分析研究完全竞争市场形式，有利于建立完全竞争市场类型的一般理论，当人们熟悉掌握了完全竞争市场类型的理论及其特征以后，就可以用其指导自己的市场决策。例如，生产者就可以在出现类似情况时（例如作为价格的接受者时）做出正确的产量和价格决策。更重要的是分析研究完全竞争市场类型理论，可以为我们分析研究其他市场类型提供借鉴。例如，在对有关垄断市场、垄断竞争市场和寡头垄断市场中竞争与效率问题进行比较研究的过程中完全竞争市场类型理论可以作为一个衡量标准起到借鉴作用。

（二）完全垄断市场

不完全竞争可以达到怎样不完全的程度呢？极端的情况是垄断（monopoly）：单一的卖者是它所在行业的唯一生产者，同时，没有任何一个行业能够生产出相似的替代品。

完全的垄断在今天是罕见的。实际上，许多典型的垄断案例仅仅存在于那些受到政府保护的产业。例如，如果一家制药企业研制出一种获得专利的神奇药品，并在若干年内保持自己对这种药物的垄断权。垄断的另一重要的例子是获得当地公用事业的特许经营权，例如一家自来水公司。尽管如此，即使是一个垄断者，它也必须经常注意那些潜在的竞争者，上面所说的那家制药企业会发现竞争者很可能正在生产类似的药品；数年前还处在垄断地位的电话公司，现在必须考虑移动电话给他们带来的冲击。于是，在长期内，没有一个垄断者能确保自己免受竞争的冲击。

完全垄断市场具有促进资源效率提高的可能性，也具有刺激创新的作用。但是，完全垄断市场会造成市场竞争和生产效率的损失、会造成社会产量的损失以及消费者利益的损失。

同样要指出的是，完全垄断市场也是一种极端的市场类型，这种市场类型只是一种理论的抽象，在现实经济实践中几乎是不可能存在的。因为在现实经济实践中大多数垄断企业总是要受到政府或政府代理机构各个方面的干预和调节，而不可能任意由垄断企业去完全垄断市场。当然，如果政府对垄断企业不进行干预，或者干预不力，垄断企业垄断市场、损害社会和消费者利益的可能性也是随时可能出现的。即使完全垄断市场在现实经济实践中几乎是不存在的，研究完全垄断市场还是具有积极意义。例如，研究完全垄断市场可以促使我们了解完全垄断市场条件下出现的各种经济关系，从而有利于我们运用这种理论来研究现实市场类型条件下市场主体行为如何最佳化；研究完全垄断市场理论还可以使我们明确政府对垄断行为进行干预、调节的必要性，以及政府干预、调节活动对市场正常运行及对市场主体利益的协调所起的重要作用等。

（三）寡头垄断市场

寡头（oligopoly）或寡头垄断市场是介于垄断竞争与完全垄断之间的一种比较现实的混合市场，是指少数几个企业控制整个市场的生产和销售的市场结构，这几个企业被称为寡头企业。寡头的重要特征是每个企业都可以影响市场价格。

当寡头能够互相勾结，使他们的共同利润达到最大时，考虑到他们之间的相互依赖性，他们就会以垄断者的价格和产量来赢得垄断者的利润。虽然许多寡头会对于获得如此高的利润感到渴望，但在现实生活中，存在许多阻碍他们有效勾结的因素：第一，勾结可能是非法的；第二，企业可能通过对所选择的顾客降低价格以增加其市场份额来"欺骗"协议中的其他成员（在价格保密、产品有差别、企业数目较多或技术变化迅速的市场上，秘密降价的可能性更大）；第三，随着国际贸易的不断深入，许多企业不仅要应付国内竞争，还要迎接国外企业的激烈挑战。

另外，值得注意的是，垄断虽然是竞争的矛盾对立面，但它的存在并没有消灭竞争，尤其是寡头垄断改变的只是竞争形式，而非竞争本身。另外，如果从国际范围、某一国来看，寡头垄断反而会使竞争大大加剧，激烈的竞争足以使寡头垄断企业尽可能地努力进行研究和开发，尽可能提高效率，尽可能降低产品的价格。而不是像传统的经济学理论认为的垄断破坏和降低有效的市场竞争，阻碍经济和技术的发展。我们可以看到运输业的残酷竞争，在一条特定的航线上往往只有两三家公司，但在它们之间，仍然是过一段时间就要发生一场票价大战。那么，我们如何把寡头间的对抗（rivalry）和完全竞争（competition）区分开来呢？对抗包含了许多提高利润和占有市场的行为。

它包括利用广告向外移动需求曲线（即刺激需求）、降低价格吸引业务，以及通过研究提高产品质量或研制新的产品。完全竞争并不意味着对抗，而只是表示行业中没有一个企业能影响市场价格。同时，寡头垄断的形成可以避免无序竞争，减少资源浪费；寡头垄断也可以避免完全垄断的"唯我独尊"，使行业发展具有竞争的动力和潜力。因此，如果说寡头垄断企业在缺乏竞争的环境中，一般不会自觉地追求高效率，从而导致实际效率往往与最大可能效率之间存在巨大偏差，高效率只是寡头垄断企业自身天然优势带来的一种可能性的话，那么寡头垄断企业并非真正独占市场，这一点就使寡头垄断企业不得不追求高效率，从而使其高效率具有现实性。

（四）垄断竞争市场

最后一种不完全竞争的类型是垄断竞争（monopolistic competition）。垄断竞争在三个方面类似于完全竞争：有许多买者和卖者，进入和退出某一产业是自由的，各企业都把其他企业的价格视为既定。二者之间的差别在于：在完全竞争的条件下，产品是完全相同的；而在垄断竞争的条件下，由不同企业销售的产品是有差别的。

差别产品（differentiated products）在重要的特征上表现不同。例如，去商店要花一定的时间，而到达不同的商店所需时间的差异会影响我们的购买决策。用经济语言来说，购买物品的总机会成本（包括时间成本）依赖于我们与商店之间的距离。因为去当地商店购买的机会成本要低一些，所以人们倾向于就近购买很多商品。地理位置给产品带来的差别是零售贸易形成垄断竞争的重要原因。此外，质量差异已经称为产品差别中越来越重要的因素。产品质量的差异也许是产品的真实品质上的，也许是外观设计上的，也许仅仅是品牌认知的原因，使得消费者认为各个生产者提供的产品是有差异的。不管这种差异是否真的存在，在现实中消费者在面对商品时确实存在着某种偏好。例如，我们很多人可能都有这样的经验，长途旅行时都愿意乘坐国营的车辆，而不愿乘坐个体车辆，尽管二者在价格上可能并无差异。消费者的这种偏好导致在有些地方甚至出现了个体车辆冒充国营车辆、或者挂靠到某一国营运输企业却不接受任何管理的情况。因此，在这样的市场中，广告宣传、营销策划等活动不再是可有可无，价格也不再是决定市场竞争力的唯一因素。

为便于分析，我们应记住这样一个重要的观点，即产品存在差别意味着每个销售者相对于完全竞争市场来说在某种程度上都有提高或降低价格的自由，即产品的差别使得每个卖者所面临的需求曲线向下倾斜。从短期来看，企业可以通过一定的价格策略使价格高于边际成本，来争取更大的市场份额或更大的利润率。但从长期来看，随着具有新差别产品的企业的进入，这种不完全竞争行业的长期利润率为零。垄断竞争市场的长期均衡，实际上就是生产者自身不断调整规模以适应由于其他生产者的进入或退出而被打破的短期均衡的过程多一些批评家相信，垄断竞争天生是低效率的，尽管它的长期利润也是零。另一些人提出垄断竞争会导致过多新产品的出现，而如果消除这些"不必要"的产品差别，就会降低成本从而降低价格。这些批评垄断竞争的论断有它们不可忽视的吸引力，有时候，我们的确很难解释为什么十字路口的四个角上会各有一个加油站。不过，有一个逻辑性很强的观点可以用于解释社会经济的多样性。通过减少垄断竞争者的人数，你或许能够降低价格。但是，你也可能会因此降低消费者的最终福利，因为人们再也不能得到如此多样化的物品了。某些集中的计划经济国家试图对于少量差别产品实现标准化，结果导致了消费者的高度不满就是最好的例证。人们有时宁愿为自由选择而支付较高的代价。

（五）不完全竞争的实质与代价

如果一个企业能够明显地影响其产品的市场价格，那么，该企业就是一个"不完全竞争者"。当个别卖者在一定程度上具有控制某一行业的产品价格的能力时，该行业就处于不完全竞争（imperfect competition）之中。当然，不完全竞争并非指某一企业对其产品的价格具有绝对的控制力，毕竟制定出的价格还需要消费者买账。另外，决定价格的自由度在不同的行业之间也有差异。

为什么某些产业表现出接近于完全竞争，而另一些产业则为少数大企业所控制？多数不完全竞争的例子可以归于这样两条主要的原因。第一，当大规模生产出规模效益并降低成本时，一个产业中的竞争者就会越来越少。在这些条件下，大企业就可以比小企业以更低的成本进行生产，而小企业只能以低于成本的价格销售，因而无法生存。第二，当出现"进入壁垒"，即新的企业很难加入某一行业时，也有可能出现不完全竞争。在某些情况下，政府的一些限制竞争者数量的法律或规章，也会产生这些壁垒。在其他情况下，新企业也可能因为进入市场的成本太高而被拒之门外。让我们来考察不完全竞争的两种根源。

1. 成本和市场的不完全性

了解一个产业的技术与成本结构，有助于我们分析该产业需要多少个企业来支撑，各自的规模需要有多大。这里关键的是要了解这个产业是否存在规模经济。如果存在规模经济，企业就可以通过提高产量来降低成本，至少产量可以提高到一定的程度。这就意味着较大的企业在成本上比小企业具有一定的优势。当规模经济发生重要作用时，一个或几个企业就可以将产量提高到一定程度，以至于能够在整个产业的总产量中占据重要的比例。于是这个产业就成为一个不完全竞争市场，也许是单个垄断者主宰整个行业；更有可能的则是有几个大的企业控制市场的大部分份额；或者会存在许多企业，它们各自的产品存在一定的差异。不管是哪种结果，我们都能发现它们终究逃不出不完全竞争的范畴，更不会出现完全竞争中企业仅仅是作为价格的接受者的情况。

最后一个重要的例子是自然垄断。自然垄断（natural monopoly）是指行业中只有一家企业能够有效率地进行生产。当技术在产量满足全部需求的范围内表现出规模经济时，这种情况就会出现。技术始终增长并达到一定的规模，因此平均成本和边际成本就会永远呈下降的趋势。随着产量的提高，企业可以不断地降低价格，且保持一定的利润，因为这时它的平均成本是下降的。成千上万个完全竞争者要想和平地共处是很不可能的，因为一个大企业具有远远高于小企业的效率。

2. 进入壁垒

尽管成本差异是决定市场结构的最重要因素，但是，进入壁垒也能增加产业集中程度，有时甚至会成为主导因素。进入壁垒（barriers to entry）是新企业进入一个产业的各种阻碍因素。当进入壁垒很大时，这个产业的企业就很少。规模经济是进入壁垒的一种很普遍的类型，除此以外，法律限制、进入的高成本以及广告宣传也会形成进入壁垒。

法律限制 —— 有时，政府会限制某些产业的竞争。重要的法律限制包括专利、关税与配额、准入限制或干脆实行国家垄断经营。

进入的高成本 —— 进入壁垒除了法规上的，还有经济上的 a 某些产业的进入成本是很高的。

广告宣传——有时候企业也可以通过广告宣传来构筑对付潜在竞争者的进入壁垒。广告宣传可以提升产品的知名度并形成名牌效应。

策略的相互作用 —— 当在某一市场上仅仅有少数几个企业时，它们必然会认识到它们之间的相互依赖性。当每个企业的经营战略取决于它的竞争对手的行为时，就会出现策略互动，这属于博弈论研究的领域。

我们的分析已经表明，垄断者减少产量和提高价格，他们的产量低于应有的像在完全竞争行业中的那种水平。在不完全竞争的极端情况 —— 垄断中这一点尤为明显。通过保持产品的稀缺性，垄断者将其降低价格提高到边际成本之上。因此，社会没有得到想要得到的产出水平（该水平应该取决于产品的边际成本对于消费者的边际价值）。在寡头垄断的场合，只要企业价格高于边际成本，其结果也是同样的。运用我们的消费者剩余工具，我们可以衡量垄断所造成的福利损失。经济学家用净损失（deadweight loss）这一术语来衡量由于缺乏效率所造成的经济危害；这一术语表示实际收入的损失，或由于垄断、税收、配额或其他破坏所引起的消费者剩余和生产者剩余的损失。

不完全竞争者通常所提出的一个主要的反击理由是，在现代经济中，大企业负担了绝大部分研究开发和创新的费用。这种说法不无道理，因为集中程度较高的产业为了在技术水平上超过竞争对手，每单位销售额中往往含有较高水平的研发费用。不过，个人和小企业也会创造出很多重大的技术突破。

第三节　运输市场中的交易成本

一、交易成本概述

（一）交易成本的概念

交易成本又称交易费用，它是与一般的生产成本（production cost）"人—自然界"关系成本是相对应概念。所谓交易成本（transaction cost），就是在一定的社会关系中，人们自愿交往、彼此合作达成交易所支付的成本，也即"人—人"关系成本。正如在现实的物理世界中运动总是要有摩擦一样，在现实的经济世界中交易总是要有交易成本的。可以这么说，有人类的交易活动，就会有交易成本，它是人类社会生活中一个不可分割的组成部分。

（二）交易成本产生的原因

交易成本来自人性因素与交易环境因素的交互影响，其产生的原因主要有：

风险与不确定性（risk and uncertainty）：指交易过程中各种风险的发生概率。现实中充满不可预期性和各种变化，由于人类有限理性的限制，使得面对未来的情况时人们无法完全事先预测。加上交易过程买卖双方常发生交易信息不对称的情形，交易双方因此会将未来的不确定性及复杂性纳入契约中，通过契约来保障自身的利益。因此，交易不确定性的升高会导致监督成本、议价成本的提升，使交易成本增加。

有限理性（bounded rationality）：指交易进行参与的人，因为身心、智能、情绪等限制，在追求效益极大化时所产生的限制约束。

机会主义（opportunism）：是指人们对自我利益的考虑和追求，即人具有随机应变、投机取巧、为自己谋取更大利益的行为倾向。参与交易进行的各方为寻求自我利益而采取的欺诈手法，同时增加彼此不信任与怀疑，因而导致交易过程监督成本的增加。

信息不对称（information asymmetric）：因为环境的不确定性和自利行为产生的机会主义，交易双方往往握有不同程度的信息，使得市场的先占者（first mover）拥有较多的有利信息而获益，并形成少数交易。

资产专用性（asset specificity）：指交易所投资的资产本身不具市场流通性，或者契约一旦终止，投资于资产上的成本难以回收或转换使用用途，称之为资产的专属性。资产专用性可以分为五类：地点的专用性；有形资产用途的专用性；人力资产专用性；奉献性资产（指根据特定客户的紧急要求特意进行的投资）的专用性；品牌资产的专用性。

交易的频率（frequency of transaction）：交易的频率越高，相对的管理成本与议价成本也升高。交易频率的升高使得企业会将该交易的经济活动内部化以节省交易成本。

气氛（atmosphere）：指交易双方若互不信任，且又处于对立立场，无法营造一个令人满意的交易关系，将使得交易过程过于重视形式，徒增不必要的交易困难及成本。

二、风险与不确定性

在分析运输市场时，我们所假定的是成本和需求已知，并且每个企业都可以预见其他企业将会如何行动。但在现实生活中，商业活动都充满了风险与不确定性。理论上，所有的企业都会发现产品价格每月都在波动；劳动、土地、设备和燃料等投入品的价格常常有很高的不稳定性；竞争者的行为也很难提前预知。经济生活就是这样一些充满风险的交易。

面对风险，人们会采取何种态度呢？一般说来，人们更喜欢做有把握的事情，人们总是想要避开风险和不确定性。若一个人为损失一定量的收入而产生的痛苦大于他为得到同等数量的收入而产生的满足感，他就是一个风险规避（risk-averse）者。从消费者的角度，在同样的平均值条件下人们宁愿选择不确定性小的结果，由于这个原因，降低消费不确定性的活动能够导致经济福利的改善。

尽管风险规避者都会努力避免风险，但风险并不会因此而被消除。当有人在汽车事故中丧生，或者台风席卷了港口之时，某些人必然要因此而付出某种代价。市场机制通过风险分摊（risk spreading）来应付各种风险。这一过程就是将对一个人来说可能是很大的风险分摊给许多人，从而使每个人所承担的风险降到很小。

风险分摊的主要形式是一种方向相反的赌博形式 —— 保险（insurance）。例如，在购买车辆自燃保险时，车主就好像是就其车辆自燃的可能性与保险公司打赌：如果车辆不自燃，则车主只需要付出一小笔保险费；而如果车辆真的有天自燃了，则保险公司必须按合同规定的价格赔偿车主的惨重损失，因此，我们看到，保险是将风险从风险规避者或风险较大者的一方，转移到风险偏好者或较容易承担风险的一方。

另一种分散风险的方式是经由资本市场来进行，这是因为，有形资本的资金所有权可以通过企业所有权这个媒介，将风险在很多的所有者之间进行分摊，并且能够提供比单个的所有者大得多的投资和承担大得多的风险。

到目前为止，我们的分析都假设投资者和消费者对自己所面临的风险非常了解，并且投机和保险市场都能够有效率地运行。然而，由于逆向选择和道德风险之类的市场失灵问题，在现实中会出现很多人为的不确定性和风险。当这些因素存在时，市场可能会给出错误的信号，从而破坏激励机制，甚至有时还会瓦解市场机制。而且，如果考虑到这些因素，我们便进入了充满机会主义的真实世界。

三、有限理性与机会主义

（一）"契约人"假说

社会科学中的所有理论都直接或间接地包含着对人的行为的假设。其中，古典经济学的"经济人"假说无疑是十分理想化的。新古典经济学中，经济人的理性日益膨胀，逐步偏离了斯密关于"经济人"理性阐述的范畴：理性行为被看作是旨在发现达到最大化的最佳方案的选择行为，并进一步要求选择符合一系列的"理性公理"，特别是在数学化的一般均衡论和"主观期望效用理论"中，经济人获得了神一般的理性，而被戏称为"超级经济人"。正是由于此，与古典学派中相应的经济伦理观的不同，当代主流经济学中的伦理因素日益减少。特别是在经济学的数学化潮流中，经济人的非人化倾向已经成为主流。此刻，经济人的数学化形式使得经济学家的注意力离开交换契约中的个人行为，只去重视目的——工具的纯逻辑选择，甚至根本不把市场作为一种交换过程或制度看待，而把市场仅仅视为一种计算手段和机械结构。20世纪中后期，越来越多的经济学家开始主张放弃人是"理性的效用最大化者"的观点，以恢复"实际的人"的显著特点。其中，比较有影响的概念包括契约人、政治人、等级人等等。交易成本经济学认为，实际社会中的人都是"契约人"，他们无不处于交易之中，并用明的或暗的契约来治理他们的交易。契约人的行为特征不同于经济人的理性行为，具体表现为"有限理性"和"机会主义行为"。

（二）有限理性

有限理性涉及人与环境的关系，是指人的行为"是有意识性的，但这种理性又是有限的"。有限理性包括两个方面的含义：一是环境是复杂的，在非个人交换形式中，人们面临的是一个复杂的、不确定的世界，而且交易越多，不确定性就越大，信息也越不完全；二是人对环境的认识能力和计算能力是有限的，人不可能无所不知。

在此，我们有必要讨论"有限理性"与"不完全信息"的关系。一种观点认为，所谓的有限理性可以归结为不完全信息，即只要愿意支付足够高的信息成本，人的理性就可以是无限的。但实际上，且不论信息的获取成本有时将非常高昂，真正的问题不在于是否有信息，而在于我们有限的大脑能够"加工"多少信息。这里存在一个信息悖论（information paradox），即信息的搜寻不可能达到最佳状态，因为人们在获得信息之前无法确定信息的价值；但是，一旦人们了解了信息的价值，事实上他/她已经无成本地获得了这一信息。此外，太多的信息与太少的信息可能同样是不理想的。'

在现实世界中，信息不仅具有不完全的特征，而且还具有不对称的特征。所谓不对称，是指交易双方对交易品所拥有的信息量不对等。例如在汽车交易特别是二手车中，卖方可能要比买方对汽车有价值的特征知道得多。而且，人们可以通过向对方披露部分信息甚至欺骗等手段隐瞒信息获利。

（三）机会主义

广义上人的机会主义行为倾向具有二重性，一方面，机会主义动机或行为往往与冒风险、寻找机遇、创新等现象有一定的联系，从这个意义上说机会主义的对立面是保持现状；另一方面，机会主义又会对他人造成一定的危害，如机会主义者有时把自己的成本或费用转嫁给他人，从而对他人造成侵害，从这个方面看，机会主义行为也是一种损人利己的行为。损人利己的行为又可以分为两类：一类是在追求私利的时候，"附带地"损害了他人的利益，如行驶车辆排出的废气污染了环境，这是我们将在后述章节专门讨论的外部性问题。另一类损人利己的行为则纯粹是人为的、故意的以损人为手段来为自己牟利，其典型的例子是偷窃和诈骗。而用经济学术语来定义，所谓人的机会主义倾向是指在非均衡市场上，人们追求收益内在、成本外化的逃避经济责任的行为。机会主义的具体表现主要有：

1. 基于信息不对称的"道德风险"和"逆向选择"行为

完全信息是西方经济的基本微观假设之一，也即是说，一堆理论都是在完全信息（每个参与主体都拥有完全的信息，即做出的抉择包含了所有的信息）的假设基础之上的。而现实生活中，信息常常是不完全的（包括信息不确定和信息不对称两种情况），即实际生活中人们的抉择常常不能包含或者无法包含市场的全部信息。

所谓信息不对称（information asymmetric），是指市场交易的各方所拥有的信息不对等，买卖双方所掌握的商品或服务的价格、质量等信息不相同，即一方比另一方占有较多的相关信息，处于信息优势地位，而另一方则处于信息劣势地位。在各种交易市场上，都不同程度地存在着信息不对称问题。正常情况下，尽管存在信息不对称，但根据通常所拥有的市场信息也足以保证产品和服务的生产与销售有效进行；在另一些情况下，信息不对称却可能导致市场失灵。在信息不对称的情况下，人们可能有不完全如实地披露所有的信息及从事其他损人利己行为的倾向。信息不对称引起的机会主义行为倾向，可以分为事前机会主义行为和事后机会主义行为。

事前机会主义行为是指交易各方在签约时利用签约之前的信息不对称或隐蔽信息，交易的一方掌握着交易的某些特性，而另一方却在此无法观察或试验，在交易完成后，此种信息不利因素即不复存在。在这种条件下，掌握私有信息的一方就会利用对方的信息弱势故意扭曲事实真相、迷惑他人和浑水摸鱼，为自己谋取利益。这又被称为"逆向选择"。例如，如果卡车的养路费只取决于车辆的登记吨位，车主就会购买装载能力较强而登记吨位较低（"大吨小标"）的车型甚至伪造行车证等等。

事后机会主义则是指即便在交易完成后，交易一方所具有的信息少于另一方的情况依然存在，交易方得以在签约之后利用信息不对称与信息优势，通过减少自己的要素投入或采取机会主义行为，违背合同，钻制度、政策及合同的空子，采取隐蔽行动的方法以达到自我效用最大化而影响组织效率的道德因素，因为交易的一方因观察监督困难无法观察另一方的行为，或因成本太高根本无法监督对方的行为。这通常被称作"道德风险"。

基于信息问题的两种机会主义行为，都造成了效率的损失。一方想要识别另一方的隐蔽行动与隐蔽信息并不是不可能的，但需要在收集信息、进行检查和监督所需要的相应成本与所获得的相应收益之间进行权衡。这种对检查监督活动本身成本收益的计量说明组织与合作中的"逆向选择"与"道德风险"会或多或少地始终存在。

2. 基于集体行动的"搭便车"行为

集体行动的难题，即"搭便车"也是一种机会主义行为，搭便车指的是即使个人未支付费用，他也享受到了团体所提供的服务，在协作性交易当中表现为个人某种形式的"偷懒"却获得相同的报酬。当产出的物品带有集体物品或公共物品性质时，搭便车现象尤其严重。个人理性造成了集体或合作方的外部负效应，使集团利益的激励不足，导致行为人的激励弱化，却为搭便车者提供了偷懒的激励。

以红绿灯的设置为例，在一个拥挤的十字路口，由于没有红绿灯的控制，每辆车都急于通过路口，从而导致路口变得更加拥挤，每辆车都无法通过。设置一个红绿灯的成本为5万元/年，一年该路口通过10万辆汽车，每辆汽车由于能够顺利的通过路口而节约的成本为10元。由于节约的成本100万元大于5万元，设置红绿灯是有效率的。但市场会提供这个有效率的结果吗，可能性比较小。公共物品的非排他性使得通过市场交换获得公共产品的利益这种机制失灵。对于红绿灯提供者而言，他必须能够把那些不付钱而享受红绿灯的人排除在消费之外，否则他将无法弥补生产成本。而对于一个消费者而言，由于公共产品的非排他性，公共产品一旦生产出来，每一个消费者都可以不支付就获得消费的权力，每一个消费者都可以搭便车。消费者这种行为意味着生产公共产品的厂商很有可能得不到弥补生产成本的收益，在长期中，厂商不会提供这种物品，这使得公共物品很难由市场提供。

3. 基于资产专用性投资的"敲竹杠"行为

机会主义行为在共同投资的双方或多方之间也极为普遍后按资产市场转换的难易，可以将专用性维度分成三类：非专用、混合和特质（专用）。"专用性"是指耐用性实物资本或人力资本投入某一特定的交易关系从而被锁定的程度。一旦要打破既有关系或制度规则，专用性资产将付出巨大的转置和退出成本，产生"套住"效应。这个概念之所以重要，是因为一旦进行了专用性投资，交易双方都要在相当长时期内在双边交易关系下进行活动；不可交易的资产特征确定了投资方退出交易过程与契约关系的困难程度，对合约的另一方产生依赖，这无疑将弱化投资方在投资完成后的谈判地位而无法防止另一方的机会主义行为。如果交易中包含某种性质的专用性投资，事先的竞争将被事后的垄断或买方垄断所取代，从而导致另一方将专用性资产的"准租金"为己有的"机会主义"行为。如利用合约的不完全性，寻找种种借口"敲竹杠"，使自己在交易中处于有利的位置。被对方"敲竹杠"风险的存在增加了专用性资产的交易费用，它影响当事人事后讨价还价的地位，从而影响事前的投资决策。资产专用性越高，市场交易的潜在风险即成本越大，纵向一体化的可能性就越大。遗憾的是，将市场交易转做企业交易，并不能完全消灭机会主义行为。

　　以公路基础设施为例，由于公路的投资主要集中于线路、桥梁、隧道等固定设施，这些设施的投资较大，使用寿命较长，投资一经完成则不能移动，也很难被用于其他用途，当某一公路路段被废弃后，残值往往很低。因此，公路资产具有高度的专用性，主要包括：①地理区位专用性，例如公路线路、桥隧等资产一经投入即无法轻易挪动；②物质资产专用性，例如公路的路面、路基等结构在物理性能上的专门适用特性；③人力资本专用性，公路部门的员工拥有特殊的知识技能，一旦离开公路部门，可能导致自己人力资本的巨大损失。需要说明的是，高等级公路的资产专用性要大大高于普通公路的资产专用性。

第六章 公路货运作业

第一节 公路运输及车辆设备认知

中国公路运输在整个交通运输中占有特殊地位。在中国东部铁路和水运都较发达的地区，公路起着辅助运输作用，承担短途运输；在西南和西北地区则担负着干线运输的任务。

一、公路货物运输概述

（一）公路货物运输的概念

广义来说，公路货物运输是指利用一定的载运工具（如汽车、拖拉机、畜力车、人力车等）沿公路实现货物空间位移的过程。

从狭义来说，公路运输即指汽车运输。物流运输中的公路运输专指汽车货物运输。

（二）公路运输分类

1. 按托运批量大小可分为整车运输、零担运输、集装箱运输和包车运输。

（1）整车运输：凡托运方一次托运货物在3吨及3吨以上的，或虽不足3吨但其性质、体积、形状需要一辆3吨以上的汽车运输的业务为整车运输。

特点：都是大宗货物，货源的构成、流量、流向、装卸地点都比较稳定。

（2）零担运输：凡托运方一次托运货物不足 3 吨者为零担运输。

特点：非常适合商品流通中品种繁杂、量小批多、价高贵重、时间紧迫、到达站点分散等特殊情况下的运输。

（3）集装箱运输：将适箱货物集中装入标准化集装箱，采用现代化手段进行的货物运输。包车运输：是指应托运人的要求，经双方协议，把车辆包给托运人安排使用，并按时间或里程计算运费的业务。

2．按运送距离可分为长途与短途运输。

3．按货物的性质及对运输条件的要求可分为普通货物运输与特种货物运输。

（1）普通货物运输：被运输的货物本身的性质普通，在装卸、运送、保管过程中没有特殊要求的。普通货物分为一等、二等、三等三个等级。

（2）特种货物运输：被运输的货物本身的性质特殊，在装卸、运送、保管过程中需要特定条件、特殊设备，来保证其完整无损的。

分类：特种货物运输又可分为长大、笨重货物运输，危险货物运输，贵重货物运输和鲜活易腐货物运输。

4．按托运的货物是否保险或保价可分为不保险（不保价）运输、保险运输和保价运输。

5．按货物运送速度可分为一般货物运输、快件货物运输和特快专运。

（1）一般货物运输：即普通速度运输，或称慢运。

（2）快件货物运输：根据《道路零担货物运输管理办法》的规定，快件货运是指从货物受理的当天 15 时起算，300 公里运距内，24 小时以内运达；1000 公里运距内，48 小时以内运达；2000 公里运距内，72 小时以内运达。一般是由专门从事该项业务的公司和运输公司合作，派专人以最快的速度在发件人、货运中转站或机场、收件人之间递送急件。

（3）特快专运是指应托运人要求即托即运，在约定时间内运到目的地。

6．按运输的组织特征可分为集装化运输与联合运输。

（1）集装化运输：它是以集装单元作为运输的单位，保证货物在整个运输过程中不致损失，而且便于使用机械装卸、搬运的一种货运形式。集装化运输最主要的形式是托盘运输和集装箱运输。

（2）联合运输：就是两个或两个以上的运输企业，根据同一运输计划，遵守共同的联运规章或签订的协议，使用共同的运输票据或通过代办业务，组织两种或两种以上的运输工具，相互接力，联合实现货物的全程运输。

（三）公路运输的技术装备与设施

1. 公路货运车辆

工具是指车辆，公路中的货车有很多种，有小型 5 吨以下、中型 10 吨的、重型 30 吨以上的，还有专门运输集装箱的卡车。价值从几万到几十万不等，随着新能源车在公路货运领域的逐渐应用，节能减排优势明显。与同类型燃油车相比，城市配送的新能源车单车日均行驶 170 公里，减排二氧化碳 33.75 千克，是以后公路货运车辆应用的明显趋势。

2. 货运站

公路货运中节点是指货运站，主要就是方便货物的中转。因为公路货运站中装卸设备比较简单，如叉车、地磅等，所以投资不大。

公路运输货运站的主要功能包括货物的组织与承运、中转货物的保管、货物的交付、货物的装卸以及运输车辆的停放、维修等内容。简易的货运站点，则仅有供运输车辆停靠与货物装卸的场地。

（四）公路运输的成本构成与市场竞争特点

1. 可变成本

可变成本占总成本的 70% ~ 90%，汽车运输业成本的大部分属于日常运行支出，即燃油、工资、车辆磨损和维修费用等组成的可变成本。

2. 固定成本

固定成本占总成本的 10% ~ 30%，公路系统是公共投资，每个汽车运输从业者对车站的投资比较少。这导致进入汽车运输业不会受到太高的资金限制，因而汽车运输从业者众多，内部竞争十分激烈。

（五）汽车运输的经营特点与功能

1. 汽车运输的优点

①汽车运输途中不需中转，因此，汽车运输的运送速度比较快。

②汽车运输可以实现"门到门"的直达运输，因而货损货差少。

③机动灵活，运输方便。

④原始投资少，经济效益高。

⑤驾驶技术容易掌握。

2. 汽车运输的缺点

载运量较小、效率低；长途运输成本较高，燃料消耗大，环境污染比其他运输方式严重得多，易发生事故等。

3. 汽车运输的主要功能

①独立担负经济运距内的运输，主要是中短途运输（我国规定 50km 以内为短途运

输，200km 以内为中途运输）。由于高速公路的兴建，汽车运输从中、短途运输逐渐形成短、中、远程运输并举的局面，这将是一个不可逆转的趋势。

②补充和衔接其他运输方式。所谓补充和衔接，即当其他运输方式担负主要运输时，由汽车担负起点和终点处的短途集散运输，完成其他运输方式到达不了的地区的运输任务。

二、车辆选择、获取与更换

（一）公路车辆的选择

1. 车辆的选择

（1）商用车辆的类型

主要有自卸车、牵引车、挂车三种类型。

①自卸车是指通过液压或机械举升而自行卸载货物的车辆，又称翻斗车。由汽车底盘、液压举升机构、货厢和取力装置等部件组成。

②牵引车采用电动机驱动，利用其牵引能力（2.0 ~ 8.0 吨），后面拉动几个装载货物的小车。经常用于车间内或车间之间大批货物的运输，如汽车制造业仓库向装配线的运输、机场的行李运输。

③挂车是指由汽车牵引而本身无动力驱动装置的车辆。由一辆汽车（货车或牵引车、叉车）与一辆或一辆以上挂车的组合。

（2）车身的类型

商用车辆的具体规格在行业之间变化很大。用途决定着上述不同要素的重要程度。车身类型有以下几种：平板车、箱车、边开箱车、可卸的车箱、牵引杆拖车厢。

2. 确定车辆

在选择车辆时，应该考虑以下因素：

①要运输的货物；

②业务状况；

③车辆类型；

④车身类型。

3. 车辆重量的额定

货车有各种不同的重量额定，重要的有如下几种：

①未装货重量；

②装货重量；

③最大限重；

④拖车总重；

⑤组合总重；

⑥运行车辆自重；

⑦空重；

⑧车轴重量。

（二）车辆的获取

1. 车辆的获取

（1）分包

①一个运输分包商能够运输很多不同公司的产品，从而使车辆更好地得到使用，运输成本更低。

②运输分包商经营一套专用服务，仅仅运输一个客户的产品。即所谓的专用使用或合同运输。

（2）分包部分运输运营

使用自己的车队处理平常的需求，必要时，雇用其他的车辆满足高峰需求。如果预期雇用车辆的成本可能稍高于完全使用自己拥有的车辆的成本，那么就存在一个使用自有车辆并结合部分外包的最优成本方案。

（3）第三方运输

税务和财务上的考虑增加了第三方运输的吸引力。它们的服务现在已经发展到包括完全的配送包装。其优点如下。

①公司能够适应大的季节性需求；

②能够进行多种货物和路线的运输；

③承运人可以提供更为有效的服务；

④管理车辆和司机的责任从公司管理层转移，这使得他们能更专注于自己的领域；

⑤减少对运输的投资；

⑥缓和劳资关系。

2. 车辆获取的基本方法

确定了车队中所需车辆的数量和型号后，就轮到决定成本最有效的模型以及获取车辆的方法。其获取方法主要有四种：购买、租用、合同租用或运营租赁、融资租赁。

（1）购买

如果车辆能够得到很好的利用，并且有效地保养，那么这样就比较便宜，从长期来看，应该购买而非租赁或租用

（2）租用

租用有两种类型：短期和长期。当一个公司需要额外的车辆，例如满足季节性高峰，很明显就适用这样的系统。

（3）合同租用或运营租赁

合同租用是长期租用的一种特殊形式，通常除了提供车辆以外，还有其他服务。从财务的角度看，合同租用车辆可以改善现金流，成本能够抵税，资产负债表上没有负债，预算准确，以及当需要时，可以没有较高资本承诺地提供新设备。合同租用或运营租赁的核心就是租用的车辆属于资产负债表外事项，以及没有作为资产资本化。

（4）融资租赁

融资租赁是不需要花一笔钱支付车款而获取车辆的一种方法。在租赁安排下，车辆被租用确定的时期，通常是根据车辆的类型在 2 ~ 5 年之间。通常做法是融资租赁公司购买车辆，其资本、利息、一般管理费用和利润加起来，分摊到租赁期。融资租赁的核心就是租赁的车辆"在"资产负债表上，并作为资产资本化。

（三）车辆的更换

1. 车辆的更换

经营者的更换政策是车队管理的关键部分。涉及的因素包括：

①车辆的使用寿命和成本的折旧；

②未来更换的资本成本；

③更换的时间；

④投资的评估。

如不使用，理论上汽车的寿命比较长。然而购买车辆就是为了使用并因而发生成本，这些决定了车辆的使用寿命并决定了更换政策。

在选择车辆更换政策时，常犯两种错误：一种是车辆更换得太早了，此时二手车的买主会占便宜；另一种则更常犯，就是车辆更换得太晚了。在延长使用寿命的过程中，由于经常出毛病、维修费也很高，从而产生服务质量下降、收入减少以及其他问题。更换的确定，第一步就是量化成本随时间和里程数的变化趋势。为了做出一个行之有效的更换决策，很有必要分析折旧和维修成本之间的关系。

2. 折旧

从财务的视角来看，一辆车必须假设有确定的寿命，而且应该每年重新估值，以反映它在各年中的真实的剩余价值。常用方法有：直线折旧法、余额递减折旧法。

（1）直线折旧法

在这个方法下，假设车辆有 X 年寿命，每年折旧为其原始购价的 1/X。它的缺点是没有考虑车辆购价的通货膨胀因素，或者 X 年末折旧后的车辆有剩余价值。

（2）余额递减折旧法

余额递减折旧法是用车辆每年剩余价值乘以一个分数来进行折旧。

这种方法提供了资产更真实的价值。当车辆较新时，折旧得快，而且 8 年折旧完后，车辆仍有剩余价值。

三、更换战略

为了演示不同的更换战略，假设一车辆成本为 25000 元，寿命 7 年，采用余额递减折旧法，每年折旧 25%，维修成本近似采用直线成本，即假定每年维修成本增加相同的数量。应该意识到车辆在使用年限内发生的实际维修成本并不能清楚地确定。历史纪录常常是最好的方法，计算结果表明：如果车辆的寿命是 4 年，那么在这些年的平均每年的维修成本和折旧之和最低。然而，值得注意曲线是非常平滑的，寿命是 5 年，成本变化非常小。还要注意，寿命是 3 年和 6 年具有近似相同的成本，以及 2 年和 7 年也是同样的情况。因此，确实需要做出决策：到底追求短寿命还是长寿命的战略。在采用短寿命战略的情况下，公司需要有可获得的资本来购买新车。而当采用长寿命战略时，则要求有相应的维修设备进行服务和修理。

第二节 公路运输合理化运输安排

一、公路货物运输组织方法与技术

（一）影响运输路线和时间进度安排的因素

是否计划送货作业或长途行车作业，有很多限制因素和特征影响这一计划过程，如人员特性、车辆特性、有关客户的情况、公司特性、产品特性、环境特性、路线和时间安排等。

从总体上讲，车辆的时间进度安排需要达到下列目标：

①车辆载重量的最大化（通过收入最大化，以及将车装满及回程装载）；

②车辆利用最大化（通过最大化每辆车装货行驶次数）；

③距离最小化（如最小化送货路线中的重复）；

④花费时间最小化（如最小化等待时间）；

⑤满足客户在成本、服务及时间方面的要求，满足在车辆载重量和司机工作时间方面的法律规定。

因此，不论是本地送货，还是长途行车作业，在运营成本上的节约都可以通过以下途径达到：

①增加每辆车所装载的货物，从而增加运输载重量；

②计划合理的送货路线，避免重复行驶；

③保持按计划的日常性的送货，避免特殊的送货；

④必要时，通过改变订单的最小规模，减少送货的频率；

⑤安排返回送货，限制空载；

⑥减少司机的非驾驶时间，与客户协调，使无效等待时间最小化。

（二）装载计划原则

不管是送货给本地还是外地的客户，在零售的配送中，车辆的时间进度安排要达到最优的路线以及最大的载重，都是特别重要的。从基本上说，车辆的时间进度安排过程即以恰当的车辆运送特定数量的货物。通常货物一般是从固定的仓库供给的，并且各个客户的地点都是已知的。一个令人满意的方案是应能做出一个路线的安排，其车行的总距离（里程数）或时间最小。车辆的时间进程安排技术也可用以确定在特定的运量要求下，一个新成立的或需要改建的车队的最优车辆配置。

车辆的配载基于如下假设：

①车辆的容量受到限制（体积和重量）；

②司机的时间受到限制；

③每一份订单都有确定的一个送货点，有相应的驾驶时间用以到此仓库或从此仓库到下一个客户；

④每一份订单都包括货物的特定数量，有客户规定的送货/收货时间。单个车辆的装载量通过订单来计算：建立从仓库到客户仓库的运输时间，再加上司机在客户的接货点所花费的时间，要求没有超过司机可用的总时间，且要核对车辆没有超过容量。

然后增加下一个地理上较近的订单：建立从第一个客户到此的花费时间，再加上司机在此客户的接货点所花费的时间，要求没有超过司机可用的总时间，且要核对车辆没有超过容量。

这个过程持续进行，直到接近限制中的一个，那么这时就是最后一张订单，此时就完成司机的可用的总时间或达到了车辆的全部载荷。

持续进行这个过程，直到所有的订单分配完毕，或者所有手头的车辆全部装货。载荷计划还应该考虑多次往返或连夜运输的可能性。当载荷达到了车辆的载重量或者司机的运营时间极限之一，而其他能力并没有完全使用时，就会考虑到这些做法。因此，一个达到载重量限制的载荷可以形成多次往返的基础，这是因为第二次载荷能够累计，充分使用司机的运营时间。同样地，如果充分使用了司机的运营时间，但并没有充分利用载重量，这种情况下就可以增加额外的订单来充分利用承载量，而且司机可被安排2天或更多的工作日来完成送货。

（三）计算驾驶时间

为了有助于计算仓库和客户之间或者至下一个客户间的驾驶时间，上面的平均速度表非常有用。也许一些公司可能使用他们自己合同约定的标准驾驶速度，或者由时间研究得到的其他标准。

二、本地送货（二级配送）的组织

制订装载计划的目标就是以最小的成本取得对已有资源的最大利用。表现为：对每辆车的配载安排，路途的选择，装满载的安排，总时间的规划。

有效的配送取决于有效的资源使用方式，特别是车辆的有效使用，以及送货作业的总效率。不同的配送系统在员工和车辆的数量、建立的规模和类型上有很大的不同。系统的一般目标都是，使车队中的每辆车都能发挥最大效用，从而增加生产力和达到成本有效性。

三、路线的类型

在本地的送货中，通常使用三种路线，它们分别是：

①弧形路线：把离仓库不同距离的客户以互不交叉的弧线连接起来；

②区域型路线：将在一个集中区域内的客户以互不交叉的线连接起来；

③放射形路线：以互不交叉的放射线将与仓库不同距离的客户连接起来。

采用不同的路线类型取决于以下因素：

①建立时间安排的技术；

②地域的地理特征和道路特色；

③订单的规模相对于车辆的容量。

四、长途行车作业与本地的送货作业结合起来

装载计划作为一项职能与二级配送，与零售成品的多次送货有很大关系。制造产品并在本地销售的小公司一般从工厂直接运输，而大多数在全国范围内销售的大公司，则会使用较远的仓库。为了支持这种运营方式就需要第一级配送系统，通常以铰接的长途车为基础运输工具。

组织铰接车以达到最大的生产率，包括根据特定的运输作业要求使用不同的车头和拖车间的互相交换，为保证司机尽可能把时间用在路途上，应使用停好等待的拖车。许多大型的配送公司，有着复杂的一级配送网络，将长途行车作业采用两班或者三班结合的操作模式，从而达到铰接车的最大利用率。

对于较接车经营者而言，一个重要的决策是确定拖车数量和车头数量的比率。对此没有严格和快捷的规则，但是每一个车头所配备的拖车越多，灵活性就越大。由于备用的拖车包括最初的资本花费以及昂贵的维修费用，所以最优的比率在很大程度上要根据日常作业的特性而决定。理想的状况是每个车头配备三个拖车。

使用较接车组织长途行车作业，主要有两种方法：接替运输和甩挂运输。

（一）接替运输

当两辆铰接车常常从不同的方向开往同一个中间站时，就使用接替运输组织作业，使得它们在早上驶往中间站，中午挂上一个拖车进行本地的送货。返回时，可以挂上另一辆车的拖车回去，这样，两辆铰接车既可以进行长途作业，又可以进行中间站的本地送货。

（二）甩挂运输

使用两个铰接车的另一种方法是使用中转站，中转站大约位于两个距离较远的仓库中间。如果要在两个站之间往返，就意味着司机要过夜，但是如果使用在中转站交换货

物，并拉着另一个拖车返回，那么两个旅程都可以在日间完成。

（三）组织可卸的牵引杆作业

当体积比重量更需要考虑时，使用牵引杆的长途承运能够提供一种让人心动的经济方案，但是这种方案常常受到限制，尤其是因为司机受限的驾驶时间而导致的对车辆行驶的限制。在评价这种类型作业的可行性方面，送货地点是一个很重要的因素，这个方法应该调查时间和送货地点的最佳运输组合。在送货地点，通道问题可能限制了车辆的大小，使用仓库变为散装可能是最适当的安排。然而，在以下环境中使用可卸的牵引杆组合更有用。

①循环运输。一个卡车附带两个可卸的箱车或平板车，能够增加本地送货的效率。

②穿梭运输。在供应商和客户之间需要穿梭时，有三个可卸的车身可以使得运输利用率达到最大。

③卸下牵引杆。对两个临近的地区送货，但它们离供货商有点远时，可以使用可卸的牵引杆组合，一个车头配四个车身。两个车身留在供货商处，另两个可以送货。

④长途转运。转接运输的原理适用于可卸的牵引杆组合运输体积较大的货物，并且服务离供应商处较远的销售。

第三节　公路整车货运作业

一、整车货物运输的概念

托运人一次托运的货物在 3 吨（含 3 吨）以上，或虽不足 3 吨，但其性质、体积、形状需要一辆 3 吨以上车辆进行公路运输的，称为整车货物运输。

为明确运输责任，整车货物运输通常是一车一张货票、一个发货人。

二、整车货物运输生产过程

（一）运输准备过程

运输准备过程又称运输生产技术准备过程，是货物进行运输之前所做的各项技术准备性准备工作。包括车型选择、线路选择、装卸设备配置、运输过程的装卸工艺设计等都属于技术准备过程。

（二）基本运输过程

基本运输过程是运输生产过程的主体，是指直接组织货物，从起运地至到达地完成其空间位移的生产活动，包括起运站装货、车辆运行、终点站卸货等作业过程。

（三）辅助运输过程

辅助运输过程是指为保证基本运输过程正常进行所必需的各种辅助性生产活动。辅助生产过程本身不直接构成货物位移的运输活动，它主要包括车辆、装卸设备、承载器具、专用设施的维护与修理作业，以及各种商务事故、行车事故的预防和处理工作，营业收入结算工作等。

（四）运输服务过程

运输服务过程是指服务于基本运输过程和辅助运输过程中的各种服务工作和活动。例如，各种行车材料、配件的供应，代办货物储存、包装、保险业务，均属于运输服务过程。

三、整车货物运输的站务工作

整车货物运输站务工作可分为发送、途中和到达三个阶段的站务工作，内容包括：货物的托运与承运，货物装卸、起票、发车，货物运送与到达交付、运杂费结算，商务事故处理等。

（一）整车货物运输的发送站务工作

1. 受理托运

受理货物托运必须做好货物包装，确定重量和办理单据等作业。

2. 组织装车

3. 核算制票

发货人办理货物托运时，应按规定向车站缴纳运杂费，并领取承运凭证——货票。始发站在货物托运单和货票上加盖承运日期之时起即算承运，承运标志着企业对发货人托运的货物开始承担运送义务和责任。

（二）整车货物运输的途中站务工作。

货物在途中发生的各项货运作业，统称为途中站务工作。途中站务工作主要包括途中货物交接，货物整理或换装等内容。

（三）整车货物运输的到达站站务工作

货物在到达站发生的各项货运作业统称为到达站站务工作。到达站站务工作主要包括货运票据的交接，货物卸车、保管和交付等内容。

四、货物装卸

装卸作业是指在同一地域范围进行的、以改变物品的存放状态和空间位置为主要内容和目的的活动。

（一）装卸作业的条件和基本方法

1. 货车装卸一般条件

①零担货物装卸：较多地使用人力和手推车、台车和输送机等作业工具，零担货物装卸也可使用笼式托盘、箱式托盘，以提高货车装卸、分拣及配货等作业的效率。

②整车货物装卸：较多采用托盘系列及叉车进行装卸作业。

③专用货车装卸：往往需要适合不同货物的固定设施、装卸设备，以满足装卸时需要的特殊技术要求。

2. 装卸作业的基本方法

①单件作业法。

②集装作业法。

③散装作业法。

（二）装卸作业组织工作

1. 车辆装卸作业的时间构成

①车辆到达作业地点后，等待货物装卸作业的时间。

②车辆在装卸货物前后，完成调车、摘挂作业的时间。

③直接装卸货物的作业时间。

④与运输有关商务活动等的作业时间。

2. 装卸组织工作

①制订科学合理的装卸工艺方案。

②加强装卸作业调度指挥工作。

③加强改善装卸劳动管理。

④加强现代通信系统的应用水平。

⑤提高装卸机械化水平。

⑥应用数学方法改善装卸劳动力的组织工作。

第四节　公路零担货运作业

一、公路零担货物运输

（一）零担车种类

1. 固定式零担车

固定式零担车是指车辆运行采取定线路、定班期、定车辆、定时间的一种零担车，也叫"四定运输"，通常又称为汽车零担货运班车（简称零担班车）。零担班车一般是以营运范围内零担货物流量、流向以及货主的实际要求为基础组织运行。运输车辆主要以厢式专用车为主。零担班车运行方式主要有以下几种：

①直达零担班车；

②中转零担班车；

③沿途零担班车。

2. 非固定式零担车

非固定式零担车是指按照零担货流的具体情况，根据实际需要，临时组织而成的零担车。通常在新辟零担货运线路或季节性零担货物线路上使用。

（二）零担货运的作业程序

零担货物运输业务是根据零担货运工作的特点，按照流水作业构成的一种程序，包括以下几个环节。

1. 托运受理

托运受理是零担货运业务的首要环节，它是指零担货物承运人根据经营范围内的线路、站点、运距、中转车站、各车站的装卸能力、货物的性质以及运输限制等业务规则和有关规定接受托运零担货物、办理托运手续。

（1）随时受理制

对托运日期无具体规定，在营业时间内，发货人均可将货物送到托运站办理托运，为货主提供了方便。

（2）预先审批制

要求发货人事先向货运站提出申请，车站再根据各个发货方向及站别的运量，并结合站内设备和作业能力加以平衡，分别指定日期进货集结，组成零担班车。

（3）日历承运制

货运站根据零担货物流量和流向规律编写承运日期表，事先公布，发货人则按规定日期来站办理托运手续。

2. 过磅起票

零担货物受理人员在收到零担货物托运单后，应及时验货过磅，并认真点件交接，做好记录。零担货物过磅后，连同托运单交仓库保管员按托运单编号填写标签及有关标志，并根据托运单和磅码单填写零担运输货票，照票收清运杂费。

3. 仓库保管

零担货物仓库要有良好的通风、防潮、防火和灯光设备，露天堆放货物要有安全防护措施。把好仓库保管关，可以有效地杜绝货损货差。

4. 配载装车

零扭货物的配载必须遵循以下原则：

①中转先运、急件先运、先托先运、合同先运；

②尽量采用直达运送方式，必须中转的货物，则应合理安排流向配载；

③充分利用车辆的载货量和容积；

④严格执行货物混装的限制规定，确保运输安全；

⑤加强预报中途各站的待运量，并尽可能使同站装卸的货物在质量及体积上相适应。

5. 车辆运行

零担车必须按期发车，不得误班。如属有意或过失责任造成误班的，必须按章对责任人给予处罚。

定期零担班车应规定路线行驶。凡规定停靠的中途站，车辆必须进站，并由中途站值班人员在行车路单签证。

行车途中，驾驶员（或随车理货员）应经常检查车辆装载情况，如发现异常情况，应及时处理或报请就近车站协助办理。

6. 货物中转

对于需要中转的货物需以中转零担班车或沿途零担班车的形式运到规定的中转站进行中转。一般有以下三种基本方法。

（1）落地法

将到达车辆上的全部零担货物卸下入库，按方向或到达站在货位上重新集结，再重新配装。

（2）坐车法

将到达车辆上运往前面同一到站且中转数量较多或卸车困难的那部分核心货物留在车上，将其余货物卸下后再加装一同到站的其他货物。

（3）过车法

当几辆零担车同时到站进行中转作业时，将车内的部分中转货物由一辆车直接换装到另一辆车。组织过车时，可以向空车上过，也可以向留有核心货物的重车上过。

7. 到站卸货

班车到站后，仓库人员检查货物情况，如无异常，在交接单上签字并加盖业务章。如有异常情况发生则应采取以下相应措施处理：

①有单无货，双方签注情况后，在交接单上注明，将原单返回；

②有货无单，确认货物到站后，由仓库人员签发收货清单，双方盖章，清单寄回起运站；

③货物到站错误，将货物原车运回起运站；

④货物短缺、破损、受潮、污染、腐烂时，应双方共同签字确认，填写事故清单。

8. 货物交付

货物入库后，通知收货人凭提货单提货，或者按指定地点送货上门，并做好交货记录，逾期提取的按有关规定办理。

9. 货物中转作业

零担货物中转作业是按货物流向或到站进行分类整理，先集中后分散的过程，中转站的选择必须建立在充分的运输经济调查、与同货源或货流的特点相结合的基础上，中转站的硬件设施应和对仓库的要求相同。

二、公路货物运输作业管理

（一）公路货运作业流程

公路货运作业基本流程为备货、托运、派车装运、运送与交货、运输统计与计算等。

托运：一般采用书面形式，先由货主填写托运单。经运输单位审核并由双方签章后，具有法律效力。

派车装运：货物承运后应及时派车装运。

运送与交货：货物运达收货地点，应正确办理交付手续和交付货物。

运输统计与计算：整车货物运达时，收货人应及时组织卸车，驾驶员应同时对所卸货物计点清楚。

（二）货运方式的选择

1. 普通运输形式

普通运输形式包括用各种普通卡车、翻斗车、拖挂车在专线或非专线上向社会提供的货物运输服务。其特点是向全社会提供服务，讲究社会效益；运输各种货物，讲究经济效益，追求利润；保证准确送货，交易平等，收费合理。

普通运输形式是营业范围最为广泛的货运方式。它灵活机动，运输的货物品种繁多，凡是能用普通卡车运输的商品都可以采用此种方式运输。它包括专线、非专线普通杂货运输、合同运输、专业杂货运输和联合包裹运输配送等。

2. 专业货运

（1）专业货运分类

专业货运一般都使用专门设计的运输工具和自卸汽车、零担专车、集装箱车、水泥散装车、保温车和冷冻车等专用汽车。

按照货物种类，专业货运可以划分为日用品运输、大件机械设备运输、石油产品运输、农产品运输、易燃易爆危险品运输、冷藏运输和零担商品运输等。

（2）专业货运的优点

①在运输轻泡货物的情况下（例如陶瓷、棉絮及其他轻泡货物），能充分地利用汽车的运输能力。

②在高等级公路运输多种货物时，分门别类能提高运输车辆的载重量利用系数，且便于交通安全管理、收费和养护管理。

③在运输构架（预制件）、板件、长件和不能分离的建筑材料时，可以降低运价和

提高建设项目施工速度。

④能最大限度地保护货物的性质和质量，以达到安全可靠运送货物的目的，最大限度地减少货物的毁坏和浪费，保持货物的使用价值。

⑤在发货地点和接货地点最能有效地实现装卸机械化。

⑥在使用自身装卸工具的情况下，缩短汽车装卸货物的停留时间。

⑦能最大限度地满足国家标准对货运车辆和道路运行管理的规定。

⑧提高对服务团体、企业和居民的供应能力等。

（3）专业货运的经济效益

自卸汽车和列车不需要人工卸货，节约了劳力，缩短了车辆停留时间，使单位运输生产率得以提高，运输成本降低。汽车列车由多个自卸汽车组成，其运输生产率相对单个自卸汽车提高 80% 以上，成本低于 15% 以上。

集装箱运输车辆的经济效益取决于影响年平均生产率的因素和汽车结构的有关参数。提高集装箱运输的经济效益可以采用以下途径：使用专业汽车以提高车辆的运输生产率，降低成本；提高集装箱所装货物的实载量，使其尽量达到额定重量；集装箱运输车的动力匹配合理，提高车辆在道路上的平均技术速度；与之配套装卸设备或自身备有装卸措施，加强对集装箱运输过程中的管理等。

3. 货运方式的选择

货运管理的主要职责之一是进行运输方式和运输工具的选择。对于公路货运应考虑货物的特点、车辆型号及性质、起讫点服务约束条件和运输价格等。它包括：

①服务变量问题；

②服务可能性；

③装卸难度；

④专用设备；

⑤可靠性指标；

⑥价格变量；

⑦保险；

⑧总成本估算。

（三）运输合同的签订和履行

根据国家有关规定，货物运输的承运与托运双方应签订书面运输合同。合同方式可以根据双方需要签订年度、季度、月或批量运输合同。

1. 运输合同内容

运输合同主要包括以下内容：

①货物名称、性质、体积、重量及包装标准；

②货物起点和到达终点、收发货人名称及详细地址；

③运输质量及安全要求；

④货物装卸责任和方法；

⑤货物的交接手续；

⑥批量货物运输起止日期；

⑦年、季、月合同的运输计划（文书、电传）提送期限和最大的限量；

⑧运杂费计算标准及结算方式；

⑨变更、解除合同的期限；

⑩违约责任；

⑪双方商定的其他条款。

2. 合同履行

合同签订后，双方应按合同规定履行各自的义务。托运方的义务包括：

①货物交运时，应按合同向承运方支付运费；

②及时发货、收货；

③负责装卸时，应按约定时间和质量装卸；

④货物包装必须符合有关规定要求，保障运输安全；

⑤托运超限货物应事先向承运方提供货物说明书，需要特殊加固车厢时，应负担所需费用；

⑥违反合同时须按规定向承运方支付违约金，造成损失时应予赔偿。

承运方的义务包括：

①承运方具备承运条件的不得拒绝承运；

②按合同规定的期限、数量、起始点完成运送任务；

③负责装卸时，应严格遵守作业规程和装载标准，保证装卸质量；

④对运输的货物全过程负责，妥善保管；

⑤装运鲜活等有特殊要求的货物时，应承担专门约定的义务；

⑥违反合同时应向托运方支付违约金，造成损失时应予赔偿。

3. 公路货运事故处理

货物在承运责任期间内，在装卸、运送、保管、交付等作业过程中所发生的货物损坏、变质、误期及数量差错而造成的经济损失称为货运事故。货运事故发生后应努力做好以下工作：

①查明原因、落实责任，事故损失由责任方按有关规定计价赔偿；

②承运与托运双方都应采取补救措施，力争减少损失和防止损失继续扩大并做好货运事故记录；

③若对事故处理有争议，应及时提请交通运输主管部门或运输经济合同管理机关调解处理。

第七章 公路客运班线运营

第一节 公路客运班线运营特征分析

一、公路客运定义及特征

公路客运是指借助载客运输工具以道路为载体实现旅客的空间位移的一种运输活动。

从运输性质的角度进行分类，可将公路客运分为营业性旅客运输和非营业性旅客运输。营业性旅客运输是指以盈利为目的，发生费用结算的旅客运输；而非营业性旅客运输则是指为单位或个人生产、生活提供服务且不发生费用结算的旅客运输。

以经营者运营方式的不同进行划分，可将营业性旅客运输分为五类，分别是：客运班线、旅游客运、出租客运、包车客运和城市公交。

在综合客运体系中，公路客运与其他客运方式相比，主要具有以下五方面特征：

（一）广泛性

公路客运是以密集的公路网为载体，联结城市与城市、城市与乡村、乡村与乡村以及社会生产生活各个角落，从而实现"门到门"的服务，因此公路客运的服务范围十分广泛。

（二）适应性

相比于其他旅客运输方式，外界环境对公路客运的限制较少。公路所达之处，均可开展公路客运。这种适应性使公路客运成为综合客运体系中不可或缺的一部分。

（三）便利性

公路客运具有机动、灵活、便利的优势，可实现"门到门"的服务。公路客运不仅能够大批量地运送旅客，还能够通过单车作业为旅客提供门到门的服务。而且，由于公路客运服务范围具有广泛性，其不仅可以独立承担客运任务，还可以与其他运输方式协作完成联运任务。

（四）多样性

公路客运的多样性体现在，其可以满足旅客的多样需求。如长途客运、高速客运满足旅客长距离出行、快捷出行的需求；旅游车、包车、出租车等可满足旅客方便、快捷、门到门的出行需求。正是由于公路客运运营的多样性，其始终在客运市场中占有较大的份额。

（五）经济性

公路客运具有投资少、回收快、设备更新容易的特点，因此，从经营者的角度来看，公路客运具有经济性的特点。

二、公路客运班线定义及特征

公路客运班线是公路客运最主要、最基本的运输方式之一，是指实行定路线、定班次、定站点、定价格、定载客量的一种旅客运输方式。其主要承担城市与城市、城市与乡村、乡村与乡村之间的中、长距离线路运输；其特征是使用大、中型客车作为载运工具，并具有固定的站点、运营路线和发车班次。

相较于其他公路客运方式，公路客运班线具有以下特征：

（一）跨区域进行运输

公路客运班线运行里程较长，一般为跨区域的中、长途客运，沿途可能经过不同的地区和地形。因此驾驶员可能会出现疲劳驾驶和不适应不同地形的情况。

（二）运行时间长

公路客运班线的运行里程较长，就意味着其运行时间也较长。而在运行过程中，除去必要的休息时间，客车一直处于运行状态，因此，驾驶员长时间、高度紧张地驾驶车辆，极易出现疲劳驾驶的情况。

（三）车速快

由于公路客运班线主要负责的是中、长距离线路运输，线路大多布设在高等级的公路上，所以沿途路况较好且驾驶时间较长。因此，在驾驶中，驾驶员对速度的感知并不敏感，在这种情况下，很有可能会造成超速行驶。

（四）对驾驶员的约束性很小

在公路客运班线运营的途中，由于驾驶里程和时间均较长，客运企业对驾驶员的约束力优先。驾驶员通常需独自负责运营过程中方方面面的问题，如乘客休息、停车等问题。因此，提高驾驶员的安全意识尤为重要。

三、公路客运班线运营安全风险特征与分类

目前，由于学术界对风险研究的角度不尽相同，所以对"风险"有着不同的理解。近年来，我国风险管理领域广泛应用的定义为："客观的确定性或不确定性事件发生的概率及其后果。"公路客运班线运营安全风险是风险集的子集，其既具有风险的共性，同时也具有公路客运班线的属性。公路客运班线运营安全风险是指公路客运班线运营系统中内部子系统及外部子系统中的相关因素，在特定条件下，造成不安全事件的概率及不安全事件带来的损失程度。

（一）公路客运班线运营安全风险特征

公路客运班线运营安全风险特征主要表现为以下四点。

1. 客观性

公路客运班线运营安全风险是客观存在的，不以人的意志为转移，并常与人的主观愿望相悖。在研究的过程中，只能研究其存在、改变和发生的条件，降低其发生频率和危害程度，但并不能完全消除风险。

2. 偶然性

偶然性是指公路客运班线运营安全风险触发安全事故的时间、地点是随机的。尽管风险是客观、普遍存在的，但其触发的事故何时何地发生以及发生的形式、范围和程度是具有偶然性和不确定性的。

3. 可变性

公路客运班线运营系统内的运营安全风险的可变性是指在一定条件下安全风险是可以转化的。这种转化包括：风险性质的变化、风险量的变化、已有风险的消除及新风险的出现。

4. 后果严重性

公路客运班线作为大容量的公共交通系统，运营车辆载运大量乘客高速运行，公路客运班线运营系统内驾驶员易生理疲劳、路况多变并且救援滞后，因此，一旦风险产生，极易导致事故的发生，并造成严重后果。

（二）公路客运班线运营安全风险分类

根据事故致因理论，公路客运班线事故往往不是由单一风险造成的，而是由多种风

险相互影响、相互作用导致的。因此，分析公路客运班线运营系统中的风险，寻找影响系统安全性的风险源，能够为减少公路客运班线事故、提高系统的安全性提供支持。根据公路客运班线事故统计数据中对事故的分类，以及公路客运班线运营系统的构成，可将公路客运班线运营安全风险分为人为因素风险、车辆因素风险、道路因素风险和环境因素风险。

1. 人为因素风险

通过对造成公路客运事故的风险统计发现，公路客运事故主要是由人为失误引起。人是客运系统的参与者，同时也是客运事故的承受者。影响公路客运班线运营安全的人为因素，除了参与者（驾驶员）的自身条件，如性别、年龄、驾龄等因素，还包括驾驶员的驾驶行为，即驾驶中的违法行为，如酒后驾驶、超速行驶等。

由于客运企业对驾驶员的年龄、驾龄等进行了严格的筛选，因此，在运营过程中，影响运营安全的主要因素是驾驶员的驾驶行为。

2. 车辆因素风险

通过对公路客运班线事故统计以及对大、中型客车自身性能及结构研究发现，车辆载重以及大小与其安全性能息息相关。从车辆自身性能出发，影响客运事故的车辆因素风险主要有：制动效果不佳、转向系统效果不佳、爆胎等。车辆因素风险在一定程度上会影响到驾驶员操作的可行性和有效性，从而为公路客运班线事故的发生提供了条件。

3. 道路因素风险

道路作为公路客运班线运营系统运行的载体，不合理的道路设计以及不利的道路条件无疑增加了公路客运班线事故发生的可能性。通过分析公路客运班线事故统计数据和查阅文献发现，道路因素风险主要包括以下两个方面：

①道路路面状态道路路面状态主要是指车辆运行过程中沿途路面状况，主要包括路面施工状态、路面凹凸、路障、路面潮湿、路面积水等。路面的温度、湿度、平整度等基本因素影响着车辆的运行状态和驾驶员的操作情况，同时道路路面状态因素主要会对车辆速度以及紧急事件下刹车距离等造成影响。

②不同路口及路段不同路口及路段的交通构成复杂程度及交通组织复杂程度均不同，多枝分岔口、急转弯等情况下会对驾驶员的心理及操作的难易程度产生影响。

4. 环境因素风险

公路客运班线运营系统所涉及的环境因素主要包括天气条件、照明条件等，其中天气条件对公路客运班线运营安全的影响尤为重要，因此，系统中的环境因素风险主要考虑天气条件所带来的风险。天气条件对公路客运班线安全性的影响主要体现在对路面摩擦系数、能见度、路面温度等车辆运行环境的影响，从而对公路客运班线安全造成威胁。

第二节　公路客运枢纽及其换乘衔接

一、大城市公路客运枢纽特征分析

（一）大城市公路客运枢纽的系统特性

本书将"大城市公路客运枢纽"界定为：大城市中依托于传统长途汽车客运站，集多条公路客运线路、多种交通方式以及必要的服务功能和设施于一体的客流集散、换乘场所。因此，长途汽车到发客流为枢纽主客流，其他交通方式主要为长途到发旅客提供交通接驳服务。

大城市经济较为发达，人口较为集中，外来人口占的比例相对较大，本人在对公路客运枢纽进行分析时结合大城市发展的具体特征，总结了大城市公路客运枢纽系统的特性。

①系统功能的统一性。枢纽系统由多种承担着不同的运输任务的子系统构成，各个子系统的功能和目标是统一的：实现客流在客运枢纽内的中转和集散，保障整个过程的便捷性、协调性、安全性。

②系统构成的复杂性。枢纽系统包含的每一个子系统又是由多种运输设备构成，在统一的布局原则下又有其特定的技术要求，在统筹安排系统的布局与规模时又要考虑子系统的特性，才能实现各个交通方式之间的协调统一。

③子系统的不平衡性和技术差异性。枢纽系统涉及多个客运交通方式，而不同客运交通方式的发展水平参差不齐，导致枢纽系统内各子系统存在一定的差异性。

④子系统的主次分明性。公路客运方式作为整个枢纽的主体，承担所有对外交通的运输任务，其他客运交通方式如城市公交、出租车、私人汽车等，作为的配套交通系统，通过衔接公路客运方式来保证客运全过程的连续性。

综上所述，大城市公路客运枢纽是一个具有系统特性的复杂综合体，研究过程中必须结合系统分析的理论与方法。

二、大城市公路客运枢纽的功能定位

大城市公路客运枢纽是公路运输网络的重要节点，是城市综合交通运输体系的重要组成部分，也是实现城市内外交通换乘衔接的纽带，可以从以下几方面对其进行功能定位：

（一）公路客运网络的衔接功能

公路客运网络的衔接功能指公路客运枢纽把不同线路、不同层级、不同区域的公路客运旅客有效的衔接起来，从而保障了旅客出行过程的连贯性和通畅性。大城市的公路客运枢纽一方面承担将公路出行旅客从低层级公路客运网络向高层级公路运输网络汇集的功能，另一方面又将旅客从高层级客运网络向低层级公路客运网络进行疏散，把不同方向上的旅客运输有效的衔接起来，实现旅客运输通道方向的转换。

（二）大城市内外交通的衔接功能

大城市公路客运枢纽是公路客运交通与城市内部交通的汇集点，是实现城市内部运输网络和城市外部运输网络中转的重要场所，在城市内外出行的全过程中起着重要作用。因此，对公路客运枢纽换乘功能进行合理优化，改进旅客集散方式，可以减少因旅客在客运枢纽内部的滞留对城市交通产生的影响。

（三）大城市与周边城市的衔接功能

公路客运枢纽是形成大城市与周边城市纽带的重要组成部分，便利的交通条件作为城市间的连接纽带，有利于加强大城市对周边城市的经济辐射力，实现区域交通及经济的协同发展。公路客运枢纽之间的有效衔接能够提升城市间旅客跨区域出行的运输能力，实现公路运输网络的跨城运输。

二、大城市公路客运枢纽换乘衔接系统分析

（一）衔接布置形式分类

公路客运枢纽与城市内部交通的换乘模式可以划分为以下几种形式：

1. 站外换乘

站外换乘衔接方式是指公路客运站与城市内部交通场站不是同步建设，因而独立布设的情况。由于未进行统一规划，两者间一般不会设置专门的衔接设施，后期受到用地的制约难以进行改造。因此，此种换乘模式下，乘客换乘距离较长，且行人流线与机动车流线交织的情况较多，难以实现换乘的高效性和安全性。由于缺乏对公路客运与城市内部交通的统筹考虑，从而导致运能和运行时间的协调性差，造成旅客滞留与运力闲置共存的局面。

2. 平面换乘

平面换乘模式是指公路客运与城市内部交通的换乘和交通工具的集散均在同一平面上进行。通常在客运枢纽站的站前广场上设置换乘场站，或者城市内部交通与公路客运共用一个场站，通常会在站场内划分相应的功能区。

根据公路客运与城市交通枢换乘站的相对位置以及实现换乘和旅客接续的载体不同，此种换乘模式包括以下几种类型：

①利用过街天桥作为中转旅客的主要设施。通常在客运站与公交站分别位于城市道路两侧时使用这种衔接模式。

②利用地面换乘走廊作为旅客接续的主要设施。适用于常规公共汽车站与公路客

运站相邻或位于城市道路同侧的情况。

③利用地下通道进行衔接换乘。常用于城市轨道交通车站与其他交通方式之间的衔接。

3. 立体换乘

立体换乘是综合运用地下、地面、地上的多层建筑结构，实现对外交通和多种城市内部交通方式的一体化换乘。立体换乘的衔接模式可以节约用地、缩短换乘距离、提高中转换乘效率、减少客流与车流的冲突和交织，保障换乘过程安全、高效、便捷、舒适。

立体换乘适用于换乘客流量大、换乘方式复杂的综合客运枢纽，对于以公路客运为主的客运枢纽，当涉及与城市轨道交通换乘时，采用立体换乘模式中转效率最高。

（二）衔接设施及换乘模式

结合目前我国城市交通的发展程度来看，由于停车换乘模式发展相对滞后，与私人交通的衔接尚不够完善，公路客运与城市交通的衔接方式主要以常规公交和出租车的衔接最为普遍。在大城市中，由于轨道交通线网发达，公路客运枢纽的衔接主以轨道交通为主。下面针对不同换乘方式的衔接模式进行分析。

1. 与常规公交的衔接

公路客运枢纽与常规公交的衔接模式是指枢纽站附近的公交车站的布局、公交线路的配备以及公交线网形式等特征。归纳为以下三种类型：

（1）放射—集中布局模式

以客运枢纽为中心的公交线路成树枝状向外辐射。这种布局模式适合于换乘客流较大、始发公交线路多的客运枢纽，能够发挥公交线网的运输能力，缩短乘客换乘公交的步行距离，换乘便捷且不会对周围道路交通产生较大的影响，但是换乘枢纽站场用地规模较大。

（2）途经—分散布局模式

将公交停靠站分散设置在公路客运枢纽周边的城市道路上，适合于换乘客流较小且公交线网大部分为途经线路的公路客运枢纽。该布局模式可以节约枢纽用地，但是由于公交站点分散，换乘公交的行人走行距离较长，不便于进行换乘客流的组织。

（3）综合布局模式

是集中与分散布局模式的组合形式，在集中布设一个公交总站的基础上，分散布设一些换乘停靠站。这种衔接布局模式适用于换乘公交的客流量较大且换乘客流方向分散，公交线网繁杂不便于统一设站的公路客运枢纽。

总体来讲，公交场站的布设宜根据枢纽内客流及线路的具体情况确定，在枢纽场站布设的公交总站，上客站和落客站应分区布设，落客站优先设置于枢纽进站口处，上客站可在出站口周围布设，公交蓄车场可根据用地情况单独设置。

2. 与轨道交通的衔接

轨道交通车站衔接公路客运枢纽主要有两种布局模式：一种是将轨道交通车站修建在公路客运枢纽的站前广场的地下区域，车站的出入口与站前广场连通，在站前广场实现与公路客运交通枢纽的衔接换乘；另一种是将轨道交通车站设置与枢纽站房区域的地下，其出入口直接与枢纽的站厅层连接，实现轨道交通车站与客运枢纽站的候车室或售票室的直接衔接。

轨道交通与公路客运枢纽的衔接的首选立体式布局模式，即在枢纽站房的地下层设置轨道交通车站。主要从以下几方面考虑：一是现代公路客运枢纽的进出站流线大多为上进下出的形式，与该布局模式结合，可实现不同方式的站内换乘；二是在线路与枢纽重合处设站，方便旅客换乘又节省了用地；三是轨道交通具有较高的发车频率，客流不会长时间集聚，枢纽站房的地下空间可以满足其建设要求。

3. 与出租车及社会车辆的衔接

出租车与枢纽的衔接一般采用落客站与上客区分离设置的布局模式。落客区布置在枢纽地面层落客平台，上客区与地下换乘大厅相邻布设，形成地面落客与地下载客的流线组织方式。由于出租车的流转速度快，不必单独设置蓄车场地，而是将进出站的专用车道兼做蓄车场。

大城市拥有小汽车的人口数量比例较大，在公路客运枢纽客流内外交通转换中的小汽车比例不断增加，且进入枢纽的小汽车一般在车站内停放的时间较长，一般应设置地下停车库。同时为了减少社会车辆与其他接驳车辆的相互干扰，停车场进出通道与周边城市干道应进行合理衔接。

结合枢纽的整体布局及站前广场的布置形式，统一对出租车和社会车辆的换乘衔接进行布设，可以划分为三类衔接方式：

（1）停车场统一布设在地面

这类布设方式适用于站前广场规模较大，且站前广场缺乏高架和地下开发空间，以平面布局为主的枢纽。此时，出租车停车场应在集散大厅周边布设，社会车辆停车场的选址尽量靠近进站口。

（2）停车场统一布设在地下

此类布设方式适用于站前广场面积较小，而停车需求较大的枢纽。在枢纽中布设地下停车库时，应根据需求在进站口外设置旅客临时停车点。

（3）停车场分别布设站前广场地面及地下

此类布设方式适用于独立利用地面或地下空间不能满足车停车需求的场站，由于出租车流转速度快，在枢纽内滞留时间较短，一般将出租车停车场设置在地上，社会车辆停车场布设在枢纽的地下。

（三）换乘方式选择分析

换乘方式分担率是枢纽内主导交通方式换乘各种内部交通方式的比例。通过调查客流换乘行为，构建交通方式分担率预测模型进行计算。利用各交通方式的分担率，再结合不同交通方式输送能力，才能对交通枢纽站点中的多种交通方式进行合理的协调优化。方式选择的分析方法包括非集计模型和集计模型。

集计模型分析是以统计学为基础进行交通方式的划分，该方法从影响出行者换乘选择的宏观因素出发，分析影响换乘方式选择的因素，比如城市人口密度、车站区位、城市公共交通政策等。为了确保模型的精度，需要较大的样本容量，并且需要对全部数据进行统计处理，利用所得平均值数据对模型进行标定，工作量大。

非集计模型是以随机效用理论作为理论基础的一种离散选择模型，可以充分地利用不同调查对象的特征差异，以单个出行者作为分析的最小单元，计算出描述个体行为的概率值。因此，非集计模型要达到相同的精度所需的样本容量更小，而且模型适用性更强。非集计模型的形式及内容也在实际应用中不断得到改进，目前非集计模型包括BNL、NL、MNL 等多种形式。

第三节　公路客运站候车厅空间设计

一、城市公路客运站候车厅及相关空间设计方法构建

（一）城市公路客运站候车厅及相关空间设计影响因素

1. 社会经济的发展

我国经济的迅猛发展，使得全国范围内的公路客运变得异常繁忙，同时也对客运站候车厅设计带来了些许影响，主要影响有以下两个方面：

①欣欣向荣的经济发展带动了人口的大范围流动，让公路客运在面对大好发展机遇的同时也必须承担更为繁重的运输任务。目前的客运站设计中候车空间规模均按照旅客最高聚集人数以及设计年度平均日旅客发送量等数据来确定，当旅客最高聚集人数随着上述原因增大时，客运站规模也会因此不断扩大，候车厅规模也随着变大。

②经济的发展带来了大众生活水平的提高，旅客出行随身携带的行李相比以往已经大为减少。旅客随身行李的减少让候车厅内不再因行李阻碍通行道路，发生拥挤。这有利于加快旅客在候车厅内的通行速度，同时减少安检口、检票口等通行压力，从而有效地提高了候车空间使用效率。

2. 运输条件的变化

近年来，我国连续加大对于基础设施建设的投入，高速公路里程和覆盖率节节攀升，为汽车速度的提升打下了坚实的基础。公路条件的改善同时也为公路客运站发车频率以及客运准点率提供了坚实的保障。从目前的情况来看，短途客运与旅游客运基本为高发高频的滚动发车模式，中、长途客运也逐渐根据客流量由以往的一天一发向一天多发的模式转变。

3. 客运站级别不同

客运站级别的不同很大程度上影响着候车厅的设计，级别较低的客运站功能配置要求低，因而功能空间布局、流线组织简单，级别较高的客运站功能配置要求高，因而功能空间布局、流线组织复杂，给候车厅建筑设计带来难度。

4. 候车方式的转变

我国公路客运站候车厅候车模式正处于由等候式向通过式逐渐转变的过程中，然而我国国情和客观发展规律决定了在很长的一段时间内还不可能彻底从"等候式"转变为"通过式"。当下候车模式将长期处于"等候式"与"通过式"共存的状态，这对于候车厅设计提出了新的要求。

5. 旅客多方位需求

在社会经济的高速发展的今天，旅客出行的需求早已从过去"走得了、走得快"的基本要求，发展到要求"走得好、走得舒适、走得顺心"的优质服务。候车厅候车活动不再局限于过去仅有的座椅等候，而向着多样化、一条龙服务发展。根据实际需要，完善各类配备服务设施是满足旅客多方位需求的前提条件。同时，针对不同层次旅客提供不同服务，对于老幼病残等特殊旅客重点照顾，提供人文关怀。

6. 管理模式的转变

随着我国相关法律制度的不断完善，"以人为本"理念逐渐深入人心以及受舆论监督等因素的影响，大众开始重视对自身权益的维护。市场经济的发展让消费者第一次有了花钱买服务的意识。与此同时，公路客运面临着来自铁路客运、航空的竞争，以旅客为中心，建议以人为本的观念，提高自身服务水平是提高竞争力的关键。因此，客运站管理方式逐渐从以方便管理为中心转变为以方便乘客为中心。

通过公路出行的旅客，不再习惯于过去的以管理为中心的模式。过去的客运站管理思路是把运输客站的利益放在首位，客运站设计也围绕方便管理展开。运输客站为了防止逃票、进出站混乱等现象发生，人为地设置了许多关卡，甚至为了方便管理，人为地将出入口等关键位置减小缩窄，产生瓶颈效应。随着社会文明的进步，人性化观念普及人心，这一思路将会被以人为本的理念所替代。候车厅设计的重点放在了如何提高运营效率，节约旅客的时间以及如何营造良好的候车环境，为旅客提供高效、舒适的服务。

7. 立体化、复合化趋势

改革开放后，由于经济的迅猛发展，我国城市化进程也随之不断加快。大量人口农村涌向城市，城市规模迅速扩张，在能源逐渐匮乏和环境基础设施建设滞后的状况下将给我国"可持续发展"战略带来空前的压力。因此，借鉴紧凑城市理论，城市建设应当走集约化、高效化路线。城市空间立体化发展、土地混合利用、建筑复合功能布置成为当下关注的热点。过去交通站场二维平面的布局模式，功能单一、用地不够紧凑、复合化程度不高已不适合发展的需要。多层立体型站场布局越来越多地被运用于客运站设计中，同时站场单一交通功能逐渐向复合化功能转变，大型商业、办公、换乘等功能加入其中，站场发挥着更多的城市职能。立体化、复合化的发展趋势对于候车厅设计来说有着深刻的影响。

（二）城市公路客运站候车厅及相关空间设计理论依据

1. 环境心理学

（1）环境知觉理论

环境知觉理论是研究人对环境感知的心理学理论。感知过程包括"感觉"与"知觉"两个步骤。感觉是人们对作用于感觉器官的客观事物个别属性的直接的、简单的、孤立的反应；而把这些个别属性综合到一起，构成对各个部分的整体反映，再结合人们过往的实践经验，做出相应判断性的认识就是知觉。

环境知觉理论中提及最多，最为人熟悉的是格式塔知觉理论。先不管心理学中的晦涩定义，通俗地理解格式塔知觉理论就是应从整体上感知对象，而不是从组成要素孤立片面地了解对象。

作为客运站的主体空间，候车厅设计十分重视空间的导向性和秩序性。交通建筑与其他类型建筑有所不同，需要从流线组织上能够做到快速有序地集散人流。按照这一需求，候车厅设计对内部空间的可识别性要求相当高。想要达到这一点，从格式塔知觉理论上讲，应从空间整体形态设计入手，让旅客能够在较短的时间内，获得最全面、最有效的空间信息，从而能够快而有序地在这一空间内按照预定路线移动。

因此，环境知觉理论可以在很大程度上帮助我们了解人对空间的认知，从而寻求最佳的空间设计使旅客能在候车厅内尽快明确自己所处位置；并如何加强空间的导向性和秩序性，从而提高候车厅运行效率。

（2）环境负荷理论

环境负荷理论是指人的感官能够接受的外界刺激，包括视觉、听觉、嗅觉、触觉等等，这些刺激经观察者大脑处理后形成信息。而环境对人传递的信息量，就称为环境的负荷。

环境信息通过三个方面影响环境负荷：强度、新奇性和复杂性。强度指感觉刺激的绝对性，如广播的分贝值越高，环境负荷也越高，对人的唤醒效果也就越强。新奇性指对所接收的环境信息熟悉的程度，任何陌生的事物都比熟悉的事物需要吸引更多的注意和付出更多的"认知努力"，这种注意和认知努力会带来更的唤醒水平。复杂性也会引起与新奇性一样的效果，环境包含的不同信息越多，认知过程就需要付出越多的努力。

客运站候车厅内部空间就是一个典型的信息高负荷人工环境，拥挤的人流、嘈杂的声音、各种各样的气味……经常使人感到刺激过度，引发信息超载而使人感到疲劳。因此，简化环境信息，提高人群对环境信息的选择与控制能力，可以明显地改善旅客在候车时的心理感受。相关研究成果认为，忽略近处的细节，减少认知所付出的努力，可以使人得到放松。将该研究成果运用到候车空间的设计中，候车厅应从整体空间形态到室内细部设计，都做到尽量简洁，从而避免信息超载。

（3）人群行为理论

客运站候车厅是大量人群聚集的场所，旅客是候车厅内活动的主体。在"以人为本"的观念越来越深入人心的今天，空间的人性化心理需求是设计师需要重点研究的。运用人群行为理论对旅客行为、心理加以分析研究，并把研究成果用于指导设计，有助于候车空间功能更为合理化，服务设施更为人性化，从而为旅客创造一个优质的候车环境。

掌握群体心理是研究群体行为的重要组成部分。总的来说，旅客出门在外一般会出现以下5种共性心理：

①顺畅心理

旅客能顺畅地在候车厅内完成各种功能性的活动。既能顺畅地完成安检、候车、检票等基本流程，也能顺畅找到卫生间、饮水点等服务空间。这就需要旅客能够在陌生环境中通过周围的参照物短时间内定位所在位置并得到下一步活动方向的指引。

②快捷心理

旅客能够在最短时间内完成所需的乘车路线。随着人们时间观念的加强，希望减少路途时间，尽快到达目的地，舒缓旅途劳顿。这就要求首先减少候车中的各种不必要流程，最大限度做到快捷；同时还需要合理地设计候车空间，保障不同旅客的需求，让旅客可以按自身需求得到最快捷的流程服务。

③安静心理

在人多嘈杂的候车厅环境中能够闹中取静，是大多数旅客的共同心理。这需要保证个人的领域需求——能对一定的空间范围拥有并控制，通俗地说就是个人要求免受干扰，自己的独处与私密性得到保障。

④舒适心理

伴随经济的发展，大众生活水平的提升，旅客对出行品质的需求也大幅提升。不仅仅是候车区环境改善，与候车厅有直接联系的各种服务空间环境也相应提高，真正为旅客营造舒适的出行环境。

⑤安全心理

安全第一是每个旅客出行时所祈盼的，它包括人身与财物安全两个方面。针对人身安全，候车厅是客运站内最主要的旅客聚集场所，容易产生突发事故而造成旅客人身伤害。因此候车厅内部空间需要有可靠的疏散设计及易识别的引导标志，保障旅客能够安心地进行各种活动。

旅客在候车厅内的行为方式包括以下三种：

①通过：旅客目的性地沿一定路线向目的地移动；

②滞留：旅客在某一位置停滞，如候车，如厕，餐饮等；

③聚集：旅客在某一位置汇聚，如安检口，检票口等。

研究上述旅客心理特征与行为方式，有助于候车厅空间的流线组织与环境设计。这也是设计师在进行客运站候车厅设计时的方法手段。一方面以最小工作量的设计满足旅客"通过"的行为需求；另一方面以合适的空间容量来容纳"滞留、聚集"的旅客，不干扰其他人流的通过。另外重要的一点便是要有适宜的空间环境让旅客产生最大经验量。由以上分析可以得出，流线组织是否符合旅客流动的方式和习惯，候车空间是否高效、安全、舒适、易识别，对空间的使用效率有很大影响。

2. 需求层次理论

马斯洛（Maslow）认为人有自由意向，有自我实现的需求。所以只要有适宜的环境，人群就会力争达到某些积极的社会目标。他主张改善环境以便于人性的充分发展，最终自我实现的境界。人的需求可以分为五个层次，只有当较低层次的需求实现以后，较高层次的需求才能表现出来。

这五个层次分别是：

①生理需求（physiological need）：主要指生存所必须的基本生理需求，如对食物、水和睡眠等的需求。

②安全需求（safety need）：主要指一个安全和可预测的环境，它一定程度上可以免除生理和心理的焦虑。

③交往需求（love and belongingness need）：主要指被别人接纳、爱护、关注、鼓励、支持等，如结交朋友，追求爱情，参与团体等。

④尊重需求（esteem need）：包括自我尊重和尊重别人两方面内容。

⑤自我实现需求（self-actualization need）：最高层次的需要，指努力挖掘自身的潜力，达到自我实现境界。

论文将需求层次理论作为理论指导，可以有助于研究不同旅客在候车厅空间环境中的心理需求和行为特征。城市公路客运站候车厅及相关空间设计研究中，候车空间因人群密集、功能组合方式多样而特别复杂。旅客作为候车空间的使用主体，因此很有必要对旅客在候车空间环境中的行为、心理加以研究，从而有助于营造高效、人性化的候车环境。

3. 空间体量设计理论

（1）路斯与空间体量设计

阿道夫·各斯（Adolf Loos）是来自奥地利的建筑师与建筑理论家，作为现代主义建筑的先驱者。他对于现代建筑的最大贡献"空间体量设计（Raumplan）"思想促进了现代建筑议题由"体量"与"装饰"转向"空间"。RaumPlan包含路斯对建筑本质的思考以及对建筑空间的阐述，因此成为了其建筑理论的代名词

通过对"空间体量设计"的研究可以得知，它是一种充分考虑环境因素，功能决定空间设计，由内而外的设计方法；它表达了一种建筑的适宜性，这种适宜性体现为一种适宜的体量关系，不仅是室内空间的体量关系，更是城市中建筑之间的体量关系。

（2）空间体量设计特性

"空间体量设计"作为路斯的建筑理论在建筑设计中的运用是多种多样的，总的来说有着以下特征：

①由内而外进行设计，从建筑所处的环境出发，尊重城市历史，针对场地情况灵活

地进行设计。

②遵循几何原则，追求规则的几何形体与明确的体量关系，坚持和谐的几何比例与轴线对称关系。

③外观上追求简洁与纯净，缺乏表面装饰，以严峻的形式掩饰内在的丰富性。

④根据功能的需要决定房间的尺寸、高度、位置、围合的材料、家具的布置方式以及开敞程度。

⑤大小空间共存，追求空间组合的紧凑性、经济性与适用性，空间之间相互渗透、相互交错，空间边界既清晰又模糊。

⑥强调空间的戏剧性，以交通空间为枢纽将空间序列化，同时通过独特的材料使用与家具的围合作用加强了空间的体验。

⑦充分体现各种差异性，强调边界与对比①。

（3）引入空间体量设计理论对候车厅设计的作用

本书研究对象"客运站候车厅及相关空间"既包含大空间，也有小空间。"空间体量设计"理论中"大小空间并存，使空间相互交错、相互渗透"的论述对研究对象空间设计有很大帮助。另外，"空间体量设计"中关于空间经济性问题的论述值得我们研究。路斯提出设计师应根据需要而设计空间，并充分利用空间，在他的作品中通过降低不必要的空间高度以求最大限度的利用空间。中国人口基数大，能源匮乏，可利用的空间资源十分有限。对于客运站候车厅来说，应做到合理利用大空间，组织好大、小空间，营造良好的空间环境，避免空间浪费。

4. 弹性设计理论

（1）弹性设计含义

"弹性"在《辞海》中的有两条详细解释：①物体受外力作用变形后，除去作用力时能恢复原来形状的性质。②比喻事物的可多可少、可大可小等伸缩性。翻译成英语即 elasticity 灵活性、伸缩性；resilience 恢复力等。第一条注释来源于力学词汇，第二条即是我们通常所说的弹性设计中的弹性的含义。引申至建筑领域，是指能够满足对可预测或不可预测多样化的建筑空间需求，亦或是对建筑结构性能满足多样化需求的性能。在建筑设计中创造这种能力即是建筑的弹性设计。通俗来说，弹性设计要求建筑具有可调整、变化、发展的能力，能够从容应对社会和人不断变化的建筑空间需求。

弹性设计注重建筑物的整体使用周期的高效能。在一般设计的基础之上还需将建筑物未来改造与再利用考虑进来。

（2）弹性设计遵循原则

①遵循建筑可持续发展

走可持续发展之路是以新的观念对待 21 世纪建筑学的发展，这将带来又一个新的建筑运动，包括建筑科学技术的进步和艺术的创造等。

可持续发展思想涵盖了环境、资源、生态、社会等多方面内容，在建筑设计上主要指能源的有效利用、环境影响、资源回收利用、生态设计等几方面。

其根本目的是为了建筑设计符合环境与社会发展的需求，不仅立足于当前，同时要关注未来的变化，适应今后的需要。满足未来变化发展的需要可作为弹性设计的出发点和归宿点。弹性设计所研究的空间、功能的可随需要变化正是遵循建筑可持续发展的一个重要方面。

②强调建筑的适应能力

对于功能更新频繁，或者兴建不易、需要耗费大量资源的建筑类型，如工业厂房、大型场馆，客运站等等，理应具备较强的功能适应能力。

比如说，大型体育场馆，赛时和赛后不同的功能变化需在项目建筑设计阶段就应充分考虑，提出可行性方案；工业厂房由于生产设备和生产线的高频率更新换代，而需要经常性作出相应的调整；客运站如何应对出行高峰时期的旅客量，在出行淡季、旺季候车空间相应作出变化。

③便于改造和再利用

改造和再利用是建筑物整个使用寿命周期中的特殊阶段，改造与再利用的原因有两个方面：一方面，建筑物在还未达到其寿命周期终点时，原有形式或功能已不能适应新的使用需求，需要进行调整或置换；另一方面，具有历史文化价值的特殊建筑需要采取技术措施进行保护、更新和再利用，保留人文社会价值。

在前期进行建筑设计阶段，如果考虑建筑空间适度弹性与功能置换灵活性，将有利于未来对建筑的改造。

（3）候车厅弹性设计

在候车厅设计中引入弹性设计理论有着很重要的意义。按前面章节所述，我国公路客运站处于从"等候式"向"通过式"过度的阶段，同时由于出行淡、旺季巨大的旅客发送量差异，造成了候车厅不同的景象。另外，一个客运站旅客发送量的多少还受到整个城市公路运输系统的调配，存在许多不可测因素。对于候车厅大空间来说，如何避免空间浪费，又能在出行旺季应对巨大旅客量，对未来不可测因素预留解决方案是交通建筑设计中弹性设计所面临的问题，至关重要。

（三）城市公路客运站候车厅及相关空间设计原则

1. 高效便捷化原则

高效便捷性是客运站候车厅及相关空间客流组织和服务设施的重要指标之一。高效便捷化原则主要有指两个方面：候车空间能高效便捷通过和配套服务设施高效便捷提供服务。

候车空间能高效便捷通过是提高候车厅运行效率的保障，包括了安检口高效便捷通过、通行区高效便捷通过、检票口高效便捷通过。影响高效便捷性的因素有很多，如瓶颈处的通畅程度、路线的明确性、距离等等。

安检口、检票口是候车厅内极易产生拥挤的瓶颈处。相关研究表明，当旅客人流聚集到一定数量和规模时，排在队列后面的旅客就容易产生焦虑、烦躁的心态，给候车厅的安全秩序带来隐患，并大大降低候车厅的通过效率。在平面与空间设计上应确保明晰、直接的人流路径关系，清晰的安检口、检票口指引等，避免因流线迂回影响通过效率。

配套服务设施的高效便捷性是指候车厅内服务设施能有效地持续不断地为旅客提供服务。配套服务设施首先应按照规范满足数量要求，如等候座椅、卫生间蹲位、洗脸池数量。同时设施种类在满足规范要求的同时须根据旅客实际需求情况进行增补。配套服务设施需定期进行维护，损坏设施及时修理，垃圾及时清理，保证同时间内数量使用需求。此外，配套服务设施在候车厅的布局方式须认真考虑，在方便旅客使用的同时，不与候车厅内其他流线发生交叉。

2. 可持续发展原则

提高城市公路客运站候车厅及相关空间设计的灵活性、多样性，从而能够持续性的适应当下空间功能转换以及未来不同时期的各种改扩建要求。候车厅及相关空间的可持续设计一般有以下几方面内容：

①旅客发送量的增减带来候车厅空间容量的相应变化；

②客运站的城市功能增强，原有的开发强度发生改变，候车厅空间发生功能置换；

③技术、材料的更新使候车厅空间形态发生变化。

3. 安全人性化原则

在对当代建筑不断反思的过程中，人们逐渐达成了这样的共识：人性化的空间是建筑的本质，建筑空间应满足人的物质和精神需求，蕴含人类活动的各种意义。

交通功能是公路客运站建筑设计的第一要素。旅客作为候车厅活动的主体，其行为方式和心理状态对候车过程有很大影响。客运站设计必须将旅客的行为活动和心理状态作为设计的重要因素，"以人为本"是客运站综合体设计的核心思想。"以人为本"的思想包括两个方面：1、以人类物质世界的客观活动方式和特点为设计依据，它保证了建筑的可使用性；2、以人类精神世界的活动方式及特点为设计依据，它保证了建筑的人文性和历史的传承性。

此外，人性化的优质服务还包括舒适的服务设施。配套服务设施是候车厅内旅客候车活动所必备的设施，按照功能可以分为导向性设施、文化性设施等。旅客对客运站候车厅空间的解读就是从服务设施开始的，它们是与旅客最直接接触的部分。配套服务设施影响着旅客对候车厅空间的感觉，以及旅客的舒适度。好的服务设施设计能使旅客的舒适度大幅提升，使旅客能更加明确移动方向，增加愉悦感。

另一方面，候车厅的安全性是千万旅客生命财产安全的保障，值得设计师重点研究。当前我国在安全疏散方面的研究大多关注如爆炸、火灾等，而针对正常运行情况下的研究较少。因此，很有必要对正常运行状态下的客运站候车厅安全性进行分析研究。候车厅是公路客运站内旅客流动性最大，短时间聚集程度高的地方，所以说如何合理组织人流流线，使旅客安全、舒适地完成候车活动值得设计师深入研究。候车厅的安全性研究从旅客的生理安全和心理安全两方面入手。

（1）生理安全

在春运、五一等出行旺季旅客人数量较大，经常出现候车厅内聚集人数远超过最大聚集人数设计值的情况，当旅客持续停留在狭小的空间环境下，很容易由于个别旅客行为波动等因素影响产生推挤、踩踏等安全隐患，从而造成旅客在候车厅内发生拥堵、甚至上下自动扶梯、楼梯时发生踩踏事故。因此，从安全性的角度出发，候车厅的规模必须在前期设计时充分考虑未来发展状况，留有弹性空间，对未来的客流量做出合理的预估，使其能够适应未来客流的变化，营造一个安全的候车环境。

另外，还可通过增加安全设施的布置和建立应急安全疏散预案等来增强对候车旅客的安全保障，这些设施应包括安全护栏、隔离墙、消防设施、紧急疏散通道等。

（2）心理安全

旅客出门在外经常随身携带较多行李，而且心理负担重，很容易产生焦躁与不安的情绪，"拥挤、混乱、不安全"是人们提及候车厅时第一印象。这种不安全感是由各方面的原因造成的。

①当候车厅的规模不能够满足人流聚集量时，会对旅客心理产生很大的压迫感。相关心理学研究表明，每个个体都有强烈的空间领域感。当因空间规模不足、人流密集，导致自己的领域和别人的领域发生交叉重叠的时候，会有不安全的焦虑感；另外由于候车厅的容量不够，空气不流通，导致室内空气污染、噪声严重，在极端拥挤的状态下，容易产生我国特有的"旅行性精神病"。因此，适当增加人均候车面积，既是为了保障旅客的生理安全，同时也可满足其心理安全需求。

②候车厅过于封闭、阴暗也是导致旅客心理产生不安全感的一个方面。在候车厅的内部空间中，光既可满足人的视觉功能的需要，也是一个重要的心理感受因素。光作为永恒的建筑元素，在形成空间、改变空间甚至创造空间的同时，可以影响空间的大小、形状质地、色彩的感知。可通过结合中庭、交通空间等设置天井从屋顶采光来解决采光的难题。

③在候车厅内布置商业、休闲设施也是有效改善旅客心理感受的方法。候车厅是一个流动性强的空间，人来人往、形色匆匆的候车人群自然会给整个候车厅带来一种紧张的气氛。若能引入商业化、艺术化的氛围，将能够给旅客心理带来放松与宽慰，而适宜的布置餐厅、小超市、休息茶座等服务设施，能够满足旅客的各种功能需求，带来候车活动多样化。

4. 功能复合化原则

为能够实现城市可持续发展，城市建设必须朝着集约化、高效化的方向发展。土地混合利用，建筑复合功能利用等方式开始城市建设历史的舞台。随着公路客运站由单一的交通枢纽向城市综合枢纽转变，公路客运站也越来越重视与其他城市功能的协调与配合，发展成为集交通枢纽、商业、服务业于一体的城市综合枢纽。

公路客运站空间形态将发生改变，向着立体化、开放化转变，功能布局与流线组织也随之改变，作为客运站最大空间的候车厅也会随之发生改变。与此同时，候车厅由过去单一的座椅等候空间扩展为复合功能空间。交通功能虽还是候车厅的主要功能，但是商业、商务、休闲娱乐、服务功能的加入，必将促使公路客运站候车厅建筑功能走向复合化的道路。候车厅内的等待过程活动多样化，加入餐饮、娱乐、休闲空间，满足不同层次人群需求。

在候车厅内引入商业功能为旅客带来了"购物消费"和"时间消费"的乐趣，在方便旅客打发时间、分流人群、提供文化休闲、文化传播功能的同时，也增加了客运站经济效益。

二、城市公路客运站候车厅及相关空间设计

（一）城市公路客运站候车厅各功能空间设计

1. 候车区

（1）普通候车区

在我国"等待式与通过式"并重的时期，候车区仍旧是客运站候车厅最主要的空间，候车区以休息设施座椅为基本布置。

①休息设施的重要性

休息设施在候车空间的主要形式是成排布置的座椅。客运站候车厅每日发送旅客量较大，候车区作为旅客最主要的活动区域，休息设施的好坏对为旅客提供优质服务有重要影响。首先，座椅是旅客候车休息的主要设施，旅客在休息的同时，如果能开展一定的社交活动，可以打发旅客候车的"无聊时间"；其次，座椅为旅客提供了身心的依靠，满足了旅客内心安全感的需求；然后，休息座椅的不同造型与摆放形式，既能给旅客带来一定的美感，也可以成为候车空间的景观小品，塑造一道风景线。此外，合理布置等候区的休息座椅，可将其转化为分隔空间，成为有效组织组织人流的工具。

②休息设施的设计

座椅作为候车空间最主要的服务设施，应该以满足旅客舒适性为主，把"以人文本"的设计理念灌输到座椅设计中。座椅设计包含尺度、材料等方面内容。

首先，座椅设计应充分考虑旅客的人体尺度特征，再涉及形式。座椅的坐面高度、宽度和深度都应该适宜，使入座者的脚能够自然地放在地面上，并腿不会感到压迫。一般而言做到这一点很容易，但是由于人体尺度因人而异，所以休息座椅的高度在43厘米左右，深度不大于43厘米为宜。此外，候车空间休息座椅的舒适度还与靠背的夹角有关，一般相对于坐面的105°～110°的夹角较为合适。

其次，座椅还应考虑简洁性和适用性。室内座椅材料可以选用金属、塑料、木材等强度较好的材质，以确保座椅的耐久性。

最后，在部分候车区域，除了方形的座椅外，可考虑圆形、弧形等围合性较强异形座椅形态。采取这类型座椅在保证有较强的私密性的同时，易产生交往空间。该部分的候车座椅为了凸显候车休息的舒适性，可以采用松软的沙发材质。但由于候车厅内人群数量众多，异型座椅不宜布置过多，可在特殊候车区域布置。

另外，在条件允许的情况下，一些具有特殊功能的座椅也可适当投入使用。如一款

叫"智能保安"的座椅对于独自一人出行的旅客就相当实用。该座椅与我们平时在车站候车厅看到的座椅并无太大区别，但它无人的时候可以折叠起来，旅客凭票刷卡座位放下可入座。座位下还有一个智能锁，可以帮助旅客看管行李，而且行李可以不占用过道位置。

③休息区域的布置

候车厅内旅客的密度随车辆发班时段的变化而出现聚集数量的变化，休息座椅的摆放，除了结合空间特色以及方便交通，还应该综合考虑旅客的行为与心理需求。

在主要的候车区，候车空间需要提供足够的座椅数量以满足旅客的候车需求。在不影响厅内主要交通的情况下，座椅布置主要以成组的布置为主。从座椅成组布置的数量来分，可以把布置方式分为长排法与短排法。长排法能在同样的空间里容纳更多的座椅，但流通性不强，可组合方式较为单一，传统的"等候式"候车厅多采用长排法，需满足规范中"座位单排排列应小于 20 座"的要求；短排法相比长排法来说相同空间里座位数减少，但机动灵活，方便旅客活动，可组合方式较多，部分候车厅因候车空间有柱网只能采用短排法。

从与检票口上车方向关系来分，可以把座椅排布分为纵向布置、横向布置、斜向布置以及一些其他可能方式。从调研情况来看，现有的候车厅座椅排布都采用了纵向布置或横向布置，这是因为在过去传统的"等候式"候车模式下，这两种布置方式较为经济，能容下更多的座椅，但形式较为单一，缺乏趣味性。随着"等候式"向"通过式"的逐渐过渡，候车区面积会逐渐减少，更多组合形式丰富，趣味性强的布置方式会出现。

（2）特殊候车区

特殊候车区面积没有普通候车区大，大多以封闭小房间存在，但不可忽略，特殊候车区的设计应按照规范与实际情况来进行。规范中规定，特殊候车区面积不应超过总候车厅面积的 1/3。

① VIP 候车室

VIP 候车室是供"贵宾"休息候车的房间。但传统的 VIP 候车室这一概念已相对弱化，大多客运站 VIP 候车室使用率不高，或已改为其他用途。随着我国交通运输事业和经济的发展，"贵宾"选择"公路客运"这种大众客运的可能性已大大降低，已无单独设置必要，如旅客候车需要更为舒适的环境，可结合商业空间布置 VIP 候车区，而不必另行划分封闭空间。如在昆明南部客运站候车厅设计中，二层商业设置露台空间，视线可达一层检票口，发车情况一目了然，VIP 旅客可选择在此候车。

② 母婴候车室

母子候车厅另加 0.8 ㎡ / 人，作为放置婴儿床等的面积，母子候车厅旅客聚集人数，可视具体情况而定，一般不宜超过旅客最高聚集人数的 8%。从具体情况来看，对于母婴候车来说则需要进一步优化。部分客运站母婴候车室仅作为摆设而大门紧闭或内部设施不全，有的母婴候车室采用玻璃隔断缺乏隐私保护。母婴作为弱势群体，需要给予更多的人性化关怀。母婴候车室宜设有哺乳间，卫生间，儿童活动设施，并配置专人负责管理，最好能设置单独检票口直通站台。同时，母婴候车室装修应考虑婴幼儿心理，营造温馨的候车氛围。

③其他特殊候车室

设计规范《交通客运站建筑设计规范》中对特殊候车室一项里仅提及了 VIP 候车室与母婴候车室，并规定一、二级车站应设有 VIP 候车室与母婴候车室。对于其他特殊候车室客运站可根据实际使用需求增设。如在青岛长途汽车站中专门设置有女性候车厅。室内布置有沙发，茶几以及化妆镜、吹风机、美容美发用品等物件，同时与盥洗室相邻，受到女性乘客的欢迎。

2. 通行区

通行区在客运站候车厅运行效率上发挥着重要的作用。随着我国客运站候车模式由"等候式"向"通过式"的逐渐转变，候车区面积会逐渐减小，而通行区占候车厅的比例会越来越大。通行区设计包括通行宽度设计、通行路径和通行设施设计。另外，由于我国旅客运输淡、旺季的显著差异，如何弹性应对也是值得设计师考虑的。

（1）通行宽度

和其他空间一样，合适的交通空间尺度是满足旅客通行需要和心理感受的基本前提。通行宽度在顾及经济性的同时，还需考虑无障碍设计。通过查阅相关资料得到以下数据，容纳单排人流单向通行的过道最小宽度为 0.9m；容纳两排人流或一排人流一排轮椅通行的最小宽度为 1.5m，同时也是无障碍通道的最小宽度；当需要两排轮椅通行，或者是三股人流通行时，通道宽度最小值是 1.8m。同时《交通客运站建筑设计规范》中规定，座椅之间走道净宽不应小于 1.3m。以上规范数据应作为通行宽度的最小满足数据。

通行宽度的设计，一般需考虑空间容量及实际使用情况，没有绝对精确的计算方法，只有在参考规范、实践经验以及经济、艺术等方面的基础上进行调查研究，并加以综合分析确定，在保障通行区安全的前提下，尽量让使用者感到舒适。

候车区座椅之间的通行宽度基本分为 2 种情况：一般成排座椅之间通道宽度在 1.8m 左右，而主要通道宽度为 3m 左右。主要通道包括通向检票口以及其他重要功能房间（如卫生间等）的道路。该宽度能保证旅客在随身携带行李的情况下行走畅通，不影响座椅上休息的旅客。另外，座椅间的通道宽度可根据实际使用需求进行弹性调整，淡季可适当放宽，保证舒适性；出行旺季降低宽度，以求候车厅内座位数增加，满足更多旅客需求。

（2）"绿色通道"

在我国当下候车模式为"等待式"与"通过式"并重的背景下，设立快速通行区直达站台是很有必要的。快速通行区应与候车区区分开来，避免流线交叉，影响通行效率。对于需要快速通行的旅客来说，进站乘车的最终目标是到达站台上车，所以尽量减短旅客从进站口到发车站台的距离是关键。在铁路客站候车厅设计中，有设置绿色通道的成功经验。绿色通道是指在进站口设置直接检票进站的通道和闸机，旅客无需进入候车厅内，可直接到达乘车站台。"绿色通道"的思路同样也运用于公路客运站候车厅设计中，相当于"通过式"流线。

（3）通行路径

人在行进过程中，一般会在大脑中简化自身行进路线，倾向于用直线关系来建立起始点和目的地之间的联系，把连续弯曲的曲线和有斜向偏转的道路简化成直线，并把大多数斜向转角记忆成直角。因此，候车厅内连接不同功能块的通行路径最好是以直线形式存在，尽可能地避免通行路径复杂，有环绕。通行路径简洁明了是提升通行效率的保障。

（4）通行设施

在通行区设计中，对于主要通道，除了宽度加宽以外，还可以通过铺地形状与颜色的不同加以区分，部分重点区域还可以通过软隔断（如栏杆、绿化等）等设施加强引导性。

3. 检票区

检票区是候车厅内极易形成人流汇聚的空间，当人流量聚集到一定数量和规模时，排在队列后面的旅客就容易产生焦虑与烦躁的情绪，给候车厅的安全秩序带来隐患，并大大降低候车厅的通过效率。在检票区设计时要充分考虑候车厅旅客发送量和其心理行为特征，合理划分检票区面积比例。同时，检票口作为候车空间的重点区域，有必要设置识别性强的元素或标志，加强对旅客进站过程中的引导性。

检票区的研究从包括检票方式、检票口和检票空间、检票标识四个方面入手。

（1）检票方式

检票方式一般分为人工检票和自动检票两种。

①人工检票：人工检票方式是传统的检票方式，旅客较为习惯，但对于站房运行来说，费时费力，且不利于后期统计和假票甄别。

②自动检票：自动检票方式由于采用机器检票，相比于人工检票来说省时省力，效率较高，识别性强，可杜绝假票现象，同时方便后期统计工作。但就目前使用情况来看，由于部分旅客不习惯使用，在检票口处耽误时间，反而影响了通过效率。同时，自动检票存在机器故障频率高的问题。

就发展趋势来说，自动检票将是大势所趋，并已逐渐成为主要检票方式。将人工检票与自动检票暂时相结合，加强自动检票闸机使用的宣传和引导工作是目前采取的策略。

（2）检票口

候车厅应设置足够的检票口，按规范要求每3个固定有效发车位不得少于一个检票口。单个检票口宽度 > 900mm，检票口设置导向栏杆，防止检票口处拥挤。随着时代的发展，自动检票机的逐步推广，检票口的布置不再是过去导向栏杆那么简单，放置电脑、打印机等设备的工作柜台，储物柜等家具可在检票口看见。另外，检票口宽度还应对于无障碍设计以及大件物品通过作出相应考虑。

一般来说，单个检票口设置一台检票闸机，也有因受其他限制条件检票口数量不够而采取单个检票口设置多个检票闸机的情况。如在陈家坪客运站候车厅中，由于检票口数量较少，单个检票口放宽了检票宽度，共设置4个人行闸机，一个大件行李通道（兼做无障碍通道），人行闸机通道宽度为0.9m，大件物品通道宽度为1.2m。闸机前设置

2m 长栏杆，规范排队人流。

另外，自动检票闸机的种类选择也值得考虑。一般来说自动检票闸机分为三杆式和门式两种。由于我国出行旅客随身携带行李件数多、体积大，三杆式闸机不利于携带行李旅客快速通过，不建议使用，如选择门式闸机则不存在这个问题。

（3）检票空间

由于检票口前极易形成人流汇聚，所以需留有一定的检票空间，以免因排队过长与候车厅其他区域流线交叉，发生拥挤造成混乱。在昆明北部客运站候车厅设计中，检票口前留有约 5m 的排队检票空间，与检票口刚好占据一跨柱网，形成自然地空间界定，与等候区区分开来，空间流线通畅。

4. 服务设施区

马洛斯提出的人的"需求层次理论"包含了五个层次的需求。这些需求关系成金字塔形排布，按层次往上逐级递升，只有在满足上一级需求的前提下，才会出现有高一级的需求表现。客运站候车厅使用者的各种需求必须在借助候车厅服务设施的基础上才能得以满足。这就需要候车厅不断补充完善空间内的各种服务设施，保障旅客的各级层次的需求。只有当旅客在候车厅内各种需求活动得到了较好的满足，才能真正提高候车厅的运行效率。

（1）服务设施的多样性

候车厅作为公路客运站内主要的等候与通过空间，除了主要的交通设施外，还包括许多其他的服务设施。如问询处、吸烟室、餐饮、休闲茶座、卫生间、开水间、班次信息显示、手机加油站、自助查询机、公用电话亭、ATM 机、景观小品等等。服务设施可分为两大类：一类为功能性设施，如手机加油站、开水间、班次信息显示、卫生间等，主要以方便旅客，满足物质需求为目的；另一个设施以观赏性为主，如一些景观小品、绿化盆栽等，主要以愉悦旅客心情，满足精神需求为目的。

（2）服务设施的设计

候车厅服务设施设计从以下几个方面进行设计。首先，要保障设施的多样性与完善性，满足旅客不同需求。比如随着智能手机的普及，人群对于手机上网的需求增加，候车厅应与时俱进在候车厅内配置无线网络与手机加油站，方便旅客使用。其次，服务设施应不断完善自身的使用功能，并加强维护管理，真正持续提升旅客使用的满意度。另外，设计中可具体通过设施的尺度、造型、颜色、材质等方面加强设施的可识别性，便于旅客寻找。最后，服务设施在满足使用功能的基础上，还应该塑造自身的艺术效果，具有美感的服务设施既能美化候车空间环境，又可以激发旅客使用的积极性。

（3）服务设施的布置

服务设施的布置主要以便于旅客使用为原则。在布置时可根据实际情况结合候车空间设置，可以成组地布置在候车区域内。卫生间应设于候车厅内易于旅客寻找的位置，但是不能对候车厅入口视线带来影响，也不能设于旅客走动频繁的位置，与进行其他活动的人流交叉，入口处最好留有一定的缓冲空间。针对开水间的设计，要注意防滑，避免旅客被烫伤。同时开水间的位置宜靠近卫生间，方便上下水的组织。问讯处的布置宜临近候车厅主要入口处，确保目标清晰明确，同时能一定的旅客活动场地，便于旅客问询。

此外，应加强服务设施的可识别性设计。首先，服务设施可以通过自身的色彩、材料、形态等方面区别于其他空间环境。其次，可以通过候车厅相应的标识系统的引导作用加强识别性。

（二）城市公路客运站候车厅及相关空间组织设计

1. 候车厅主次空间设计

（1）主次空间定义

为研究方便，这里将候车厅内空间分为主要空间与次要空间。主要空间为候车空间，次要空间包括与候车厅直接相关的站务办公用房、问询、便利店、卫生间、吸烟室、饮水间等空间。按照建筑大师路易斯康关于服务空间与被服务空间的论述，候车空间又可以被定义为被服务空间，而其他用房可以定义为服务空间。

（2）主次空间组织影响因素

①候车厅与发车站台关系

为便于使用，大部分的客运站候车厅采取矩形平面形式，矩形四个边或多或少会与发车站台接驳，与发车站台相接触的接触面一般就不能布置次要空间，发车站台布置方式影响着主次空间的组织方式。

②主次空间需求不同

主要空间（候车空间）能够容纳大量旅客同时使用，让旅客能够按部就班地行走、候车、检票、逗留等等。同时在候车厅中有很多与运输相关的信息发布，让旅客能够一目了然，及时收到信息，进行下一步活动。因此设置开敞的无柱大空间是较适宜地解决方式，旅客既不会受到视线的遮挡，也拥有足够的伸展、逗留空间，便于短时间内集散。

由于功能或私密性的需要，上文提及的站务管理用房、问询处、卫生间、吸烟室、开水间等功能用房，这些次要空间需要小空间组成。此时如在大空间内完成此类功能布局就会显得很奢侈，这不仅会对大空间造成浪费、还会增加维持空间运行的成本，与此同时未做到从旅客的心理需求出发。虽然次要空间只是处于服务地位，仅供少数人使用，但其空间作用却不容小视。

总的来说，候车空间需要大空间，而次要空间需要小空间，两者空间需求不同。

（3）主次空间组织形式

路斯的在其"空间体量设计"理论中表达了对于建筑空间设计的看法：大小空间共存，追求空间组合的紧凑性、经济性与适用性，空间之间相互渗透、相互交错，空间边界既清晰又模糊。这一看法可用于指导候车厅主次空间组织设计。

平面上的组合形式：

①全包围式：当候车厅采用高架候车形式，候车厅与发车站台的关系为内嵌式时，可考虑采取全包围式。此时主要空间布置与中心，次要空间环绕四周布置。特点是空间布局紧凑、中心位置感强烈、流线短而便捷，但对塑造候车厅外部形象有一定难度。

②半包围式：半包围式相比于全包围式较为简单，主次空间关系明晰，方向感强烈，被广泛采用。当候车厅单边或两边与发车站台接驳时，可采取半包围式。但是如果设计不当，容易使空间感单一，无趣味性。

③单边式：单边式是指主次空间相邻连接于一边。这种形式空间感最为单一，但具有极强的方向感。同理，空间易缺乏趣味而显得单调，主次空间对比强烈，易产生空间大小失衡的感觉。当候车厅三边与发车站台接驳时，单边式是能采取的组合形式。

④大小相隔式：在大型公路客运站候车厅中可以见到，将次要空间中间布置，同时满足两边候车空间。该形式应用相对广泛，因为这种方式布局较为自由，也符合大型候车厅的功能要求，便于旅客流线组织。

剖面上的组合形式：从剖面方向来看，主要为主要空间在上、次要空间在下的组合方式。该形式有利于结构的稳定，主要空间可以免受次要空间的制约，空间形态设计可以自由发挥。但由于分层布置，部分次要空间使用可能不方便。当用地条件紧张，候车厅采取立体化布局式时，可考虑此组合形式。

2. 候车厅商业空间设计

商业空间承担着让人们进行商品交换、实现商品流通的重任，随着市场经济的发展，商业空间也日益多元化。商业空间从过去单一的商品流通场所转变为多种功能共存的形式，将购物、休闲、餐饮、娱乐等多功能囊括其中，布局模式也发生了巨大变化，可以布局于城市的交通枢纽、休闲广场、会展中心、办公场所等各类型建筑中，达到复合功能利用的目的。

随着客运站候车厅候车模式逐渐从"等候式"转变为"通过式"，传统的候车厅候车区面积将会大大减少，释放出的多余空间绝大部分将转变为商业空间。公路客运站也由传统的独立站场模式逐渐向复合化转变，乘客候车也有了多种选择，有着商业候车的发展趋势。

对公路客运站候车厅内商业空间进行研究有着重要意义：首先，通过前期实地调研，了解客运站候车厅中适宜布置的商业类型和商业空间分隔方式；其次，研究候车厅内商业空间布局模式；然后，探讨候车厅商业空间与内部空间交通关系。以上研究都是为了提高客运站候车厅的功能布局的合理性和人性化，从而满足旅客需求。

（1）商业类型

随着经济的发展，旅客对出行质量的要求也不断提高。从实际情况来看，适宜在候车厅内布置的商业类型主要为零售业与服务业。

（2）商业空间分隔方式

一般来说，商业空间一般以柜台、玻璃隔断、实体隔断等几种分隔方式存在于客运站候车厅中。

（3）商业空间布局模式

候车厅内或多或少都会有商业设施配套，这里就商业空间和候车厅的位置关系为切入点，分析已有汽车客运站建筑的空间组织形式，可以总结为以下几种类型：

①混合型

混合型是指商业空间在候车厅内分散布置，商业类型多为小卖柜台，方便不同候车区域的乘客。

②集中型

集中型是指商业空间在候车厅内集中于某个空间布置，形成商业厅的形式，这样的布置方式便于对商业空间进行管理，适合布置面积较大的商业类型，同时将乘客在候车厅内不同活动行为分开，避免交叉。

③分层型

分层型是指将商业空间与候车空间不在同一层设置，这样布置分区较为明确，互不干扰，适合布置档次较高，面积较大的商业类型。

（4）商业空间与内部交通关系

客运站班车发车现有两种情况，短途、旅游路线班车车次多，发车时间间隔短；中、长途班车车次少，发车时间间隔长。因此，等候的旅客和将要乘车的旅客在某些时间段容易产生交叉，候车厅内商业空间的布置在方便旅客的同时，应把不影响旅客的乘车和候车作为前提条件。在安检口、检票口等瓶颈处周围不宜布置空间，防止带来拥挤与流线交叉。另外，对于候车厅内的餐饮空间来说，还应考虑好货物进出流线，以及厨房排烟问题。有条件的客运站，货物流线可考虑通过地下停车库垂直提升进入餐饮空间。

第四节　公路客运班线运营安全风险管理

一、基于解耦思想的风险管理目标

基于解耦思想的风险管理策略研究，是根据公路客运班线运营安全耦合风险分级结果，并结合风险耦合各阶段的特征来进行风险管理方案的制定。其总体目标是通过管理策略的制定和实施，针对风险耦合过程前、过程中以及耦合风险造成的损失等加以管理和控制，将耦合风险尽可能化解或降低耦合风险对公路客运班线运营系统的危害程度，以达到系统的可接受范围，从而保证公路客运班线运营系统处于安全状态。

二、网格化安全风险管理策略

公路客运班线运营系统是由驾驶员子系统、营运车辆子系统、道路子系统和环境子系统构成，其中，驾驶员子系统和营运车辆子系统可统称为内部子系统，道路子系统和环境子系统可统称为外部子系统。

网格化安全风险管理策略是指在公路客运班线运营系统中的各子系统之间构建防火墙，将公路客运班线运营系统中不同类别的风险分别固定在不同的网格内，以达到将不同类别的风险隔绝开来的目的，避免其导致耦合风险。网格化安全风险管理策略是一种风险预防型管理策略。该策略是通过对公路客运班线运营系统的内、外部子系统状态以及风险源特性的认知，采取有效的风险管理策略，使风险在还未对公路客运班线运营安全造成影响时便被化解，或者延迟风险对公路客运班线运营安全影响的时间，从而有效地避免或延迟风险之间的耦合作用，为公路客运班线运营安全系统提供充足的时间以应对风险。

结合公路客运班线运营安全风险的特征，网格化安全风险管理策略主要可细化为以下三项对策：

（一）构建网格化安全风险信息系统

网格一词正是由网格技术而来，其作用是将系统中的信息、信息储存以及信息处理能力以某种方式"粘合"起来，形成有机整体，从而实现系统中信息的高度触合和共享。

网格化安全风险管理策略的基础是准确的风险辨识，而风险辨识的准确性则取决于信息的充足程度。公路客运班线运营系统中风险信息的来源是系统中的所有参与人员，包括驾驶员、安全例检人员、乘客等。因此，需构建全员参与的安全风险信息系统。网格化安全风险信息系统通过三个子系统实现全员参与的风险辨识，分别是强制报告系统、监督监察系统和自愿报告系统。其中，强制报告系统是指客运企业工作人员对已规定的不安全事件必须按程序进行报告，企业管理者从报告中获取信息；监督监查系统是指安全例检人员和管理者在安全检查过程中一旦发现问题应及时报告，并从中获取风险信息，优化系统的安全性；自愿报告系统是指公路客运班线运营系统中的所有参与人员均可将发现的安全风险信息进行报告。

（二）隔离内、外部子系统之间的联系

风险源存在于公路客运班线运营的外部子系统与内部子系统中，当多个风险源同时出现时，就会产生耦合作用，从而极易导致事故的发生。因此，要防止和延缓事故的发生，首先就应密切关注公路客运班线运营的外部子系统，即道路因素和环境因素。

对于公路客运班线运营系统而言，其外部子系统的状态是无法改变的，客运企业只能通过建立有效的监控机制，及时地调整内部子系统，以适应外部子系统状态的变化，才能有效地预防和控制内部子系统的风险与外部子系统的风险发生耦合作用。

公路客运班线运营系统的外部子系统，即道路因素和环境因素，其变化具有客观性。因此，客运企业需建立针对外部子系统状态变化的监控机制，通过及时地监测与评估系统外部子系统中的风险状态，明确公路客运班线运营系统中外部子系统所带来的影响，采取有效对策，及时调整内部子系统状态，从而保持公路客运班线运营系统的安全状态，使营运车辆能够持续安全运行。

针对公路客运班线运营系统中外部子系统的监控由预警分析和防控对策两部分构成。预警分析包括公路客运班线运营系统外部子系统的风险识别、评估以及警示。防控对策则是根据预警分析的结果，及时调整公路客运班线运营系统内部子系统的活动，即

驾驶员的驾驶行为和车辆的运行状态，以适应外部子系统的变化，从而将内、外部子系统风险隔离，有效地避免或延缓风险耦合作用。

（三）保持内部子系统状态的稳定

公路客运班线运营系统的内部子系统主要分为驾驶员子系统和营运车辆子系统。为保持内部子系统状态的稳定，需加强对内部子系统变化的调节，从而使各子系统的风险限定在子系统的防控范围内。对于外部子系统，公路客运班线运营系统无法改变只能适应；但对于内部子系统来说，公路客运运营系统班线可以通过调节自身内部系统的活动来抑制风险源的变化和风险间的耦合。主要可以从以下两方面做起：

1. 树立"以人为本"的安全风险管理理念

公路客运班线运营系统"以人为本"的安全风险管理理念，具体体现为：一是，客运企业管理者应坚持"安全第一，预防为主"的管理原则，切实将公路客运班线运营安全放在企业管理的核心位置，对工作人员尤其是驾驶员给予足够的关心，使其能处于舒适的工作状态。二是，客运企业应调动所有工作人员的积极性和对安全的重视程度，加强安全风险管理的研究和传播，形成良好的安全风险管理氛围。

公路客运班线运营企业应树立系统安全理念、过程安全理念、全员安全理念和统筹安全理念，从而达到"以人为本"的目标。

系统安全理念是指风险存在于公路客运班线运营系统中的各类风险及风险间的相互联系中，风险不论出现在某一风险中还是风险间的联系过程中，都有可能诱发事故或事故征候。因此，为保持系统中各子系统及子系统之间联系的安全状态，需将子系统中的风险控制在相应的网格内，并通过网格实现隔绝子系统风险间的相互联系，从而达到控制或消除单一风险、隔绝风险间耦合作用的目的，有效地防止事故和事故征候的发生。

过程安全理念是指公路客运班线运营安全风险管理要贯穿于公路客运班线运营的全过程之中，全程识别和监控公路客运班线运营中所有环节、所有阶段的风险，不能仅注重某个或部分节点的风险。

全员安全理念即公路客运班线运营安全风险管理需要系统中所有参与者的共同对系统进行安全管理，即在保证客运企业的每个部门、每个班组、每个人对自己负责的同时，又对整个系统负责。

统筹安全理念是指在安全管理过程中不仅要考虑到公路客运班线运营系统的自身安全、效率和效益；还要将公路客运班线运营系统置于整个公路运输系统中加以考虑，统筹考虑公路运输系统的安全管理和发展趋势，从而提高整个公路运输系统的效率和效益。

2. 建立公路客运班线运营安全风险网格化管理体系

借鉴城市网格化管理思想和方法，结合我国公路客运班线"点多、面广"的运营特点以及客运企业安全管理现状，公路客运班线运营系统安全风险网格化管理体制可采用"统一监控—分别指挥—分级控制"的模式。即由公路客运班线运营企业的监控部门统一监控影响公路客运班线运营安全的各类风险，各安全生产业务部门分别指挥一线工作人员根据耦合风险分级及单一风险分级结果，对相应风险进行防控。

完备的风险管理组织体制和完善的风险管理体系能够有效地降低耦合风险对公路客运班线运营系统安全的影响。公路客运班线运营安全风险信息网格化管理体制包括安全生产委员会、风险管理办公室、监控部门以及安全生产业务相关部门。

三、错峰法安全风险管理策略

错峰法安全风险管理策略属于一种事中风险控制策略。它是指在风险间的耦合作用不可避免地发生时，公路客运班线运营系统采取有效的风险管理策略和方法，避免风险的危害程度最大状态同时出现在系统中并耦合作用，或延缓风险在系统中的耦合作用，推迟风险对公路客运班线运营安全不利影响的发生，或减轻风险对公路客运班线运营安全的不利影响程度。

系统中风险产生的过程是一个从无到有的过程，而消失的过程则是从有到无的过程，因此，风险运动过程中其危害程度一定会存在一个最大值和一个最小值，即风险的波峰和波谷。错峰法安全风险管理策略旨在有效地避免参与耦合的风险同在波峰状态进行耦合作用，其通过调节风险在系统内的运动速度和状态，将不同类别风险的波峰状态相互错开，即避免风险的波峰状态出现在同一时间、同一地点并产生耦合作用，对公路客运班线运营系统造成威胁。

结合公路客运班线运营安全风险耦合的特征来分析，错峰法安全风险管理策略主要有以下三种风险管理对策：

（一）准确判断风险发展的趋势

公路客运班线运营安全风险的发展趋势，需要基于监控部门对运营过程中存在的各类风险的识别结果进行研究，也就是说，准确的风险识别是判断风险发展趋势的基础。

公路客运班线运营安全风险识别方法可分为被动识别法和主动识别法。

被动识别法是通过对已发生的不安全事件或事故进行全面细致的事后调查和分析，从中找出风险在系统中运动、变化并导致事故的规律，为风险识别和评估提供经验。而主动识别法则是在未发生不安全事件和事故的状态下，通过多种渠道和手段对系统中的风险进行持续性的识别，从而有效地预防不安全事件和事故的发生。相比于被动识别法而言，主动识别法更能达到防患于未然的效果。所以，对于客运企业而言，主动识别方法更为推荐。

主动识别法主要包括安全检查、安全动态监控和安全调查等。安全检查可分为日常检查和定期检查。日常检查是指由驾驶员和安全例检人员进行的营运车辆出车前的检查以及每日例行的检查，主要是通过现场了解、观察，确定系统中存在的风险。定期检查则是由客运企业定期组织安全管理专业人员进行的更为缜密和细致的安全检查。相比于日常检查，定期检查更为专业、细致、全面、有针对性，因而也就能够更好地识别出系统中存在和潜在的风险。安全动态监控是指营运车辆在运行过程中，监控部门通过对其进行动态监控能够准确、及时地识别出系统中存在的风险。安全调查是针对不安全事件的调查，是在出现不安全征兆的状态下对运营系统进行调查，及时消除征兆，防止不安全事件转变为事故。

基于风险识别结果，结合公路客运班线运营特征，可准确地判断风险发生的趋势，从而及时采取相应的防控措施，避免风险扩大。

（二）阻断风险波峰的耦合路径

公路客运班线运营系统是一个开放的系统，其存在和发展与各方面都有着错综复杂的联系。风险在公路客运班线运营系统中的运动、耦合，正是依托于这种错综复杂的联系而形成其特有的耦合路径。所以，当系统中风险的产生不可避免时，降低风险对系统影响的重要途径就是阻断风险在系统中的耦合路径，尤其是波峰与波峰的耦合，即在风险处于危害程度最大状态下的耦合，尽量将风险控制在系统中某个或某几个子系统中，避免风险对整个运营系统产生影响，进而再针对该风险进行集中化解或转移。

对公路客运班线而言，要有效地阻断风险在系统中的耦合，必须做好以下四方面的工作：

一是，风险信息的过滤与处理。充分利用网格化安全风险管理策略中的安全风险信息系统，识别和归纳风险信息，以确保信息传递与沟通的及时性和准确性，同时加强风险的预测和预警能力，从而支撑准确、及时、高效的风险决策。

二是，增强各安全风险业务相关部门的独立风险管理能力。公路客运班线运营安全风险的发生会依附于风险载体，如驾驶员、运营车辆、道路等，沿着其耦合路径，运动到系统中的某个节点，并与其他风险相耦合作用，从而形成影响多个子系统的耦合风险，当耦合风险进一步扩大、再耦合时，其最终会影响到整个公路客运班线运营系统的安全状态。因此，增强各安全业务相关部门的独立风险管理能力，可有效地将风险控制并化解在子系统中，避免其危害程度进一步扩大，从而提高整个系统的安全性。

三是，增强系统中各子系统之间的沟通和协调。公路客运班线运营系统中主要有四个子系统，即驾驶员系统、营运车辆系统、道路系统和环境系统。由于系统中的外部子系统即道路系统和环境系统不可改变，因此当系统中道路因素风险和环境因素风险较大时，应加大对营运车辆的检查和监控力度，并加强对驾驶员的培训、检查和监控，避免外部子系统中的风险与人为因素风险和车辆因素风险形成波峰间的耦合，从而降低系统中耦合风险的危害程度。

四是，加强对风险载体的有效管理。公路客运班线运营系统中可以被有效管理的风险载体是驾驶员和营运车辆，通过加强对二者的管理可以在一定程度上阻止风险在系统中形成多因素风险的强耦合，即I级耦合。

（三）抑制和调节风险的运动速度

抑制和调节风险在系统中的运动速度是错峰法风险管理策略的重要对策之一。其主要目的是通过有效的风险管理决策，尽可能地控制风险在系统中的运动、变化、耦合的速度，延缓风险耦合和危害发生的时间。

在公路客运班线运营的过程中，风险在系统中运动、变化，若不加以控制，风险的危害程度将在系统中逐渐提高，甚至与其他风险发生波峰间的耦合，从而影响公路客运班线运营系统的安全状态，最后极有可能导致事故的发生。因此，有效地抑制和调节风险的运动速度，可以预防风险，减少事故的发生。

公路客运班线运营系统可以通过建立有效的风险预警系统，制定科学的应急预案，及时、准确地识别系统中的风险，并采取有效的处置措施，调节风险的状态，控制风险的运动速度，从而提高公路客运班线运营系统的安全性。

第八章 公路运输经济学的综合应用

第一节 城市公共交通经济学

一、公交服务投资的原理

在城市里，政府和公共机构在提供公共设施，例如公路、步行广场、公园以及古建筑区域等方面负有主要或完全的责任。政府机构还应该负担公众服务的经费，包括安全和保险、公众健康、环卫、保持城市的可持续发展和宜居等。此外，政府也要参与到交通体系大部分的投资活动中。

（一）政府参与运输融资

政府在很多交通系统的公共所有权和交通系统融资活动中有不同层次的参与，其主要因素有如下几点：

1. 基于它们的物理性质和功能，有些交通体系属于公共设施。比如高速公路，河流和海滨，对所有人开放。

2. 大多数交通体系需要一些集中的或协调控制的系统设施进行运营管理。因此，尽管大部分公路上的车辆都是私人拥有和运营的，但是公路、街道、航线、机场却归政府机构所有、运营和控制。

3.所有的交通系统——公路、铁路和航空以及水运交通，尤其是旅客运输——对国家经济和生活是必不可少的。交通投资刺激了社会发展和人口流动，因此政府常常把交通融资作为经济和社会政策的一部分。也是因为这个原因，交通体系不会是纯粹的商业活动，而是一个商务企业和社会服务的结合体。

4.交通体系给其使用者和很多非使用者以及公众都带来了利益，因此，不仅仅由使用者来支付交通体系的成本，而同样由其他受益者通过税收或其他方式负担其成本就显得合理和公正。

5.交通设施带来的许多利益是定性的，很难将其分配给不同的社会团体。

6.在许多情况下直接向使用者收费在操作上不可行。比如街道的使用不能直接向使用者收费，无论使用者是坐在车里、骑自行车还是步行。

（二）运输资金分配原理

大部分的交通方式运营都要遵循私有与公共资金之间的平衡原则。提供商业服务的交通方式大多通过私有资金融资，即直接来自乘客的使用者付费。对社会存在很大影响的交通方式往往都有着公共资金的补助。

政府政策原则和融资方法是在一个较长的社会经济发展过程中形成的，许多国家政策的演变存在以下几种模式。

1.客运交通与货运交通相比

政府部门在客运系统融资中承担的责任比其在货运系统中更多。这是因为货物运输更多是企业的商业行为，是国民生产和经济的一部分。而客运往往还是与社会目标和环境的外部经济性存在很强关联的经济系统。

2.城市间与都市客运相比

长距离的城市间的客运运营比都市客运更遵循经济原则。在城市区域，对小汽车的出行往往通过免费使用路权，便宜甚至免费的停车费用等给予补贴，而公共交通系统往往由政府补贴其运营费用。其外部性如对土地使用的或实现对低收入人群的机动性的正外部性和噪音和空气污染等负外部性将会影响使用者付费与公共投资的决策。

在各种运输方式中，政府都不同程度地参与到城市交通运输的投融资中。一些城市街道和公路需要非常高的投资，远远高于燃料税和这些设施所能得到的其他使用税的收入，同时需要庞大的政府资金支持。绝大多数的公交系统，特别是对高性能的复杂的基础设施，同样大部分或者完全依靠公共资金。

3.经营与投资成本

来自运输系统用户的收入通常首先用于经营、维护成本，然后是对资本的投资。政府资金则首先用于投资，其次，也会用于经营和维护的需要。国家、州和当地三级政府对运输系统投资有着不同的结构。

（三）公共服务的资金来源

用于支持城市公交和其他公共系统和服务的多种私人和公共资金来源大致可分为三大类：由用户直接获得的收入，政府专门拨款和一般的政府预算资金。

1. 由用户直接获得的收入

用于公众事业的基本资金直接从使用者以车票、公交卡、费率、票或门票的形式收取。来自用户直接缴纳的这些资金可用于公众事业的运营和其他公众系统投资，像运动会、选举、自来水的供应系统、出租车以及其他服务。在一些情形下，来自使用者的这部分资金仅仅能承担运营成本，如体育场馆、博物馆和一些城市公交服务。有时候，这部分资金只能支付运营所需的一部分资金，这主要存在于大多数的城市公交系统和市民的一些文化活动中。

2. 政府专门拨款

当一种税是针对某一系统的用户，并且收集到的收入是用来资助建造该系统时，这样的收费称为所谓的用户税。例如用于机场的运营或机场扩建的机场起降费和为筹措机场出入设施建设资金的客运票价附加费。有些则是更广泛的基础税收，如征收汽油税用来建造公路或其他交通设施。

各级政府（地方、州和联邦），有时会使用专门指定渠道获得的资金，以支持某一特定的公共服务。一个很好的例子就是用国家彩票的部分收入，来降低城市老年居民的公交票价。在某些情况下，还会向需要筹资系统的间接受益者收取税收来为其融资。这样的情况，通常称利益分享税，它的征税对象是公路沿线或地铁站附近的居民或企业，因为这些业主能直接或间接从这些设施带来的各种活动中受益，然后将这些收入用作运输设施的投资或经营成本。

二、公交起源和政府控制需要

机械化公交的重大发明（主要是从 19 世纪 80 年代到 20 世纪初叶的电车）与城市的快速发展相一致，并导致了公交系统的快速发展。公交服务的巨大需求以及其快速发展，使得公交系统成为极具吸引力的行业。

在公交发展的这段时间，与公交相关的工业发展极其活跃和极具创新性，并在城市发展中发挥着重要作用。一般来说，当公交能够获得利润时，扩张的积极性以及私有企业的运营效率都会被很高效地利用，以此来提供公共交通服务。然而，由于各个国家不同的政策，各个城市间的情况也差别很大。

起初，一些城市没有任何政府管制，允许企业自由进入公交商业化运营。但这些城市出现了不同类型的问题，这些问题要求不同类型的管制措施，或者公众接管。具体问题如下：

首先，由于最主要的还是考虑到私有公司的经济效益和利润，公交服务大多数主要靠有大量乘客的线路提供。像那些社会效益很重要、但经济上没什么利润的公交服务，比如低收入区域的线路、人口密集度不高区域、以及深夜时段的公交服务，往往得不到足够的重视。

其次，很多公司中都存在一个类似现象。当政府对进入公交运营市场没有限制时，很多公司都抢着挤到繁忙路段和主干道，而不愿意运营那些郊区路线，也不愿意提供夜晚和周末的公交服务。这样就导致了典型的致命竞争现象：在他们服务区域内，大型公司就可通过降低票价价格来冲击竞争者，从而迫使他们停止运营。一旦竞争者消失，大型公司就成为唯一运营商，于是就会利用其垄断地位以牺牲乘客利益为代价来最大化其利润：提高价格，但服务质量却随之下降。

这种致命竞争导致了很多实力较弱的竞争者破产，中断了那些本来就不稳定的公交服务，最终在一些地区或者整个城市产生无法控制的垄断。

第三，这种混乱的竞争，导致了许多重复的、协调性差的公交服务。这种服务既不能提供有效的公交服务，也不能给乘客提供方便的、连通性好的交通网络。相反，乘客经常被迫换乘几次、等待换乘、支付多次票价，并且很难获得不同公交线路信息以及系统的信息。

城市的政府部门逐渐意识到，尽管公交正在发展，但由于诸多原因，公交不可能发展成为一个私有行业，不可能以自由市场的基本形式来运营。很多因素给予公交特有的性质，并且使其有别于纯粹的私营企业。

首个显著的特点就是公交需要巨额投资。当然，其他交通方式的发展也是如此，典型的例子如兴建地铁系统。由于投资要求巨大，并且地铁的作用对城市来说很重要，因此，每次投资必须由政府提供，或者至少得到政府的部分支持。于是开始不同分工：一些基础设施（道路、车站、车辆等）由私人开发商建设和运营；在有些情况下，政府会担保他们的债权，从而加以一些约束；但在大多数情况下，甚至在某些由私有企业运营的公交系统中，地铁隧道以及其他主要公交结构设施的建设，都全部由政府买单。

第二，跟很多其他的公共基础设施和服务一样，诸如给水、排水、电力等，公交不适用于传统形式的市场竞争。在一个区域内，当不同形式的出租车和巴士服务，可以彼此之间相互有效的竞争时，高质量的公交服务，如轻轨（LRT）和地铁系统，需要庞大的基础建设以及大量资金的投入。但他们是天生的垄断部门，因此这样也不适于相同线路上运营商之间的竞争。

在很多大城市，经常发现多种公交服务互相平行。在这些地方集中出行是如此密集，以至于在很多交通要道上建设和运营了多条平行的公交线路。尽管如此，这些并行的公交服务在类型、服务质量以及站台空间上还是有很多区别。

公交有别于其他基于市场的系统的第三个特点是：公交对于居民的福利以及城市经济存活能力提供着不可或缺的公共服务。正是如此，我们才务必要确保公交服务的安全、可靠和稳定。不允许由于运营公司的破产而导致服务的突然中断，因为如果出现这种问题很可能会导致整个系统的中断。基于此，公交在其发展的初期，必须由政府以多种方式进行管制。

最后，公交还有很多正面和负面的外部特性，比如，较之其他交通方式空气污染相对小、对土地利用的发展产生积极影响等，这些都是城市政府感兴趣的，但在系统收费问题上却没有反映出来。

起初，政府的管制通常考虑的是安全以及公司的财政 / 管理能力的方方面面。满足这些要求的公司就可以获得运营公交服务的特许经营权。在有些情况下，政府给予的特许经营权也包括一些对城市的财政利益，如公交公司维护整个城市街道的义务。然而，不同公司间的服务合作内容却没有考虑。因此，尽管政府对费用方面通常有限制，但是很多公交公司彼此之间还是会相互激烈的竞争。

三、公交规划的目的和组织

在这部分中，首先讨论综合规划的重要性，接着回顾法律要求、交通规划中政府角色以及近几十年来规划过程的改进。

（一）短期和长期公交规划

交通和公共交通规划通常根据规划时段分为两类，它们在性质、目标类型和特征上不同。

1.短期规划是可以在 3～5 年，有时候是 8 年时间内实行的方案和措施，通常不包括主要的投资和基础设施建设工程。

2.长期规划由主要基础设施工程、线路、网络以及类似设施的规划组成。长期规划可以包括大型投资、建筑或者新车辆类型改进，规划范围可能是 10～25 年。有些情形中，中期规划是指包括中等投资和执行周期为 5～10 年的工程方案。

短期公共交通规划可以包括服务时刻表、购买新型车辆、调整既有或者开通新线和网络、改造一些基础设施，还有组织方面，比如费用类型、收费方式及联合运输的整合措施。因此，短期规划依赖于当前情形以及近期趋势，因为所做的变化很容易被调整或者甚至被颠倒过来。短期规划不直接关注长期发展，但是应当注意保证短期规划与长期规划一致。

长期规划以满足在实施的规划期限内，例如未来 10～15 年的城市公共交通需求为目标，根据这个性质，这类规划要处理涉及资产投资、物理及组织修改或者公共交通系统的新组成成分的方案。因为这些制定都是固定的，与其他活动有着许多影响和相互作用。它们的长期影响通常通过建模被仔细评估。长期公共交通项目的投资必须考虑社区整体的经济、社会、环境效益和成本。长期公共交通项目的例子包括建设一条新的轨道线路、网络或者主要公共交通枢纽站、重组网络、建设运营控制中心、安装新的信号系统以及引进各种 ITS 技术等。

长期的规划通常每隔一定的时间需要检审 1 次，比如每 5 年，如果发生了一些变化就需要修正或者更改。

（二）综合规划的需要

规划在社会的许多领域都是基本的功能。公共系统和设施，比如城市和交通系统，通常比私人系统和组织需要更复杂的规划，因为它们具有更大的复杂性和各种各样的客户——一般公众。此外，公共系统的目的和目标比私人系统更加多样：它们不仅包括经济结果，而且还包括影响到公众以及整个城市或者市区的功能。

多方式公共交通系统由不同方式的网络组成，它有着复杂的结构，而且占用相当大的空间。为了有效实现其功能，网络、基础设施以及车辆等必须规划为协调的系统，此外，由于交通和市区的几乎所有活动（住宅、工业、贸易、服务以及其他）都相互影响，交通规划必须和土地利用规划、城市形态以及地区特征和生活方式相协调。因此，所有这些方面都必须通过综合长期的规划程序来规划设计。

特别地，拥有固定设施（线路、终点站）的公共交通系统需要长期、综合规划。没有这样的规划，大型及中等大小城市的公共交通系统就很少能满足城市人口的交通需求。这样做的一个原因是城市形态、土地利用以及公共交通系统之间所需的协调只有通过长期规划才能实现，另一个原因是固定设施网络通常需要投资和相当多的时间来规划和建设。

公共交通系统效率同样需要认真规划。单线运营甚至整个公共交通系统（和城市中其他交通方式分离）的运营可能会产生不足以及问题。因此规划中必须对整个公共交通系统和其他方式进行协调，以及它们与土地利用之间相互作用的协调。由于不断增加的城市复杂性以及与其他活动的较强独立性，公共交通规划必须与所有相关的城市规划、经济以及城市社会的多个方面相联系。为了包含整个交通系统，规划必须包括实现功能的所有地理区域，而不是那些被局限在行政界线内的区域，因此，现代长期的城市交通规划在某种意义上必须是综合的，详细说明如下。

（三）综合运输规划的初始情况

1. 进度及重要性

制定初始都市区运输规划的工作从某些原因上说非常重要。首先，由于受到规划州际高速公路系统及其他高速公路的压力刺激，认识到对整个交通网络进行规划的需要，包括街道、主干道、高速公路和公交系统；其次，可以处理大量数据以及运行复杂模型的新计算机设备允许一种新型的规划：不同于结构导向的、主要定性评价的规划，这使基于大量数据和计算的规划和评价有了新的可能。出行量、交通条件以及交通费用都较以前在计算上有更高的精度；第三，由于新的计算能力，使得制定许多可选择的规划，然后选择最优的方案成为可能。

在这些新的时机下，城市运输规划进入了一个新的时代，此时尝试对更复杂的时间需求做出响应。许多不同方式组成的交通系统需要协调，同时分析它们与土地利用的相互影响。人口机动性的快速增长，特别是随着机动车保有量的增长，开始发挥更大的影响，对城市和城市化区域的发展、特征以及宜居性有积极也有消极的影响。

2. 观念及技术缺点

早期城市运输规划过程的基本规划理念和程序在后来的几十年中成为标准的规划实践，但是许多在概念方法和使用程序上都发现有根本性问题，它们受到许多修订和修正的约束。关于规划理念和技术的讨论和变化仍然在继续，在规划中指出其主要的不足非常重要。

用趋势推断法代替规划。在大部分都市区综合交通研究中使用的程序由以下主要步骤组成。广泛收集之前各年的现状资料和数据。由人口规模、小汽车保有量、公交利用率等的历史趋势来预测未来。这些数据用来定义目标年规划实施的情形，一般使用过去趋势的线性推断，除非有一个明显的原因说明，过去以相同速率变化的趋势不再继续，这类情形作为未来设计的交通网络应当能够满足的需求。

这个过程有几个基本概念上的缺陷。根据其目的和功能，运输规划表示一系列以产生想得到的交通系统或者设施为目的的活动。规划应当由当前情形和现有交通系统的评述以及由过去和当前趋势对未来推断组成，然后很重要的一步是检验推断的趋势是否导向可接受的目标。如果是，规划应当顺应这种趋势，但是如果趋势没有导向目标，在通常情况下，规划应当由政策、行动和不鼓励的内容组成，通过更改或者改变现有趋势以实现可接受的目标。

因此，在规划的一个阶段，趋势推断是一种有用的分析方法，但是基于推断趋势做计划不是规划，它是一系列活动的集合，它们鼓励目前的趋势而不是它们引导的方向。这种"规划"因此会导向不受欢迎、非可行的方向。事实上，在许多情况下，规划和推荐的政策可能集中在以实现特定目的而改变过去趋势的措施上。

出行需求认为是固定的，不依赖于所提供的交通系统。推断的出行需求认为是土地利用和活动的函数，但不依赖于出行条件。事实上，新交通系统和设施的建立对出行量和方式分担有着明显的影响。规划必须把它考虑进去，作为协调新的设施对出行需求影响的反馈。类似地，如果服务恶化，出行需求就会有减少的趋势。如果交通量达到高速公路的能力，同时出行时间增加，或者如果公共交通服务数量和质量下降，这种现象就会发生。

城市交通间的关系并没有被充分理解。交通对城市形态的影响，比如土地利用分布、次中心和走廊的形成、步行区的建立或者分散及城市扩张等没有得到充分关注，甚至完全没有预见。

3. 针对需求建模，忽视系统设计

正如前面所述，由于运用计算机产生了新的、强大的规划技术，使得复杂的分析和建模成为可能。但是这一能力也存在一些负面结果。

第一，基于计算机的模型以及定量工具的可获得性，产生了一种信念，就是交通网络可以使用设计原则或者算法进行机械规划，这样就导致在交通系统设计上创新的锐减。事实上，定量模型可以用来评价规划，但是对于设计来说，专业知识、经验以及判断力是不可缺少的。

第二，出行需求预测吸引了许多学术上的关注，出行需求预测成为建模、分析、研究以及理论文件的主要领域。模型是动态标准化的，这样它们的使用加强了基于趋势推断的过程，而不是趋向合理目标的规划。

出行需求预测理论和过程中做出的广泛努力在许多情况下很难得到证明。因为对自然行为的分析是针对未来人们行为的，因此在该过程中极度精确是不可能实现的。同时在公共交通规划的许多情况下也是受到批评的。事实上，交通规划研究中出行需求预测达到的精度很难评估，因为很少有研究在规划年限内对规划设施的实际出行量和预测量进行比较。

第三，如果公共交通规划的需求方得到了更多的关注，则在长期规划中供给方的许多方面会被忽视。现有的政策和实践通常认为是给定或是固定的。面向公交系统硬件的发展和创新，例如车辆设计、信息系统以及收费设备，公交以及其他交通方式定价政策影响，如停车，受到相对少的关注。

在一定程度上，在国际规划文献忽视公交系统发展的同时对需求也存在相同的偏见。许多高质量的覆盖城市交通模型的刊物，如 BTE 包括了优秀的需求预测模型以及它们与土地利用规划的关系，但是不论在高速公路还是公交上，都没有包括任何交通系统设计和运营的模型。公交线路和网络形式、车站数量和选址、公交和高速公路网络间的联合运输关系等很多方面都没有在学术和专业文献中得到足够的重视。

大部分对公交网络规划和设计的研究主要是以经验为主，几乎没有理论基础和创新理念。此外，在关于交通规划建模的有限刊物中，许多刊物由于太理论化而不能在任何城市的实际规划中使用。鲜有出版物为公交系统设计者提供在规划公交网络和设施中可直接使用的方法。该领域需要得到更多的关注，并为当前针对特定地区实际规划和公交系统设计和评价过程中应用分析研究建立起桥梁。

（四）城市运输规划的评价和趋势

城市交通和公共交通规划在 20 世纪的下半叶经历了许多阶段，对起初的规划修改的尝试使得规划过程更加复杂和综合。社会、经济以及政治环境导致在程序、法律要求以及城市化地区的政策等方面有许多变化。最后，个人利益和整个系统效率之间不断分裂（用户平衡对社会最优）以及政府保护公共利益不受各种利益团体对交通的影响刺激了交通政策的改革。

1. 长期规划中公共交通机构的角色

起初都市规划组织主要针对所有的交通方式执行长期规划，这样就只留给公共交通机构短—中期规划，在大多数情况下这种安排的结果并不令人满意。都市规划组织倾向于综合区域规划，包括土地利用规划、经济分析、对社会的考虑以及环境方面，而在公共交通系统领域缺乏广泛的专家意见。公交规划需要广泛数据、对联合运输公交运营的深入理解以及公交系统设计和运营中的经验，通过公共交通机构（如果有规划部门的话）或者特殊的公交规划机构可以有效地执行，通常在其直接监督下采用顾问的意见。在设计中没有公交机构参与的公交系统比由有运营经验的人设计的，在运营上更可能出现问题。

　　由于这些原因，所有拥有或者计划拥有固定线路（基本的轨道系统）的公交机构有必要拥有他们自己的规划部门。这些部门制定公交规划，并把这些规划给都市规划组织来测试，同时和其他方式的规划进行协调。公交机构然后进行详细的规划和设计（线路的确定、车站选址、特殊路权分配的制定、建筑物、全部车辆、运营等），再实施规划。

　　经验表明主要的新的轨道交通系统规划由公交机构内的专门部门或者与公交机构及都市规划组织紧密联系的独立部门来完成。这些组织间好的工作协作是必要的，公交机构必须提供网络、运营和公交乘客数的数据，它也应当在制定和评估规划中协助规划机构。合作通常通过两组织间的直接接触，或者通过两部门的成员或技术咨询委员会实现，当然前提是它们必须存在。都市规划组织经常参与到评价规划、分析联合运输问题和为了获取资金并导向规划实施的政府内的活动。

　　公交规划不应当仅仅局限在有专门规划职能部门的大型公交机构。为了更加有效，每个机构必须执行规划，即使它不包含主要的资金投资，也应集中在短期到中期的实施上。

2. 运输规划实施

　　规划机构通常会做一个未来 15～25 年的主要规划。它的实施通常按不同的方式分别进行，因为资金的来源不同。例如，高速公路和街道从地方、州以及联邦基金的某种组合中获得资金，依赖于设施的类型，而自行车设施通常有特殊的资金来源。

　　公交规划也包括为每个主要项目筹集资金，它由不同的政府层支持。在主要的公共交通项目中，例如华盛顿地铁或者丹佛的轻轨，资金可以从专门的政府分配或者纳税人支持的当地税收中获得。然后，一条线路或者整个网络的规划参照准备好的时间表进行实施。

　　在许多地方，所有这些实体部分或者几乎完全独立于运输规划，这种高度分散的决策表现出规划及其实施中的严重问题。在这种情形下，许多都市规划组织为未来年采用一般区域规划，该规划代表一个咨询指南，而不是可以实施的固定的协调的规划。然后都市规划组织收集所有的当地开展的交通项目，评估它们，同时考虑它们的可行性以及和主要规划的关系。这种评价导致了对项目实施进度进行排序。

　　因此，缺少协调决策的都市区有着严重的问题，它们只能执行本地产生的、部分长期的规划。这样的规划通常使得主要的、协调的交通网络很难实现。因此，在存在这种情况的都市区，完成有效率的规划，不仅需要改善的技术规划程序，而且更重要的是需要政府重组来做出决策和规划实施过程，这样来产生区域规划，不是咨询意见，而是对区域中所有的管理单位的义务达。

第二节　城市慢行交通经济学

一、自行车交通规划

（一）自行车道路功能分类

1. 市级自行车通道

市级自行车通道是自行车路网的骨架，是联系居住区和工业区及其市中心的主要通道，承担着主要流向的自行车交通道路。对其要求是：快速、干扰小、通行能力大并且路径方向应与自行车出行的主要方向一致。

2. 区级自行车干道

区级自行车干道是平行主干路或市级自行车通道的次级非机动车道，联系各分区的自行车道，保证居住区、商业服务区和工业区与全市性干道的联系，主要是为了满足自行车中、短距离的出行。

3. 区内自行车集散道

区内自行车集散道是联系住宅、居住区街道与干线网的通道，是自行车路网系统中最基本的组成部分，在自行车路网系统中起着集散交通的作用，对增强自行车"达"的作用明显。以城市支路网和街巷道路为基础，要求路网密度较大，在生产服务区、生活区深入性较好。

4. 绿色自行车休闲道

绿色自行车休闲道是为连接公园绿地以及自然生态环境而建立的休闲性自行车道，一般利用宽度富余的既有道路或休闲区域通行道路。

（二）自行车道路网络规划

自行车道路网络规划主要有逐级定线规划方法和分区规划方法两种。

1. 自行车逐级定线规划方法

传统的自行车路网规划主要结合城市道路网规划开展，其显著特点是在进行自行车交通预测与分配时都是以全路网为基础，即规划的是全市性自行车路网，且主要通过断面设置进行路权分配

按照自行车道路在规划范围所处的位置及其功能，可分三个层次组织自行车路网系统。由上而下依次为市级自行车通道、区级自行车干道及区内自行车集散道三个层次的道路，每个层次都衍生于上一层次，互相组合形成完整的自行车路网系统。

①根据预测自行车交通流分布特征，抓住交通的主要流向，确定市级自行车通道的走向及结构，构筑城市自行车道路网络主骨架。

②根据自行车交通的流量、流向需求，结合城市的用地形态分布及地形条件等，充分利用现有次支道路规划区级自行车干道，保证居住区、工业区、商业中心、活动中心等与市级干道的联系。

③规划联系住宅、居住区、街道与自行车主次干路网的集散道。

④确定市级、区级、区内自行车道的类型、长度、宽度、通行能力、设计车速等技术指标，最后得出规划的自行车道路网络。

逐级定线规划方法较适合于公共交通欠发达、规模较小的城市，自行车交通发挥主导作用。

2. 自行车分区规划方法

随着大城市空间结构的拓展，居民出行距离增大，全市性自行车路网容易诱使居民采用自行车长距离出行，不利于自行车近距离出行优势的发挥，同时，大城市公交优先战略的实施与公交系统不断完善，轨道交通和地面公交的吸引力不断提高，规划全市性自行车路网不利于公交优先政策的实施。因此，对于公共交通或机动车交通较为发达的组团式布局的大、中等城市，宜采用分区规划方法，该方法以规划地区性为主的机非分流自行车路网为核心。

（1）慢行核

在介绍自行车分区方法前，首先引出慢行核的概念。慢行核即慢行交通发生吸引的核心区域，慢行核在自行车分区规划方法中主要有两个作用：①作为分区的重要依据，解决自行车 OD 数据的不易获取及其流量分布的不确定性问题；②作为自行车路网规划的重要控制点。

城市一般存在以下 5 类慢行核：

①校园核 —— 高等院校及非住宿类中小学；

②社区核 —— 高密度居住社区；

③商业核 —— 商业街区；

④景观核 —— 历史风貌区、风景名胜区；

⑤交通核 —— 轨道交通站、常规公交枢纽站等重要换乘枢纽。

（2）分区原则

在已经确定慢行核的基础上，进一步划分自行车分区，自行车分区主要考虑以下原则。

①边界考虑城市功能分区与组团布局，分块边界线应选择非机动车难以跨越的屏障阻隔，如城市铁路、河流、山体、快速路、交通性主干路等。

②自行车出行优势范围 2 ~ 4km，以此为半径做圆形成的分区面积大约在 28km²（圆内任意两点距离不大于 6km）。

③慢行核作为非机动车出行最主要的发生吸引源，分区应尽量以大型居住区或就业区为中心划分。

④根据自行车交通流量分配结果，分布较为集中的区域应划分在区内进行组织自行车遵循"区内通达，区间连通"的规划原则，即在不同的自行车交通区内规划高密度的自行车路网，保障自行车区内短距离出行及接驳公交；在分区之间规划有限的通道，在保证连通性的同时限制自行车的长距离出行。另外自行车交通作为休闲运动方式，应遵循亲水、引绿入城的原则，创建绿色生态城市。

3. 自行车路网分区规划原则

对于不同的规划类型，所要求的规划对象和深度也有所不同。在大城市自行车交通专项规划中主要规划市级自行车通道和绿色自行车休闲道，对区级干道及区内集散道的自行车道路以提出规划指引或指标控制要求为主。中小城市自行车专项规划中也可以进一步对区级自行车道进行规划，在分区规划中除衔接落实上位规划中的市级自行车通道（中小城市可能有区级自行车道）和绿色自行车休闲道的规划方案外，还应进一步开展区级自行车干道和区内自行车集散道的规划。

（三）自行车道交叉口设计

在交叉口处，由于转向的要求，使得交通变得十分复杂，问题也就随之而来。交叉口往往是城市道路的"瓶颈"，自行车交通的问题在交叉口上体现得最为彻底，也最为复杂，因此研究城市道路交叉口自行车交通设施的规划也是当前最紧迫的问题。

1. 交叉口交通组织设计原则

（1）顺应交通流特性

自行车交叉口应根据自行车交通的基本特性、交叉口混合交通流的特殊条件与路口的具体情况，合理地进行规划设计，满足交通流的运行需求。

（2）合理利用道路设施空间

机动车、自行车与行人等交通使用者均对道路设施空间提出需求，而交叉口内空间的有限性必然要求合理布置各种交通设施，实现各种交通流的顺畅运行。

（3）尽量创造不同交通流分道行驶的条件

自行车交通应该与机动车交通进行空间或时间上的分离，如果没有条件分离，也必须给出适当的空间让自行车与机动车分道行驶。

（4）尽可能使交叉口单纯明确

应尽可能使交叉口符合人们的出行习惯，减少道路使用者观察、思考、判断及采取措施的时间，提高交叉口通行效率。

2. 自行车道路交叉口设计方法

为配合自行车道路系统的规划建设，匹配交叉口和路段的自行车通行能力，对不同类型的交叉口进行改造和规划控制，适应自行车交通发展需要，可考虑以下措施。

（1）对旧城区道路交叉口进行自行车进口道的拓宽控制与建设，禁止压缩自行车道的机动车道拓宽改造。对实行信号灯管制、进口较宽的交叉口，调整非机动车的候驶区，将自行车左转候驶区布置在机动车停车线前，允许自行车在黄灯亮时提前左转，减少直行机动车与左转自行车的干扰，加速自行车的疏散。

（2）在自行车道进口宽 3.5m 以上交叉口划分 2m 左右的直行和右转隔离栏或画分离标线，使右转自行车不必候灯，连续行驶。

（3）对自行车左转或右转流量大、方向性显著的交叉口，在进入交叉口前，利用街坊道路提前分流，减少在主要交叉口的干扰和冲突。在街坊道路与城市道路相交处，视城市道路机动车流的大小，分为三种控制形式：①城市道路机动车流有足够空当，自行车可伺机穿越；②城市道路机动车流较大时，并与相邻的大交叉口有适当距离时，可采取信号控制，并与相邻交叉口联控，减少对主要交叉口的干扰；③城市道路机动车交通量很大时，可建设自行车天桥或地道，实行空间分离。

（4）在城区交通量大、机非干扰严重的交叉口，当机动车道数在四条以上，机动车通过量超过 4500 辆 /h 时，按总体规划和交通规划修建多层立交桥，使机动车交通和自行车交通自成体系，消除或减少自行车和机动车的冲突与干扰。在不宜修建立交桥且自行车高峰小时交通量超过 15000 辆 /h（或自行车进口小于 7 m，饱和度大于 1.0）的交叉口，考虑修建自行车地下通道或自行车天桥，实行机非分离，形成独立的自行车交通体系。

（5）对新建道路交叉口，根据道路功能和交通需求进行相应的交通设计，控制交叉口的规划建设，提高机动车自行车在交叉口处的通过效率。

（6）机非混行的交叉口。近期机动车交通网交叉口类型不变，但可考虑在非机动车高峰小时设置自行车专用相位。

二、步行通道设施规划

步行通道系统是指以步行为主要的交通运作方式，步行者享有交通优先权，目的提供从一个地点到另一个地点出行机会的一套与机动车完全分离的交通设施和服务体系。它可使步行系统网络化，提高步行网络的密度，通过对现状步行路网的分析，找出步行网络间断和不连续处，打通断头步行道，实现广场、景点、交通枢纽、公园以及大型公共设施之间的有机串联，保证步行网络形成具有高联通度的网状结构而不是树状结构，从而减少"回头路"带来的时间浪费，让公众能够在这种慢速的运动过程中体会城市的自然人文内涵。

（一）人行道的设置方法

1. 设计原则

路段人行道的设计要充分考虑到行人通行的安全性、畅通性和舒适性，尽量避免与车辆共用通道。人行道与行人过街横道的设计应充分考虑行人通行安全和顺畅的要求，特别应关注弱势群体（如老幼病残孕等）。

2. 隔离设施

在人行道边缘，宜设置绿化带（行道树及其他的绿化）来隔开人行道与机动车道或非机动车道，以阻止行人穿越；当人行道较宽，供行人和非机动车共用时，宜采用不同铺装或绿化带将人流和非机动车流加以区分。

3．其他设施

人行道上，公共设施如公共电话亭、电线杆、防火栓、各类标志标牌等也应沿边缘设置（往往设在绿化带宽度范围内，行道树之间的空余地方），并应规格统一醒目，不得妨碍行人的正常通行。另外，应考虑残疾人的通行需求，人行道及分隔带上与行人过街横道衔接处应进行无障碍设计，宽度足够条件下应尽可能设置盲道，对于城市主要道路的人行道，应当按照规划设置盲道。城市道路两侧的人行道除了负担上下班出行交通外，还应考虑生活出行的功能要求。在保证安全的同时，应结合服务性公用设施（如座椅、废物桶、电话亭、书报亭等）的布置、建筑小品（如雕塑、灯柱、水池喷泉、廊亭台等）的布置和绿化（花坛、树丛、草地等）的布置，创造幽雅、活泼、丰富、生动、使人感到亲切的环境。在规划中应考虑逐步在城市中形成一个有机的、多功能的、环境宜人的、连续的步行空间，把城市的各种主要商业服务、文体游憩、交通（枢纽）设施以及居住区联系起来，活跃城市的生活气氛。

（二）人行横道的设置方法

路段行人过街横道的设计既要保障行人过街的安全性和便捷性，又要尽量减少行人过街对车辆通行的干扰。

1．位置选择

行人过街横道的设置应在整条道路上做整体布置。一般在交叉口应设置行人过街横道。然后根据交叉口的间距、道路的性质、车流量、沿线两侧大型交通集散点及公交停靠站的位置、路边停车等情况，考虑路段中间是否必须且能增设行人过街横道。在主干路和次干路的路段上，行人过街横道间距宜为 250～300m。为确保行人过街的安全，在下列地段不宜设置行人过街横道：①弯道、纵坡变化路段等视距不良的地方；②车辆转弯进出较多又不能禁止的地方；③瓶颈路段。当在信号控制交叉口附近必须设置行人过街横道时，实施信号控制并与该交叉口进行协调控制。

2．宽度设定

行人过街横道的最小宽度不宜小于 3m，在此基础上，根据行人过街需求和行人过街横道设计通行能力适当增加，增加幅度以 1m 为单位。行人过街横道可能通行能力为 2700 人／（绿灯小时·m）。

3．路段人行横道信号灯设置条件

路段行人过街横道包括无信号控制人行横道和信号控制人行横道两种。当无信号控制人行横道无法满足车辆行人的通行要求时，往往需设置信号控制人行横道。

对路段无信号控制人行横道，主要道路上交通量不大，每小时每车道的不间断车流量等于或小于 500 辆，车辆随机到达，有一定空当供行人穿越，车辆具有优先通行权，行人主要利用车辆的安全可穿越空当过街。如果道路交通量过大，无法保证提供可穿插间隙，则必须加设信号灯，分配行驶时间，否则路段交通无法正常运行。

4. 路段行人二次过街设施设置方法

我国《城市道路交通规划设计规范》中规定：当道路宽度超过 4 条机动车道时，人行横道应在机动车行道的中央分隔带或机动车道与非机动车道之间的分隔带上设置行人安全岛，以解决无法实现行人一次过街的问题。

（三）路段立体人行过街设施的设置方法

立体人行过街设施包括人行天桥和人行地道两类。科学设置立体人行过街设施，可消除大部分的人车冲突，避免大量的人行过街交通对车辆交通的影响，改善和缓解城市交通矛盾，行人利用人行立交过街对道路上的机动车不产生延误。但由于立体人行过街设施需要较大的投资，同时人行过街必须上下天桥或进出地道，增加步行距离，立体人行过街设施建成后使用率低下的例子屡见不鲜。考虑到经济上的可行性以及建成后的利用率，其设置是有条件的，需要进行科学的规划，如果设置不合理，反而加重道路交通负担，影响建成后的使用效益，造成市政投资的失误。

路段平面行人过街横道处，设置行人过街信号灯，对于提高行人交通安全性具有重要作用，但对于车辆而言增加了延误，同时机动车道通行能力和人行横道通行能力较未设信号控制时也明显下降。

当道路上机动车流量较大，过街行人流量较少时，可以通过调整信号配时，增加机动车相位通行时间，减少行人相位通行时间，来满足机动车通行需求；当道路上机动车流量不大，过街行人流量较大时，可以通过调整信号配时，增加行人相位通行时间，减少机动车相位通行时间，来满足行人过街需求；当道路上机动车流量和行人过街流量都较大时，无论如何调整信号配时，都无法满足道路通行需求，此时需改设立体行人过街设施。

（四）步行系统指标体系

1. 步行环境指标体系

①人行道有效宽度：是指可供行人通行利用的人行道宽度，其数值可以通过实地测量得到。

②人行步道连通性：是指由于障碍物、建筑物等设施造成的人行步道的物理间断，造成了人行步道的缺失，影响了人行步道的连通性。其数值等于实际人行步道长度与步道完全连续时长度的比值。

③非直线系数：是指由于布设条件限制，造成人行步道不能沿两点间的直线形式布设，造成步道的布设长度增大。其数值等于步道的实际距离与步道直线距离的比值。即空间 A、B 两点实际距离与 A、B 两点最短直线距离比值，非直线系数越小，反映绕行距离越短。

④无障碍设施铺设：是指步道上是否有铺设供残疾人通行的无障碍设施。

⑤行人与机动车混行程度：是指由于人行步道的缺乏，造成行人与机动车共用车道

出行的情况，只要行人和机动车之间无任何物理隔离，均认为行人和机动车之间存在混行，混行率为100%；同样，只要存在物理隔离，就认为不存在混行，混行率为0。

⑥行人与非机动车混行程度（不考虑违章情况）：是指由于人行步道的缺乏，造成行人与非机动车共用车道出行的情况。只要行人和非机动车之间无任何物理隔离，均认为行人和非机动车之间存在混行，混行率为100%；同样，只要存在物理隔离，就认为不存在混行，混行率为0。

⑦步道周边绿化面积：是指步道周边绿化的面积，其数值可以通过实地测量得到。

2. 行人感知指标

上述的步行环境指标均是从工程、设计等角度出发，没有考虑行人的感知问题，为了全方位评价步道交通系统的质量，需要考虑行人感知。从行人选择步行的出行特点来看，其感知可以分为舒适性、安全性、便利性指标。

第九章　基于低碳背景下的公路运输经济发展

第一节　区域综合运输－经济－生态系统的协调性

一、相关基础理论

（一）区域综合运输－经济－生态系统的定义及特征

为了研究区域综合运输－经济－生态系统的协调性，首先应对区域综合运输－经济－生态系统的定义有所了解，本节对区域综合运输－经济－生态系统进行定义，并进一步分析该系统的特征。

1. 区域的概念

区域，通常表示一个范围，是一个广义的名词，也是一个多层次的概念，人们的生活、生产等活动都在一定的区域内进行。根据研究对象、学科等方面，各专家学者对其有不同的理解和定义。

不同学科对"区域"的定义如下：地理学把区域定义为地球表壳的地域单元，认为整个地球是由无数区域组成，比如：高原区、平原区、陆地区等；政治学认为区域是国家进行行政管理的行政单元，比如：市、县等；经济学把区域定义为由多元化的资源和各类社会经济活动所构成的一个经济社会综合体。

由于本书要研究的是区域综合运输、经济、生态的关系，因此，本书中的"区域"是按照政治学定义来进行分析的，可以是一个或多个市、省，也可以是一个国家。

2. 区域综合运输－经济－生态系统的定义

本书区域综合运输－经济－生态系统是指一定区域内的综合运输子系统、经济子系统、生态子系统所组成的一个有机、动态、复杂的大系统，在该系统中综合运输、经济、生态并非独立，而是相互影响、互相作用，共同促进三元系统的发展。

（1）综合运输子系统

综合运输子系统是指以固定设施和移动设施为依托，结合现代化科学技术，以提供高质量服务为目标，多种运输方式优势互补、相互配合所共同构成的综合系统。从中观层面上来讲，综合运输子系统又可以分为铁路、公路、水路、航空以及管道五大运输子系统，几种运输方式间相互配合、紧密联系，共同为综合运输的发展做出贡献。

（2）经济子系统

经济子系统指某一地区的各种经济要素相互作用所构成的一个统一体。它包含了地域因素、资源要素、经济特征等多个方面，体现在某一区域内的资源配置、劳动分配、经济效益、生产力布局优化等问题上。由于各个区域在地理、经济、资源等因素方面存在差异，导致经济发展也各不相同，从而构成了不同的经济区域，各区域在发展上也具有自身的特点。

（3）生态子系统

生态子系统指在自然界的一定空间内，生物与环境构成的统一整体，在这个统一整体中，生物与环境之间相互影响、相互制约。在本书的研究中，生态系统主要是指由生态环境、资源所构成的统一体，该系统主要从生态环境污染和保护、资源使用等方面进行考虑。

由于综合运输－经济－生态系统的协调性与综合运输－经济系统、综合运输－生态系统、经济－生态系统的协调性有紧密联系，因此后文也会研究综合运输－经济系统、综合运输－生态系统、经济－生态系统的协调性。为了避免混淆，后文中的三元系统即为综合运输－经济－生态系统；二元系统即为综合运输－经济系统、综合运输－生态系统、经济－生态系统。

3. 区域综合运输－经济－生态系统的特征

区域综合运输、经济、生态所组成的三元系统比一般的系统更为复杂，但又具有一般系统的所有特征，该复杂系统的特征如下：

（1）区域性

这是区域综合运输－经济－生态系统的基本特征。由于各区域在资源、环境等方面各不相同，这些内外部因素会进一步影响综合运输、经济、生态的发展，使三者的发展表现出地区差异。因此，在进行综合运输－经济－生态系统研究时，也应考虑区域因素，针对性地进行研究。

（2）动态性

任何一个系统都是处于不断变化之中，综合运输－经济－生态系统也在时刻发生变化，是一个动态的复杂系统。随着社会的进步，各区域的综合运输－经济－生态系统会随着时间和空间的变化而变化。总体而言，各系统都会向着好的方向发展，综合运输、经济、生态之间可能由不协调逐渐向协调发展，在这个过程中，系统会达到一个全新、更高的发展水平。

（3）开放性

这是系统的一个显著特征，表明了综合运输－经济－生态系统具有开放性，会与外界进行物质、资源、技术等各方面的交流，不会脱离其他环境而单独存在。这个交流的过程会使得系统不断吸取外界物质、技术，让系统能够向更好的方向发展，不断提高系统的自我发展能力。

（4）自组织性和他组织性随着社会的进步，综合运输－经济－生态系统会逐渐由不协调变为协调，各子系统内部也会逐渐由低水平变为高水平发展，这一角度体现了系统的自组织性。

在系统不断发展过程中，人类对生态的破坏、对经济和综合运输的发展方向进行干预都会影响综合运输－经济－生态系统协调性的变化，这一角度体现了系统的他组织性。

（二）协调及协调性概念界定

由于后文要对综合运输－经济－生态系统的协调性进行研究，首先需要明确协调相关概念，因此，本节对协调有关概念进行定义。

1. 协调与协调性的内涵

协调既是一种状态，也是一个过程。作为一种状态，协调指的是系统各要素协调配合所反映出的最佳发展状态；作为一个过程，协调主要是指在发展过程中，各要素考虑其他要素的发展情况而对自身做出调整，最终使得各要素共同进步。

协调性是在协调的基础上定义的概念，是对协调的一种度量，主要是指系统各要素或各子系统相互配合、共同进步、发展水平接近的一种程度。当系统各要素或各子系统配合得当、共同进步、发展水平相当时，协调性越好；反之，协调性越差。

2. 综合运输－经济－生态系统协调性的内涵

综合运输－经济－生态系统协调性是指在综合运输－经济－生态系统中综合运输经济、生态之间相互配合、共同进步、发展水平接近的程度。当综合运输、经济、生态子系统的综合发展水平接近或者差距不大，相互之间存在推动关系，三元系统的协调度大于0.85，则说明三元系统的协调性较好；反之，则协调性较差。

（三）基本理论

由于本书研究的是综合运输－经济－生态系统协调性，涉及到协调发展和可持续发展两个概念以及基本理论，因此，本节对协调发展理论和可持续发展理论进行概述。

1. 协调发展理论

协调发展并不是简单地将协调和发展结合到一起而形成的理论。发展是协调的基础，系统只有在发展过程中才有协调可言，脱离了发展是无法谈论协调的。因此，协调发展是指以实现人的全面发展为系统演进的总目标，在遵循客观规律的基础上，各子系统内部、子系统之间以及子系统与大系统之间的协调，使系统及其内部各要素之间的关系不断朝着理想的状态发展演进，即各子系统或各要素在发展过程中相互促进、相互影响，使系统得到有序发展。在发展过程中，各子系统之间存在资源、信息等多方面的相互交流，使各子系统共同进步。由此可知，协调发展是过程和状态的统一体，子系统之间从不协调逐渐发展为协调的一个过程，再从新的不协调向更高层次的协调逐渐演变，这体现了各子系统自身发展质量的提高。

协调发展的本质是各子系统相互促进、相互影响，使得地区向更加有序的方向不断发展。协调发展也就是希望各子系统内部以及子系统之间各要素、资源通过互相促进、互相影响从而实现和谐的发展过程，在这个过程中，时间和空间对该过程的实现有重要的影响。同时，协调发展是以生态发展为重要任务，理论上强调的是"人"的重要性，通过各子系统互相促进实现人的全面发展。但在实际发展过程中，"人"发挥着重要的作用，人类可以通过主观能动性来改变系统的发展方向，只有人们认识到协调发展的重要性，努力促进各子系统之间相互推进，最终才能推动各子系统实现协调发展。

由此可知，协调发展具有以下几个方面的特征：协调发展是以人为本，尊重客观规律的综合发展；协调发展是各子系统内部、子系统之间、子系统与大系统之间等多方面多层次的协调；协调发展对资源有较强的依赖性，同时还受到环境承载能力的影响或限制；各子系统之间协调发展所得到的效益远大于各子系统独立发展的效益。由此可知，协调发展理论是可持续发展理论的重要基础，各子系统之间协调发展能够使人类和社会得到更大的效益，有利于实现地区的可持续发展。

2. 可持续发展理论

可持续发展要遵循以下三个原则：

一是公平性原则。即不管是当代人之间还是不同代人之间，都应该公平使用或分配生态等各方面的资源。由此可知，公平性主要体现在两个方面：一方面，同一代人对于资源使用和分配的公平性，也就是不同区域之间同代人通过努力实现区域发展的均衡性，某区域在实现自身快速发展的同时，不应该对其他区域的发展造成太大负面影响或损害其他区域的发展；另一方面，不同代人对于资源使用和分配的公平性，也就是当代人在保证自身发展的同时，不应该对后代人的发展能力造成威胁或损害。由此可知，社会各代人都在同一空间进行生存和发展，这一空间内的各种资源是被各代人同等享用，不存在优先级之分。

二是持续性原则。人类生存空间内的各类生活、生产资源都是有限的，环境承载能力也是有限的，因此，当代人在实现自身发展的同时，要从资源、环境方面进行考虑，保证能给后代留有充足的资源，同时也要保护生态环境，使各代人能在较好的环境下生活。由此可知，人类在满足自身需要时受到各方面的限制，主要限制因素有资源、环境、人口、国家为了实现持续发展而提出的政策等方面，其中，最大的限制因素依然是资源和环境。因此，人类在不断发展的同时应考虑持续性原则，不要挑战各种资源和环境的承载能力，要合理开发利用资源，保护生态环境，实现当代和后代的长远发展，不要只顾眼前利益而放弃了长远利益。

三是共同性原则。可持续发展关系所有国家、所有民族的发展问题，以上两个原则不是某几代人或某几个区域要遵循的原则，而是社会所有人类要共同遵循的原则。在实际中，各个国家、各个地区、各个民族的发展情况不同，实现可持续发展所采取的方法和措施不可能完全相同，但是无论富贵与贫穷，以上原则都需要我们共同遵循，在发展过程中适当调整地区的政策，全球联合、各代人共同努力，以实现可持续发展的目标。

因此，可持续发展具有以下几个方面的现实意义：一是有助于实现经济、社会各方面效益的统一；二是有助于督促经济发展方式的转变，实现经济、社会、生态等各方面互相协调；三是有助于实现地区的持续、稳定发展，提高地区的发展水平和改善人民生活质量；四是有助于经济与社会良性循环，使得其他各方面的发展有后劲。

我国综合运输、经济呈现快速发展趋势，但在发展过程中造成了一定的环境污染和资源过度开发的问题，给生态带来了一定的压力。如果不及时考虑综合运输、经济、生态之间协调发展问题，可能会给生态环境和资源带来更大的危害，不利于实现地区的可持续发展，也将进一步影响人类自身的发展。因此，综合运输、经济、生态协调发展是实现可持续发展的一个前提或基础。

二、综合运输、经济、生态之间的推动关系

根据协调的定义，协调主要是指系统各要素或各子系统相互促进、共同进步、发展水平接近的一个过程或状态，即仅从协调度的角度来评价系统协调或不协调是不全面的，还应考虑各子系统之间的推动关系，只有从这两个方面都说明系统的协调性较好才能最终说明系统的协调性较好。因此，本节首先构建综合运输、经济、生态子系统的指标体系，在指标体系的基础上对综合运输、经济、生态子系统的综合发展水平进行度量，并利用各子系统的综合发展水平值建立多维灰色动态模型进一步分析三者之间的推动关系，从推动关系角度对综合运输－经济－生态系统的协调性有所把握。

（一）指标体系的构建

综合运输－经济－生态系统时刻都处于动态变化的过程中，对于这样复杂的系统，很难直接从整体上得出三者之间是否协调的论断，通过构建指标体系可以描述各个时期综合运输、经济、生态量的变化，反映各时期的发展趋势及速度，进而反映这些变化是否朝着协调发展的方向前进。也就是说，指标体系具有信息功能，它能为我们提供反映系统发展方面的信息。并且，由《协调发展的理论与方法研究》可知，研究系统的协调性问题，首先应构建指标体系，再利用指标体系计算系统的综合发展水平，最后再根据

综合发展水平值构建协调度模型，以此来定量评价系统的协调性。因此，可以通过系统分析，抓住各子系统的要素，构建能够全面反映系统实际情况的评价指标体系，以此来间接地对系统作评价和研究。

综合运输、经济、生态子系统都是复杂的系统，内部包含了各种因素及指标，在对其进行协调性分析时不可能将所有的指标都纳入进来，因此，在进行协调性分析之前首先应该确定各个系统的指标体系，使其能够全面地反映各个子系统的发展状况。在选择指标时应包含系统内各个维度的指标，以便能够充分反映该系统的实际状态，但是所选指标也不宜过多，否则在进一步分析时工作量太大，过于复杂。

1. 指标体系构建的原则

综合运输子系统、经济子系统、生态子系统都是动态变化的系统，受到各种因素的影响，我们在进行指标选取时应选择最有代表性的指标。因此，所选指标应符合以下几个原则：

（1）科学性和全面性

在进行指标选取时尽量选择能够反映系统信息的指标，这些指标应具有明确且科学的定义，不能与现实相违背，并且这些指标应尽可能地包含系统各个层次、各个方面的信息。

（2）可操作性原则

所选指标的数据应该容易获取，或者能够用一定的方法计算所得，以保证数据有较好的操作性。尽量避免不易获取数据的指标，或者通过计算及其他方法没办法得到数据的指标。

（3）动态性和稳定性原则

数据毫无波动的指标在进行评价时是没有意义的，因此，指标选取时应尽量选择动态变化的指标，以便进行进一步的评价。但是所选指标的数据也不宜出现太大的波动性，防止计算结果与现实状况出现较大偏差，因此，指标选择时应选择动态变化且相对稳定的指标。

（4）普遍性与特殊性原则

指标选择时应尽量多地选择能够反映系统普遍信息的指标，使这些指标具有代表性，但在选择指标时也应将一些特殊的指标加入指标体系中，使这些信息能够全面地反映系统的信息及特性。

2. 指标体系的构建

公路运输、经济、生态子系统都是复杂的系统，包含了多个层面、多个角度的信息，本书根据，并考虑实际研究情况，将三个子系统的指标按如下几个方面进行初步设置。为了方便描述,本书将公路运输子系统、经济子系统、生态子系统分别记为子系统 X、Y、Z。本书在实证分析的过程中会参考本节的指标体系构建，并根据实际数据获取情况和数据的可用性而具体设置。

（1）运输子系统指标

综合运输子系统指标按照规模、结构、潜力三个方面进行设置。综合运输子系统指标如表9-1所示。

表 9-1　综合运输子系统指标体系

规模指标	结构指标	潜力指标
总客货运量 总客货运周转量 公路客货运量 公路营业里程 公路旅客货物周转量	公路网密度 公路从业人数	交通运输业投资 交通运输业更新改造投资 交通运输业基础建设投资 交通运输业固定资产投资

（2）经济子系统指标

经济子系统指标按照规模、结构、效益三个方面进行设置。经济子系统指标如表9-2所示。

表 9-2　经济子系统指标体系

规模指标		效益指标	结构指标
三产产值 居民消费额 居民储蓄额 地区生产总值 固定资产投资 消费品零售总额 规模以上工业总产值	进出口额 财政收入 财政支出 人口数量 就业人数 旅游总收入	人均生产总值地区生产总 值增长率 居民消费价格指数城镇居 民人均可支配收入 农村居民人均可支配收入 规模以上工业利润总额	城镇化率 一次产业比例 二次产业比例 三次产业比例 固定资产占地区生产总值比 例

（3）生态子系统指标

生态子系统指标按照生态环境污染、环境保护、生态资源三个方面进行设置生态子系统指标如表9-3所示。

表 9-3　生态子系统指标体系

生态环境污染指标	生态环境保护指标	生态资源指标
能源消耗总量 工业能源消耗量 交通运输能源消耗量 居民生活能源消耗量 工业固体废物排放量 废水排放总量 生活污水排放量	工业固体废物处置率 工业废水排放达标率 生活污水处理率 造林总面积	人均耕地面积 人均绿地面积 人均水资源量 湿地面积

（二）综合运输、经济、生态的综合发展水平

系统的综合发展水平反映的是系统发展状态好坏或者水平的高低，是发展规模、速

度、效益等多个方面的体现，即从整体上对系统发展的综合评价。在建立了综合运输、经济、生态子系统的指标体系之后，应对各子系统的综合发展水平进行度量，以便了解各子系统在各个时期的发展情况，并为后续综合运输–经济–生态系统的协调性研究奠定基础。

由于综合运输子系统、经济子系统、生态子系统指标数量较多，信息量较大，使得权重分配比较困难，不易进行综合分析，且部分指标之间具有一定的相关关系和信息的交叉重叠，进一步影响问题分析的难易程度和繁简度。而主成分分析法通过对系统内较多指标进行降维，有助于消除指标相关性和重复信息的影响，还能极大程度地保留原始指标体系的信息，从而将较多的指标转化为包含普遍信息的少数指标，使问题具有可操作性，并且用主成分分析法给指标赋权具有客观性，因此，本书选取主成分分析法来提取各子系统的主成分，并计算各子系统的综合发展水平。

1. 主成分分析

主成分分析（Principal Component Analysis，PCA）是将较多指标转化为少数指标，并尽可能地保留原来指标信息的方法。转化后的少数几个指标通常称为主成分，各主成分均为原始指标的线性组合，且各主成分之间的协方差均为零，说明使用该方法进行研究时更能反映问题的实质，能够抓住问题的重点。

数学上的这种线性组合方式可以生成很多新的指标，如果没有特定的原则或限制，那么生成的指标还可能较多。因此，我们在生成主成分时应遵循以下几个原则：

①通过 PCA 得到的第一个综合指标应是所有指标中所含信息最多的指标，记为 F_1。F_1 的方差可表示为 $Var(F_1)$，其大小可以反映该综合指标所含原始指标的信息量大小，其值越大，则表示该综合指标所含原始指标的信息量越多，反之，表示该综合指标所含原始指标的信息量越少。由于该综合指标的方差最大，因此，该指标也称为"第一主成分"。

②当 F_1 不足够反映原始指标的所有信息时，应选取第二主成分，记为 F_2。对于 F_2 而言，F_1 已包含的信息就不要再反映在 F_2 中，因此要求 F_1、F_2 的协方差为 0，即 $Cov(F_1, F_2) = 0$，F_2 被称为第二主成分。

③以此类推，可以求出第三、第四主成分，越往后说明他们所含原始指标的信息量越少，并且各主成分之间是互不相关的。

以子系统 X 为例，假设有 P 个指标，每个指标有 n 个样本观测值，记为 $X = (X_1, X_2, X_3, \ldots, X_p) = (x_{ij})_{n \times p}$，其中 $i = 1, 2, \cdots, n$ 表示 n 个观测值；$j = 1, 2, \cdots,$ P 表示 P 个指标。对于本书而言，x_{ij} 表示子系统 X 的第 j 个指标在第 i 年的观测值。即：

$$X = \begin{bmatrix} x_{11} & x_{12} & \dots & x_{1p} \\ x_{21} & x_{22} & \dots & x_{2p} \\ \dots & \dots & \dots & \dots \\ x_{n1} & x_{n2} & \dots & x_{np} \end{bmatrix}$$

为了消除每个指标的量纲对分析的影响，在问题分析之前应对各指标数据进行标准化。标准化处理之后的数据记为 $X' = \left(X_1', X_2', X_3', \dots, X_p' \right) = \left(x_{iv}' \right)_{nxp}$ ，即：

$$X' = \begin{bmatrix} x_{11}' & x_{12}' & \dots & x_{1p}' \\ \dot{x}_{21}' & \dot{x}_{22}' & \dots & \dot{x}_{2p}' \\ \dots & \dots & \dots & \dots \\ \ddot{x}_{n1}' & x_{n2}' & \dots & x_{np}' \end{bmatrix}$$

主成分分析通常的做法是对 X' 做正交变换，寻求原始指标的线性组合 F_1。

$$\begin{cases} F_1 = u_{11}X_1' + u_{21}X_2' + u_{31}X_3' + \dots + u_{p1}X_p' \\ F_2 = u_{12}X_1' + u_{22}X_2' + u_{32}X_3' + \dots + u_{p2}X_p' \\ \dots\dots \\ F_p = u_{1p}X_1' + u_{2p}X_2' + u_{3p}X_3' + \dots + u_{pp}X_p' \end{cases}$$

其中，u_{ii}，u_{2i}，$\cdots$，u_{pi}（i=1，2，$\cdots$，p）为协方差矩阵 Σ 的特征值所对应的特征向量，F_i（i=1，2，$\cdots$，p）为第 i 主成分。$Ru_i = \lambda_i u_i$，R 为相关系数矩阵，λ_i、u_i 是相应的特征值和特征向量，且 $\lambda_1 \geqslant \lambda_2 \geqslant \cdots \geqslant \lambda_p \geqslant 0$。

上述等式还应满足以下条件：

①每一个主成分所有系数平方和等于1，即 $u_{1i}^2 + u_{2i}^2 + \dots + u_{pi}^2 = 1$ ；

②各主成分之间相互独立，即 $Cov(F_i, F_j)=0$，$i \neq j$，i，j=1，2，$\cdots$，p；

③主成分的方差依次递减，即 $Var(F_1) \geqslant Var(F_2) \geqslant \cdots \geqslant \mathrm{Var}(F_p)$

以上即为 PCA 的基本原理，将多数指标转化少数指标，包含了绝大多数信息，便于对综合运输、经济、生态各子系统的综合发展水平进行分析。

2. 综合发展水平测度的具体步骤

利用 PCA 的方法对综合运输、经济、生态子系统的综合发展水平进行测度的步骤如下：

①标准化原始数据。在实际问题的研究过程中，数据的标准化方法最常用的有极差法和"Z-score"标准化两种。设原始数据为 $x_{ij}(i=1,2,\ldots,n; j=1,2,\ldots,p)$ x_{ij} ($i=1，2，\ldots，n$; $j=1，2，\ldots，p$)。

利用极差法标准化之后为：

$$
\begin{cases}
y_{ij} = \dfrac{x_{ij} - \min\{x_{ij}\}}{\max_j\{x_{ij}\} - \min_j\{x_{ij}\}}, x_{ij} \text{为正向指标} \\[4mm]
y_{ij} = \dfrac{\max_j\{x_{ij}\} - x_{ij}}{\max_j\{x_{ij}\} - \min_j\{x_{ij}\}}, x_{ij} \text{为负向指标}
\end{cases}
$$

其中，正向指标是指随着该指标值的增大，对系统有正面的影响；负向指标是指随着该指标值的增大，对系统有负面的影响。

利用"Z-score"标准化之后的数据为：

$$
y_{ij} = \frac{x_{ij} - \overline{x_j}}{s_j}
$$

其中，$\overline{x_j}$ 为第 j 个指标的平均值，即 $\overline{x_j} = \dfrac{1}{n}\sum_{i=1}^{n} x_{ij}$

S_j 为第 j 个指标的标准差，即 $s_j = \sqrt{\dfrac{1}{n}\sum_{i=1}^{n}\left(x_{ij} - \overline{x}_j\right)^2}$

在本书的实证中会根据具体的数据来选择标准化方法。

②计算相关系数矩阵。综合运输、经济、生态子系统的相关系数矩阵 R，即：

$$
R = \frac{Y^T Y}{n-1}
$$

③计算 R 的特征值和特征向量。根据公式：

$$
|R - \lambda I| = 0
$$

求出特征值 $\lambda_j(j=1,2,\ldots,m)$，并将特征值按从大到小排列，选择特征值大于 1 的前 k 个作为主成分，假设第 w 个主成分的贡献率为 $\beta_w = \lambda_w \Big/ \sum_{i=1}^{k}\lambda_i$，则提取出的 k 个主成分的贡献率应为 $\sum_{i=1}^{k}\beta_i \geqslant 85\%$，这 k 个主成分变量就可以代表该子系统指标体系。再根据 $Ru = \lambda_j u$ 就可求出相应的特征向量。

④确定主成分。根据 R 和 y_{ij}，即可求出主成分 F_i：

$$F_i = y_j^T u_i$$

其中，$y_j^T = \left(y_{1j}, y_{2j}, \ldots, y_{nj} \right)^T$，$u_i$ 为特征向量，$i=1,2,\cdots,k$；$j=1,2,\cdots,\text{m}$。

⑤计算综合发展水平。系统的综合发展水平值通常为正，若计算出的值为负，那么就要重新选择数据的标准化方法进行计算。计算公式如下：

$$F = \sum_{i=1}^{m} F_i * \beta_i$$

本书将综合运输子系统在时间 t 的综合发展水平值记为 $F_X(t)$，经济子系统在时间 t 的综合发展水平值记为 $F_Y(t)$，生态子系统在时间 t 的综合发展水平值记为 $F_Z(t)$。

当 $F_X(t) < F_Y(t)$ 时，说明子系统 X 的发展比子系统 Y 的发展滞后；当 $F_X(t)=F_Y(t)$ 时，说明子系统 X 与子系统 Y 同步发展；当 $F_X(t) > F_Y(t)$ 时，说明子系统 X 的发展比子系统 Y 的发展超前。

（三）综合运输、经济、生态的推动关系

在综合运输 – 经济 – 生态系统中，综合运输、经济、生态之间的推动关系与地区经济状况、人口数量、交通设施、交通投资、生态资源等因素密切相关，但是由于统计或其他现实原因，使得综合运输 – 经济 – 生态系统有关的时间序列数据不明确或者数据缺失，这种信息、数据、结构或者关系不完全的系统可以称为灰色系统，因此，可以利用灰色理论来分析综合运输、经济、生态之间的推动关系。

由于多维灰色动态模型（即"GM（1，N）模型"）的定义中存在系统发展系数和驱动系数，能够较好地反映系统的发展情况和不同因素或子系统之间的驱动关系，多用于研究不同因素或不同子系统之间的驱动关系，因此，本节通过建立 GM（1，N）模型来进一步分析三元系统中综合运输、经济、生态发展之间的推动关系，其中 1 表示一阶，N 为变量个数。

1. 模型的建立

本书根据《灰色系统理论及其应用》，建立多维灰色动态模型。设子系统 X 有 N 个指标，每个指标有 t 个观测值，$X_1^{(0)} = \left(x_1^{(0)}(1), x_1^{(0)}(2), \ldots, x_1^{(0)}(t) \right)$ 为主要行为特征数据序列，

$$X_2^{(0)} = \left(x_2^{(0)}(1), x_2^{(0)}(2), \ldots, x_2^{(0)}(t) \right)$$

$$X_3^{(0)} = \left(x_3^{(0)}(1), x_3^{(0)}(2), \ldots, x_3^{(0)}(t) \right)$$

$$\cdots$$

$$X_N^{(0)} = \left(x_N^{(0)}(1), x_N^{(0)}(2), \ldots, x_N^{(0)}(t) \right)$$

为相关行为特征数据序列，$X_i^{(1)}$ 为 $X_i^{(0)}$ 的 1—AGO 序列 ($i=1$, 2, $\cdots$, N)，$Z_1^{(1)}$ 为 $X_1^{(1)}$ 的紧邻均值生成序列。

$$X_i^{(1)}(k) = \sum_{i=1}^{k} x_i^{(0)}(t)$$

$$Z_1^{(1)}(k) = \frac{1}{2} \left[X_1^{(1)}(k) + X_1^{(1)}(k-1) \right], \quad k = 2,3,\ldots,t$$

则

$$\frac{dx_1^{(1)}(k)}{dk} + ax_1^{(1)}(k) = \sum_{i=2}^{N} b_i x_i^{(1)}(k)$$

称为 GM（1，N）模型。其中，$-a$ 为系统发展系数，b_i 为驱动系数，这两类系数可以反映系统自身发展情况，也能够反映相关行为特征对主要行为特征的驱动作用。由定义可知，驱动系数是反映不同因素之间的驱动关系，也可理解为推动关系，因此，驱动系数可以用来研究不同因素之间的推动关系。

2. 模型的求解

由以上模型可知，模型的求解实际就是求出 a 和 b_i 的值即可，利用 OLS 估计：

$$\hat{a} = \left(B^T B \right)^{-1} B^T W$$

其中，$\hat{a} = [a, b_1, b_2, \ldots, b_N]^T$

$$B = \begin{bmatrix} -z_1^{(1)}(2) & x_2^{(1)}(2) & \ldots & x_N^{(1)}(2) \\ -z_1^{(1)}(3) & x_2^{(1)}(3) & \ldots & x_N^{(1)}(3) \\ \vdots & \vdots & & \vdots \\ -z_1^{(1)}(t) & x_2^{(1)}(t) & \ldots & x_N^{(1)}(t) \end{bmatrix}, \quad W = \begin{bmatrix} x_1^{(0)}(2) \\ x_1^{(0)}(3) \\ \vdots \\ x_1^{(0)}(t) \end{bmatrix}$$

由于本书研究的是三元系统中综合运输、经济、生态之间的推动关系，因此利用综合运输、经济、生态子系统的综合发展水平值建立 GM（1，3）模型。利用该模型对三元系统中综合运输、经济、生态推动关系进行研究时，主要是对系统驱动系数 b_i 进行讨论。

当 $b_i \geq 0$ 时，说明相关行为特征对主要行为特征有正向推动作用，其值越大说明推动作用越明显；当 $b_i < 0$ 时，说明相关行为特征对主要行为特征没有正向推动作用或正向推动作用不明显。只有当各子系统或各要素之间互相存在推动关系时，才能从推动关系这一角度说明各子系统或各要素之间是协调的。

第二节　低碳公路运输业发展的理论支撑

一、交易费用理论、产权理论与委托代理理论

（一）交易费用理论

交易费用理论是新制度经济学研究的起点和出发点。正是因为交易费用的存在，人们才认识到制度在经济生活中所起到的重要作用。很多新制度经济学家都对交易费用作过界定，但在理解上和侧重点上不尽相同。科斯（Coase）认为交易费用是谈判、签订和执行合约的费用；威廉姆森（Williamson）将交易费用分为"事前的"和"事后的"两种；张五常把交易费用等同于"制度成本"；袁庆明将交易费用定义为"当法律层面上和物质层面上的转变和移动发生的过程中产生的各种代价。"按照对象的不同，可以将交易费用分为两类：一类是不同制度之间的交易和既定制度范围内的各种交易费用；另一类是市场型交易、管理型交易和政治型交易的费用。其中管理型和政治型的交易费用比较相似，可以概括为组织内部的制度费用、管理费用、信息费用等。

按照威廉姆森的分析，交易费用的三个主要决定因素分别是：人的有限理性、机会主义和资产专用性。人的有限理性是指人的认知有局限性；机会主义是指人们在交易中通过不正当的手段追求自身利益的最大化，这是交易费用的核心概念；资产专用性是指人力或物质资产在多大程度上供选择的经济活动中具有的价值。只有当这三个因素同时出现的情况下，交易费用才会存在。因为如果一个人完全理性，就有能力预测到未来发生的各种可能，从而签订一个详尽的长期合同；如果机会主义不存在，人们就不会因为合同中的漏洞而投机；同样，如果不存在资产专用性，市场上的主体将是充分竞争的。

交易费用理论研究中的重点和难点是交易费用的测量问题，交易费用测量当中无法经由市场衡量的成本，例如信息的获取、贿赂行为以及时间成本等最终导致了交易费用测量的困难。解决这一困难的方法是将测量分为两个层次：

一个是从宏观的角度出发，测量制度运行的交易费用；另一个则是从微观的角度出发，对于在一定的制度下各种变量引起的交易费用变化进行测量。交易费用测量不仅在衡量制度的有效性方面起着关键的作用，更是一国经济科学管理的重要组成部分。西方学者在交易费用测量上付出了极大的努力，但截至目前并没有取得很好的效果，这就促使广大的经济学者应结合我国的实际情况，找出符合国情的、有效的交易费用测量方法，

为经济发展创造出更加有效的制度安排。

二、产权理论

阿尔钦（Alchin）认为，"产权是一种通过社会强制而实现的对某种经济物品的多种用途进行选择的权利。"菲吕普顿（Filipton）和佩杰维奇（Pejevich）指出，"产权不是人与物的关系，而是因为物的存在及使用所产生的人与人之间互相被认可的行为关系。"可见，产权概念共有三个层次含义：其一，产权是人与人之间的基本行为关系；其二，产权是对经济物品所有及使用的一组权利的集合；其三，产权相对于个体而言并不存在，具有社会属性，是一些社会制度。产权是一组权利的集合，一般认为是由所有权、使用权、收益权和转让权四种基本权利构成。其中转让权最能体现产权的完整性与独立性，它承担的是产权人所拥有的改变资产价值的权利。

根据不同的依据，产权的分类也不同。按照产权的归属主体及排他性程度，产权可以分为私有产权、共有产权和国有产权；按照绝对和相对程度，产权可以分为绝对产权和相对产权。产权具有激励与约束功能、外部性内在化功能与资源配置功能。其中最重要的功能是外部性内在化功能。德姆塞茨（Demsetz）认为，"产权的一个主要功能是引导人们实现将外部性较大地内在化的激励。与社会相互依赖性相联系的每一成本和收益就是一种潜在的外部性，使成本和收益外部化的一个必要条件是，双方进行权利交易（内在化）的成本必须超过内在化的所得。"因此，产权的外部性问题是相互的，不是单方面的，可以通过安排合理的产权制度解决外部性问题。科斯的学生（威廉姆森、张五常等）就是从研究外部性问题入手，总结概括出所谓的"科斯定理"。

新古典主义学者认为，市场是唯一的资源配置机制，个人追求利润最大化能够导致社会利益的最大化。然而，这种假设是建立在不确定性、交易费用为零的基础上的。新制度经济学者以交易费用大于零的现实世界为依据，揭示了产权对社会资源配置效率所起到的重要作用。他们通过分析比较现实中各种产权的结构、状态及其贡献的大小，就可以基本判断一个经济体应有的效率状况。产权理论认为，不同的产权制度对经济效率的影响差异巨大，有效的产权制度能够较好地解决外部性问题。与共有产权制度比较，私有产权制度的产权主体更明确、产权边界更清晰、交易费用也更低，它的转让权也更好地得到体现。

三、委托代理理论

委托代理理论是研究企业制度的经典理论，它指出了在非对称信息的条件下，委托人与代理人之间的利益差异所导致的诸多问题，具有很强的现实解释力。交易双方之间关系是多样的、复杂的。当交易一方将某项任务交由交易另一方完成，并给予其一定的报酬时，两者的关系就是委托代理关系。将任务交予他人的交易方就是委托人，而获取报酬的交易方就是代理人。

委托代理关系广泛地存在于社会经济生活之中，具有普遍性。委托代理关系是一个相对概念，可以是多层次的，即存在多个委托人与代理人，而一个市场主体可以具有委托人与代理人的双重角色。假设存在一个4层次的委托代理关系：$A \rightarrow B \rightarrow C \rightarrow D$，$A$ 是最终的委托人，D 是最终的代理人，而 B 与 C 既是委托人，也是代理人，对于 A 而言，B 是代理人；而对于 C 而言，B 又是委托人。委托代理之所以出现，在于这种体制能够充分发挥不同主体的专长，获取专业化带来的好处，节省委托人完成某项目标的成本。如果信息是完全的，委托方就能掌握对方全部的有用信息；委托人与代理人的利益是完全一致的，那么委托代理机制将是完美的。

但是，这种完美的假设并不存在于现实之中。一方面，不对称信息普遍存在，认知能力的缺乏及高昂的信息成本，使委托人难以获取比代理人更多的信息，为代理人追求私人利益创造了条件。另一方面，委托人与代理人的利益很难达到完全一致。每个人的收益函数与偏好都存在一定的差异，在很多时候，代理人的行为并不是追求委托人利益的最大化，为了维护自身利益甚至会以损害委托人的利益为代价。这两方面的原因导致了委托代理问题的存在，极易诱发代理人的"道德风险"与"逆向选择"问题。要解决这一问题，需要付出相当的代理成本，包括弥补委托人信息上的劣势，也就是信息成本；代理人的保证成本；代理人行为偏离委托人所造成的损失。委托代理理论的中心任务是研究在信息不对称和利益冲突的情况下，委托人如何设计最优契约激励代理人。因此，委托代理问题的实质是代理成本，在某种程度上也可以看作是交易成本。在存在委托代理关系的管理体制中，只要能够充分地降低代理成本，使委托人能够承担，那么委托代理问题就能够得到有效解决。

一般来讲，委托代理层次的数量与代理成本的高低呈正相关，委托代理层次越多，代理成本越高。因为，每一层的委托人与代理人之间都存在利益差别，代理人的行为或多或少都会偏离委托人的任务目标。层次越多，最终委托人与最终代理人的目标差异也就越大。同时，每一层委托代理关系都会存在一定的信息扭曲，层次越多，信息的及时性与真实性也就越难保证，信息成本也就越高。

威廉姆森研究了企业内部的科层制问题，他认为，虽然科层制可以带来专业分工的好处，但是多级数的科层制会带来信息扭曲，产生"控制损失"，因此需要确定最优的科层数目。此外，委托代理的管理幅度也与代理成本密切相关。如果管理幅度过大，存在多个委托人对一个代理人的情况，那么，代理人需要同时满足不同委托人的任务。如果委托人之间存在权责不清，目标冲突将增加代理人完成目标的成本，使其缺乏努力工作、锐意进取的动力，面临的代理成本也就越高。

因此，委托人可以采取一手抓激励、一手抓监督的策略。委托人不仅需要建立各种激励机制，对代理人进行高效的激励，更重要的是要对代理人实施强有力的、有效的监督，使其行为最大程度的符合委托人的利益函数。代理成本本身是不可能消除的，但可以进行有效的控制。基于完全契约的委托代理理论认为，可以设计一份完美的激励契约来解决，实现激励与约束相兼容，激励代理人完成自己的任务目标，以此来尽可能地降低代理成本。这就意味着，设计合理的激励约束制度对于解决委托代理问题的重要性。

二、制度变迁理论、公共经济理论与产业理论

（一）制度变迁理论

1. 制度变迁

制度是社会的游戏规则，它决定了一个社会的基本结构和选择取向。为了提高社会资源的配置效率，人们通常从产权和交易费用等多方面来进行制度创新，这就引起了制度变迁。制度变迁是制度的更替、转换及创新的过程，是创新的主体为了实现特定的目标而重新安排制度及重新调整制度结构的过程。创新的主体只有在预期收益大于预期成本的考量下，才会推动制度变迁。

制度变迁的动因则可以从制度变迁的供给与需求两个层面进行探讨。制度变迁供给是指供给主体（个体或组织）在收益大于成本的情况下，设计、出台、实施新制度以满足制度变迁需求的一系列活动。制度变迁需求是指制度现状无法满足人们需求，进而产生了对更高效率制度需求。如果制度变迁供给完全满足变迁需求，那么就会出现制度均衡的完美情况，即没有任何经济主体具有改变现有制度的动机及活动。当制度供给满足不了制度需求，或制度供给过剩时，制度非均衡的情况就会出现，此时就可能推动制度变迁。制度非均衡是制度变迁的先决条件及主要动因。

对于制度变迁的发生机制，可以分为诱致性制度变迁和强制性制度变迁。所谓诱致性制度变迁，是制度供给者（主要是个人或群体）为了获取收益而采取的主动性变迁。但是由于人的理性是有限的，制度变迁中的交易成本尤其是谈判成本十分高昂，同时存在外部性问题，这往往导致诱致性制度变迁难以实现。而强制性制度变迁则是由国家（主要是政府）所推动的，具有国家的权威性与强制力，能够有效地解决外部性所导致的制度供给不足。但是，与诱致性制度变迁相比，缺乏让人们自觉遵守的激励。准确地说，任何一个社会大的制度变迁都是两种变迁方式的结合，因诱致性制度变迁引起，借强制性制度变迁推进完成制度变迁的全过程。只有将二者有机地结合在一起，充分发挥各自的作用，制度变迁才能获得成功。

制度变迁受政治、经济、传统观念等诸多因素的制约。一个国家的政治体制决定了这个社会的制度变革的难易程度。民主体制下拥有更多自由的权利，容易进行制度变迁。制度变迁过程中经济约束是一个根本性的约束，人们在进行制度创新时，不但要考虑制度变迁的成本和收益，还更加关注如何降低变迁中的交易费用。

2. 制度变迁的路径依赖

路径依赖三个比较公认的特点：①路径依赖是对早期历史阶段相当敏感的过程之中因果的研究；②早期的历史事件的发生是随机的，而这种随机性无法用先前的事件解释；③只要随机性历史事件一发生，路径依赖就具有了相关确定性的因果模式。制度变迁的路径依赖是指一种制度形成以后会在一段时间内持续存在并不断得到强化，最终会影响后来的制度安排及选择。

如果路径正确，制度变迁就会进入良性循环轨道；如果路径错误，制度变迁就会陷

入无效率的锁定状态。诺思（North）对这两种极端形式进行总结后提出了诺思路径依赖Ⅰ和诺思路径依赖Ⅱ。诺思路径依赖Ⅰ是指：一种制度变迁沿着某一路径发展时，外部性效应和组织自我学习的能力等就会加强这一路径的发展，制度的有效演进会自动的选择社会效用最大化的目标发展，最终实现经济的长期增长。这条路径的基本特点是：资本流动性增加，信息费用降低和致力于规范市场秩序和法律制度建设的稳定政府。诺思路径依赖Ⅱ是指：即使是一些在早期带来经济增长的制度，随着市场的发展和组织合作的深入，市场上会逐步形成共同维持并保护其组织和集团之间利益的共识，这种称之为利益集团的组织是现有制度状态下的既得利益者，它们不但不会推动制度朝着更有利于社会效用最大化的方向发展，反而会强化现有无效率的制度安排，以整体的社会福利和发展为代价来保护自身的短期利益。一旦社会的制度发展进入这种锁定状态，要想摆脱这种"惯性"就会变得非常困难。该路径的主要特点是：市场交换基于社会关系及人治，市场信息制度缺失，产权不能得到法律的有效保护和缺乏一个强有力的稳定政府。

按照诺思的思想，制度变迁的路径依赖运行机制由给定条件、启动机制、形成状态、退出闭锁四个步骤组成，即当随机性、偶然性事件发生的情况下，制度变迁中出现了收益增加，这种收益增加的结果可能会导致系统的闭锁，也可能是非效率的选择等，但无论是哪种结果的产生，都会受到政府等外界力量的干预，最终实现路径替代。

（二）公共经济理论

本书的公共经济理论包括公共财政理论、公共产品理论和公共选择理论。

1. 公共财政理论

公共财政是与市场经济体制相适应的一种财政体制，它是指作为公共部门的政府为满足社会公共的需要，提供公共产品和服务的行为。公共财政理论主要包括三个方面的内容：财政决策理论、财政制度理论与财政目标和绩效评价理论。

在社会主义市场经济体制下，市场在资源配置中起着决定作用。但是，在一些公共产品上，市场的力量已不再有效，这就需要政府作为资源配置的主体发挥作用。公共财政理论认为，政府财政可以解决由于公共产品、外部效应以及信息不充分等诸多因素而引致的市场失灵问题。财政的资源配置是指政府对经济运行中的资源进行干预，通过对资源的合理配置来提高资源配置的效率。财政资源配置的过程是公共部门为全体社会成员提供公共产品，运用经济和法律手段矫正外部性并维持市场有效竞争的过程。

2. 公共产品理论

公共产品不仅是指那些完全符合非竞争性和非排他性的产品，还应该包含公共性程度不完全的产品。比如，公路、学校、图书馆等，这类产品的一个共同点就是当其消费者人数超过某一临界值时，边际成本开始上升甚至变得无穷大。换句话说，这些产品无法排他，但是当消费人数超出其承受范围时，人们之间就存在了竞争性。

公共产品可以分为纯公共品、俱乐部产品和共同资源三类。公共产品的共同消费属性往往会导致现实生活中出现"搭便车"（free riding）的行为。所谓"搭便车"就是形容享受公共产品却不为此付出代价的行为。理解了这种行为，也就了解了为什么公共产品不能由单一的市场机制供给。公共产品供给主体选择的标准包括效率标准、帕累托效率标准和萨缪尔森条件等。通过对众多的理论标准的商讨，理论界已经基本达成了共识，即公共产品可以由政府、市场及主体三方共同，在政府主导供给的同时，公共产品可以由其他不同的供给主体提供。

3. 公共选择理论

公共选择理论是 20 世纪 50 年代逐渐发展起来的西方经济学理论之一。它是介于政治学与经济学之间的一门新的交叉学科。在传统的主流经济学看来，人们追求自身的利益最大化只适用于市场环境下，而政治领域中完全不存在"经济人"的假设，个人的目的是谋求他人及整个社会福利的最大化。公共选择理论则认为，由于政府自身存在缺陷，不仅无法弥补市场机制的不足，而且还会造成社会资源配置的低效及整个社会福利水平的下降。政府是由官员及普通公务员组成的机构，无论是官员还是普通的公务员，在政策的制定及执行的过程中未必完全地从大众的利益考虑，他们总是在寻找着各种机会或多或少地引入个人的主观的利益诉求，正是这些单个人的目标多样性和遵循个人利益最大化的动机规律，才最终导致了"政府失灵"。

由此看来，国家和政府也可以被看成是整个大的经济体系当中的一个内生变量，和经济市场一样，可以把人们在政治领域中的种种行为归结成市场行为，因此，"经济人"的假设在政治市场上也完全适用。在政治市场中，政府官员、选民和利益集团是活动的主体，其中政府官员在政治市场中提供公共产品，选民和利益集团则是这个市场中的需求者，他们用手中的选票和游说等方式来换取满足自身需要的公共产品及服务。

公共选择理论的核心思想是用"经济人"的行为来分析政府的制度活动。同市场制度等其他制度一样，人们在政府制度框架下的活动既有合作又有冲突。如果政府制度安排合理，人们就会通过合理的制度安排追求公共福利的提高，而不是个人的利益诉求的最大化。

一个国家的国有资产的现实状况由其政府职能所决定，我国正处在社会主义初级阶段，各利益主体之间的矛盾冲突导致了国有资产的构成只能是一个公共选择的结果。

（三）产业理论

产业作为经济学概念是社会生产力发展的必然结果。由于生产的进步以及技术的提高，同类属性的企业经济活动开始集合，显现出一种介于宏观经济与微观经济之间的中观经济形态。产业的出现离不开社会分工，从某种意义上说产业是社会分工的产物。如果没有社会分工，产业也将不复存在。人类历史上曾经出现几次较大的分工：畜牧业和农业的分离是第一次社会大分工；农业和手工业的分离是第二次社会大分工；商人的出现、商业的兴起是第三次社会大分工。在经历了三次大分工之后，产业结构不断发展，人类步入文明时代，社会也呈现出了崭新的面貌。

社会分工推动了产业结构的重大的变革，产业革命也随之产生。学界普遍认可的产业革命开始于 18 世纪 60 年代，工场手工业向机器大工业的转变推动了产业革命的发生，并使工厂生产取代了工场手工业。由于生产力的巨大飞跃，社会分工的形式也更加具体。马克思在此基础上提出了社会分工的三种形式，即一般分工、特殊分工以及个别分工。一般分工是指各个劳动领域之间的分工，在此基础上产生了农业、工业、商业的分工；特殊分工是指在劳动领域内部各部门之间的分工；个别分工是指在直接劳动过程中对不同工作种类等的更为细致的划分。社会分工的精细化使产业部门增加，产业的内涵和外延更加复杂化，受现实情况的推动，经济学开始重视对产业理论以及产业经济的研究。

产业主要指经济社会的物质生产部门，是同一性质的生产部门和提供劳务的集合体。产业理论以产业为研究的对象，主要包括产业组织理论、产业结构理论、产业布局理论以及产业政策理论。经济学旨在通过对产业理论的研究，更好地促进产业发展，实现经济社会的良性运行。

1. 产业组织理论

产业组织是指提供某种相同或者类似的产品及服务的企业间组织关系的集合体。产业组织理论主要研究在不完全自由竞争的市场机制之下企业的反应。19世纪末，英国经济学家马歇尔在其《经济学原理》一书中提出了产业组织问题，并提出了"马歇尔冲突"难题，即规模经济与竞争活力之间存在内在冲突，产业组织理论正是在解决这一难题的基础上发展起来的。

传统的产业组织理论主要是"结构—行为—绩效"的经验模式，我们通常将其称之为"S-C-P"。在这种模式下，人们认为市场结构决定了经济行为，继而影响了绩效，是一种单向度的关系。在后来的发展过程中，人们对这一单向度关系进行了补充，提出了双向关系论，即认为"结构—行为—绩效"存在双向影响关系。随着对市场认识的进一步加深，在20世纪70年代产业组织理论采用博弈论、交易成本理论、激励理论来进行阐释，并运用这些理论来分析垄断与兼并等经济行为。产业组织理论的基础是对竞争以及垄断等问题的分析，市场结构深受竞争以及垄断关系的影响。通过对厂商的内部组织与外部关系的考察，从而解读其复杂的经济行为，确定市场结构类型。在产业组织理论不断发展成熟的同时，也为现实经济生活提供了指导。一是推动了反垄断法的制定，二是加强了政府对市场结构以及经济行为的管制。

2. 产业结构理论

利用经济学家对产业结构的研究成果，我们可以将产业结构划分为三种：以农业为主的第一产业；以工业为主的第二产业；以服务业为主的第三产业。经济的增长不仅依赖于劳动力以及资本的投入，而且还取决于产业之间的结构状态。良好的产业结构不但能够使各个产业获得发展，还将有助于整个国民经济的发展。产业结构的调整可以从两方面入手：一是推动产业结构的协调化。这是指各个产业在数量上达到合理的比例，产业之间互相协调，关联的水平提升。二是推动产业结构优质化。在整个产业结构中优化各产业所占的比重，不断提升第三产业的比重，推动整个产业效率提高，提升产业结构的整体素质。提高产业中科学技术的比重，减少对资源以及体力劳动数量要求大的产业所占的比例，提高产品的附加值。原来依靠初级产品制造的产业要不断优化自身结构，提高效益率。这两面的工作优化了，产业结构才能够适应经济社会发展。

3. 产业布局理论

产业布局是指在一定的地域范围内产业的分布结构与空间组合，产业布局受到多种因素的制约与影响，而产业布局是否合理也影响着经济发展的速度以及战略性发展全局。

在 20 世纪 60 年代以后，随着工业化、市场化、全球化进程的加速，原来的孤立局面被打破，人们更多地将区位整体经济统合起来进行研究，将影响产业发展的诸多因素综合起来进行考虑，从而发展了现代布局理论。

综观产业布局，不难发现其遵循了两大规律：发展规律及转移规律。发展规律是指不同产业的发展速度是不同的。一般而言，技术型及创新型产业会获得优先发展，形成高速发展区域。另外，不同地域之间的发展速度也是不同的，条件较好的城市往往会获得快速发展的权益。因此，在整个过程中，由于发展规律的作用，形成了由点到面，再到网的推动型经济发展模式，使产业布局走向成熟。转移规律是指当国家与地区的经济发展到一定程度的时候，其产业布局会发生改变，一些产业将会被会被转移到一些比之较为落后的国家与地区。

三、共享经济理论

共享经济理论也被称为分享经济理论，该理论主要是基于资本主义国家失业问题而提出的。马丁·魏茨曼（Martin Weitzman）分析资本主义的诟病在于分配制度，主要表现为工资制度的极度不合理。在魏茨曼看来，传统的工资制度存在很大的弊端，即工资与厂商的经营活动不挂钩。对于厂商而言，劳动成本和工资都是固定的。因为成本的固定化，价格的固定化也就成为必然。一旦经济衰退、市场萧条，有效需求就将不足。在无法变更成本的前提下，企业不会采取降价的方式来处理产品，因为这样会导致企业赔本。面对需求收缩的现实，企业所采取的手段通常是减少生产数量。如此一来，对工人需求数量就会降低，失业问题也就随之产生。另外，如果企业没有采取减少产品生产数量的办法仍照旧常生产，在市场的有效需求不足的情况下，往往会导致商品无法卖出，形成积压。此时厂商的效益受到影响，很多厂商不得不进行裁员，也会产生工人失业。

正是在对传统工资制度的批判中，魏茨曼提出了"分享基金"的理念。在这一理念下，工人的工资与厂商的经营状况联系起来，也就是说，工人的工资与企业的利润和业绩直接挂钩。在共享经济理念下，工人的工资由基本保障薪酬和利润分享基金两部分构成。厂商的利润增加时，工人所得的分享基金就会增多。反之则会减少。当市场需求受到冲击时，厂商可以降低员工的工资来调整利润共享额度，从而降低产品的价格。价格的下降会刺激消费的需求，厂商随之扩大产量和就业。厂商所采取的降低工资水平的行为使劳动成本降低，伴随雇佣工人的增加，工资进一步下降，因此劳动边际成本低于劳动平均成本。在共享经济理念下，厂商有较高的劳动力需求，倾向于雇佣更多的工人进行劳动。

共享经济理论的提出具有非常重大的意义。一是促进充分就业。厂商对劳动力的大量需求有效解决了工人失业的问题，稳定了就业。二是有效地解决了通货膨胀的问题。共享经济理念下，当市场需求不足时，往往会采取降低商品价格的手段，不会造成通货膨胀困扰。三是激发员工积极性。共享经济理论是建立在利润共享的基础之上的，利润分享基金将会对员工产生激励作用，激发其工作的热情，从而推动企业发展。

但是，这一理论同时也存在了很大的问题，主要表现在以下几个方面。第一，将工人的工资分为两部分必然使基础工资下降，厂商此时倾向于雇佣更多的劳动力，劳动力的需求激增后可能会产生劳动力供给不足的情况。第二，企业的工人数量不断扩大也就意味着利润要被更多的员工分享，每个人所能够得到的利润分享基金额度将会降低。第三，从本质上，魏茨曼并没有动摇资本主义的经济制度，只是在工资支付方式上加以技术改良，实际无法从根本上解决资本主义存在的问题。

继魏茨曼的"工资制度"之后，詹姆斯·米德提出了有关"产权制度"的共享经济理论。在米德看来，魏茨曼的工资制度虽然能够起到改良分配制度的作用，但是决定分配方式的则是产权制度。共享经济在实施的过程中极有可能受到原有产权制度的阻碍，因此仅仅改变分配方式是不够的，要想解决资本主义经济发展的弊病，必须调整产权结构。

按照工资制度的理念，工人的工资与企业利润挂钩之后，工人得到的分享基金越多，资本家的获利就会越少，这样就会存在利益的冲突。但是，如果改变这种绝对数额的做法，而采用相对比例的方法，即工人的收入与企业总收入之间确定一种比例关系，就能够有效的解决利益冲突问题。米德认为，劳动资本合伙的方式是十分有效的。在这种经济形式下，工人不需要进行投资，可以通过劳动力资本化的方式参与企业的利润分享。这一改变远远超出了工资制度改革的范围，是一种产权制度的变革，对资本主义体制产生巨大的震动。

共享经济理论在现实生活中得到了广泛的应用。早在20世纪英国就将这一理论与实际相结合，对英国的工资制度进行改革，将原工资的2/3定为固定工资，其余部分与企业利润价格，以共享利润的方式取代了固定工资。这一实践不仅有效地缓解了英国的失业问题，也使企业得以良好发展。

共享经济发展至今，内涵不断丰富，范围也不断延伸。目前，共享经济一般是指以获得一定的报酬为目的，基于陌生人且存在物品使用权暂时转移的一种经济模式。主要的形式是整合线下的闲置物品、各种资源。共享经济的理念允许人们以不同的付出方式来公平的享有各种资源，获得收益。这一模式发展至今已经可以通过互联网加以运转，很大程度上改变了人们的生活。在现代共享经济中，供给方通过在特定时间内让渡出物品的使用权或者提供服务，来获得一定的利润；而需求方可以不用购买商品，即不拥有所有权，而是通过租、借等方式达到同样的效果。可以说，这一内容上的延展对整个经济生活具有了巨大的意义。

第三节　中国低碳公路运输业发展进程加快

一、加快中国低碳公路运输业发展的可行性

交通运输业是国民经济的基础产业，也是社会经济发展和人民生活水平提高的基本条件保障。而公路运输是交通运输行业的基础，也是人民最普遍使用的交通运输方式之一。

随着交通运输业的大力发展，我国公路运输业进一步发展，公路网升级，运输车辆持续增加。公路运输作为我国主要的交通运输方式，已然成为碳排放的重要源头。公路运输造成的碳排放在全社会总的碳排放中的比例逐年上升，低碳公路运输业的发展成为实现绿色环保的重要举措之一，低碳公路运输业发展面临新的形势和机遇。低碳运输正在成为保护环境、降低能耗、可持续发展的主力军，低碳公路运输业的发展是实现这一目标的重要途径。

因此，为了应对日益严峻的环境保护的压力，真正做到科学发展、可持续发展，加快国民经济的产业升级和产业结构调整，有效促进经济的持续增长，解决低碳公路运输业中的碳排放的问题就显得尤为重要。我国在各方面采取了相关措施并取得了一定成效。随着全社会对环保、低碳、可持续发展理念，绿色交通认知的进一步升级，也随着运输业相关法律、法规进一步完善，还有科技的发展，新能源技术的进步，让加快中国低碳公路运输业发展成为可能。这表明我国公路运输业实现低碳运输，谋求可持续发展具备一定的可行性。

（一）低碳公路运输业发展的规划与管理完善

随着全球经济的不断快速发展，现代交通运输业也随之蓬勃发展，现代交通运输业对于能源的消耗日益攀升。运输主要依靠公路运输，这种现象在我国尤为突出。从短期来看，交通运输结构不会发生本质上的变化，公路运输业的污染物排放总量对环境的压力不容忽视，雾霾、酸雨、重金属污染等环境问题频繁出现，公路运输业的能源消耗问题也十分突出，经济发展与环境保护之间的矛盾凸显，可持续发展形势极为严峻，低碳公路运输业发展势在必行。

为实现公路运输的便捷与通畅，减少车辆在公路中的碳排放，我国相关规划部门加大了对公路运输的科学规划。从规划上保障公路运输的安全性，为低碳公路运输业提供基本的安全保障。现阶段影响我国污染物排放总量的不仅是在公路运输过程中，而且涉及公路的整体规划方面。科学合理的公路规划，更有利于车辆的行驶，减少在公路上因拥堵或堵塞而带来的大量的尾气排放。

为实现便捷和通畅出行，需要对公路运输业与其他运输业进行综合规划，使公路运输业符合国民经济的发展需求。另外，为加快低碳公路运输业的发展，需要加强对公路建设的投入与养护。在公路建设方面，鼓励国内外企业对公路建设进行投资。开发和经营公路的公司可以依照法律、法规的规定发行股票、公司债券筹集资金。国家建立公路专项资金，鼓励企业和国外企业集团投资，不仅有利于对公路进行维护，保障公路运输，提高运输效率，更重要的是有利于减少公路运输过程中所带来的不必要的污染物排放。

（二）低碳公路运输业发展的技术条件具备

科学技术是第一生产力，经过长时间不断的探索与研究，交通运输行业逐渐意识到了生物燃料是汽车能源技术创新的一个重要发展方向，它比燃油能源技术更清洁，更能加快我国低碳公路运输的发展。运输行业的科学研究朝着利用生物能源技术的方向发展。提高可再生能源在公路运输业中的使用比例，从而引领公路运输业的绿色革命，为低碳公路运输业的健康发展提供了新能源技术上的保障与支持。

从交通运输业发展的整体上看，除了公交车和火车具备电力牵引控制技术之外，公路运输业大部分运载工具的驱动还是依靠汽油、柴油等具有污染性的常规能源为主，这不仅造成了大气污染，而且还导致了能源的大量消耗，清洁能源利用率低。因此，我国依据当前自身国情和技术，明确提出"节约优先、立足国内、煤为基础、多元发展"的能源技术发展战略。

采用煤基醇醚燃料取代石油，同时运用煤的洁净利用技术，制成替代石油的二次能源二甲醚、甲醇等，这可以在很大程度上提高煤炭的附加值。根据测算，汽油燃料发动机尾气排放量远比甲醇的高出 30% 左右，这表明甲醇燃料发动机尾气是目前较为适用的低碳技术。目前我国煤化工技术已经处于世界前列。另外，煤制甲醇在价格上占有极大的优势。

（三）低碳公路运输业发展的理念已经形成

在经济不断发展的背景下，可持续发展的观念深入人心，绿色低碳理念正在形成。公路运输业作为交通运输业的主要组成部分，作为交通运输领域碳排放的主要来源之一，受到社会的关注程度也日益加深。

随着交通运输业节能减排的不断推进与发展，我国低碳公路运输业的发展理念也逐渐拓展。我国强调低碳公路运输是一种发展理念。虽然发展低碳公路运输业需要技术的创新和应用，通过节能减排、降低能耗技术的应用达到发展低碳公路运输的目的，但我们更需要强调绿色低碳交通运输的理念应成为一种共识。

绿色低碳理念已经融入我国公路低碳运输业的发展过程中。要加快推进低碳公路运输业的发展，必须实现节能减排，必须进行绿色低碳和清洁环保。国家已经从相关政策、具体措施、宣传理念和技术创新等方面作为切入点，在绿色低碳理念已经形成的背景下与时俱进，确定了绿色低碳理念指导的发展方向，促进了低碳公路运输业的快速发展。

二、加快中国低碳公路运输业发展的意义

（一）有利于节约能源

在全球不可再生能源日趋减少的背景下，我国把以低排放、低能耗、低污染、高能效为特征的交通运输发展理念作为低碳经济发展的理念，同时作为实施交通运输业节能减排的重要途径，加快低碳公路运输业的发展。

随着我国交通运输业的蓬勃发展，加快低碳公路运输业的发展，是降低污染物排放量的重要举措，是解决能源紧张问题的关键所在，体现了社会经济可持续发展和健康发展的理念，也是建立生态文明和深化经济体制改革的重要途径。在改革开放40多年我国经济飞速发展的背景下，公路运输业作为交通运输业的重要组成部分，在很大程度上越来越受到关注，成为我国低碳经济节能环保的重点行业。

公路运输业的发展会造成能源紧张，排放大量的二氧化碳、二氧化硫等有毒物质，造成大气污染。为了推动全社会节约能源，提高能源利用效率，保护和改善环境，加快低碳公路运输业的发展，促进经济社会全面协调可持续发展，节能减排是重中之重。

进入21世纪以来，人类为应对二氧化碳排放所造成的气候变化问题做出了巨大努力。基于全球变暖的巨大压力，越来越多的国家加入到了节能减排的行列。随着我国改革的不断深化，社会经济得到了迅猛发展，但是经济快速增长使中国成为世界第二大经济体的同时，也让中国的二氧化碳排放量跃居世界前列。公路运输业作为我国碳排放的主要来源，必须加以控制。

我国为了承担大国责任和义务，出台了一系列低碳公路运输业发展的支持政策，但是公路运输业在快速发展的同时会消耗大量能源和释放大量的二氧化碳，而且在公路上行驶的车辆以及公路的配套设施等也会继续产生污染物排放。

加快低碳公路运输业的发展有利于减少碳排放总量，有利于节能减排理念的树立，有利于强化清洁能源的推广和应用。在此基础上进行绿色理念的扩展，优化用能结构，节约能源。这样，既宣传了节能减排的绿色理念，又有利于绿色理念的进一步扩展，从而全面节能，促进绿色经济的可持续发展，为我国的经济快速发展提供坚实的基础保障。

加快低碳公路运输业的发展有利于我国管理和控制好能源消耗问题，有利于节能降耗，保障国家能源安全。用能结构的变化，范围的扩大，大量的能源消耗，会造成能源紧张，而且还会带来较为严重的能源安全问题。在这种背景下，加快低碳公路运输业的发展，可以最大限度地降低能源消耗，减轻污染，保护环境。加快发展低碳公路运输业，就是在不可再生能源枯竭之前，通过对低碳公路运输业的政策扶持、技术支持和绿色低碳理念宣传等改善能源消费结构，发展清洁能源，节约能耗，降低碳排放量，保护环境，减少对石油能源的过度依赖，缓解石油能源紧张问题。因此，加快低碳公路运输业发展是有效缓解能源紧张的必然选择，对我国经济持续健康发展具有重大意义。

（二）有利于国民经济发展

随着我国经济社会的快速发展，GDP的成倍增长，公路运输业作为国民经济的重

要组成部分，对国民经济和社会发展起着至关的重要作用，它是有机联系社会总生产过程中每个环节的纽带，是社会经济发展的支柱产业，对我国政治、经济、文化和生活等方面都有着极大的促进作用。

在国民经济发展过程中，公路运输业既是交通运输产业中最主要的组成部分之一，也是社会发展的重要运载工具，同时也是污染物的主要制造者和排放源。公路运输业带来的环境污染十分严重。影响人们日常生活，影响国民经济的快速发展。因此，国家为了更好地控制污染物的排放总量，保障人们日常生活，保障经济健康快速发展，出台了相关政策，推出新能源技术，进行绿色低碳宣传，构建绿色低碳的经济发展方式，加快国民经济的发展。

加快低碳公路运输业发展，有利于提升国民经济发展效率，有利于构建节能减排的实际监测与评价体系，使我国能有效地了解节能减排的现状，提高节能减排工作的效率；有利于公路运输业乃至整个国民经济和社会的健康、持续、快速发展。

（三）有利于可持续发展

随着我国经济社会的迅猛发展，经济总量不断增大，对能源的消耗巨大。

公路运输业作为经济发展的重要组成部分，其发展的速度也越来越快。但是它不仅导致了石油资源紧张问题，还带来严重的雾霾、酸雨、温室效应等环境压力。发展公路运输业，就需要借助于以石油燃料为主的汽车运输工具，这就不可避免出现有污染物的排放。

因此，为保护我国生态环境，保障基本生存条件，应对全球气候变化和环境保护压力的问题，有必要科学合理利用能源，研发清洁能源运载工具，减少二氧化碳等有害物质的排放，从而改善我国大气环境的污染，为更好应对全球气候变化和环境污染提供有利条件，为可持续发展奠定基础。

随着社会经济的不断增长，人们生活水平的提高，经济增长与环境保护的矛盾凸显。因此，我国加快低碳公路运输业的发展，使其降低能源使用量，并且大大减少了污染物的排放，为我国公路运输的快速发展提供可行性，同时有利于我国国民经济的健康可持续发展。另外，就公路运输业而言，公路具有速度快、能效高、经济费用低等特点，是构建高效运输效率的基础。而高速公路作为公路运输的重要方式，能够更好地利用土地资源、提高运输效率、减少大气污染、提高运输安全性，有利于可持续发展战略的实施。

公路运输业的每个环节都避免不了要消耗能源和进行污染物排放，难免会产生一定的大气污染，这使得我国公路运输业的未来面临着巨大挑战，不利于我国经济社会持续健康发展。因此，为了实现可持续发展，我国采取了积极措施保护大气环境，加快发展低碳公路运输业，全面贯彻落实节能减排，提高能源利用效率，强调节约能源，改善环境和宣传保护环境的发展理念。加快低碳公路运输业发展，不仅能够更好地保护自然环境，而且还会带来更明显的社会效益和经济效益，从而促进可持续发展战略的实施，对我国经济健康发展具有重要意义。

（四）有利于建设低碳公路运输体系

加快低碳公路运输业的发展，是降低污染物的排放量，解决能源紧张问题的关键所在，体现了社会经济可持续发展、健康发展的理念，也是建立生态文明、深化改革的重要途径。因此，我国应结合公路运输业发展的实际情况，将低碳、绿色、保护环境的理念融入相关法律法规之中，不断完善现行法律法规政策，使其符合低碳交通发展的要求，从而对低碳公路运输业的快速发展提供强有力的法规政策支持。

低碳公路运输体系的构成不仅仅包括公路运输系统本身，还涉及社会、经济、环境保护、资源开发利用等很多方面的协调发展。

低碳公路运输业的发展需要建立低碳公路运输体系。低碳公路运输体系的建立，基于它本身是一种生态经济，需要在全球同步发展的状态下，以保持生态平衡为前提条件。以可持续发展为根本理念，通过宣传教育全面普及环保理念。在新能源技术方面进行不断的技术升级、技术改造、技术创新。通过完善低碳公路运输业的制度建设，以行业架构改革促进产业转型等各种手段，尊重生态规律和科学发展规律来指导人类社会生产、生活的发展，在经济活动中建立可持续的经济增长模式。

低碳公路运输业发展是可持续经济、低碳经济、资源共享化，要求人类经济活动走"资源—产品—再生资源"的循环流程，最大限度地降低人类经济发展对环境资源的破坏。低碳公路运输业的发展是指以节约能源、减少排放废气等污染气体为特征的交通运输行业。建设低碳运输体系，包括以下几个方面：

第一，提倡低碳公路运输方式的彻底转变，即将各种运输方式作综合的比较，合理安排最低碳的运输方式出行。

第二，提倡低碳环保型的运输工具的选用，即优化交通运输工具，采用节能型、环保型的低碳交通工具，多采用清洁能源的交通运输工具。

第三，提倡建立低碳运输交通网络，即所有交通运输活动采取最科学、最合理的运输方式，尽量避免无效运输、重复运输。

第四，提倡低碳货运、客运组织模式，即对每次交通运输任务都采取适当合理的运输方式，通过合理的交通网络，减少车辆出动次数和行驶的距离等。

建设低碳公路运输业要求交通运输将低碳经济和低碳运输结合起来，以环保为前提，适当地提高效能，最大限度地降低污染，做到最低排放、最低能耗，构建低碳产业生产架构和发展方式，最终以最少的能源消耗实现低碳公路运输业的高速发展和运输环境的净化。

三、加快中国低碳公路运输业发展的目标

我国要实现公路运输业全面落实科学发展观，走低碳公路运输发展道路，加快低碳公路运输业的发展，还需要制定一系列阶段性的目标，以达到加快低碳公路运输业发展的目的。其所要达到的目标表现在：

（一）建立低碳公路运输业发展体系

1. 低碳公路运输理念深入人心

让低碳公路运输理念深入人心分为三个阶段：第一阶段，全民参与低碳公路运输，鼓励绿色出行。公路降能耗保绿色做到人人有责。随着全球经济的快速发展，环境污染问题已成为全球关注的重点，而公路运输业作为环境污染的重要行业之一，排放大量的二氧化碳、二氧化硫等有毒气体，造成大气污染和环境污染，这自然被放在整治的重点行业之列，这关系每个人自身的生存利益，所以要共同参与维护。第二阶段，宣传有力，实现处处宣讲，时时播报宣传。根据具体数据反映出公路运输业现阶段是二氧化碳排放的大户，碳排放总量所占比例较高，其对人类生存环境造成巨大影响，所以，在公共区域宣讲让人人皆知，良好的宣传氛围尤为关键。第三阶段，制定法律法规，奖惩并行，建立奖惩制度。我国应把控制二氧化碳排放量，减少流通污染，优化生存环境作为现阶段加快低碳公路运输业发展的重要目标。

2. 推进技术升级与技术创新

为了实现低碳公路运输业快速发展的目标，推进技术升级与技术创新尤为重要，它是低碳公路运输业快速发展的先行者。加快公路运输业节能减排，也需要推进技术升级与技术创新。其目标可以从企业经营管理与技术创新两方面着手：在综合考虑运输过程的同时，运输车辆应选择低能耗、低污染的运载车辆。另外，短距离运输尽可能使用小型运输车辆，长距离运输则选用大型车辆或采取拖挂方式。这样不仅可以合理使用运输工具，而且可以控制碳排放，减少在公路运输途中不必要的尾气污染。

3. 加强车辆维护保养

为达到低碳公路运输业快速发展的目标，要及时维修与保养运输车辆。运输单位应及时构建完善的车辆维修机制，定期对车辆进行保养与维护，防止滴油、漏油严重的车辆进行运输，坚决杜绝问题车辆上路行驶，并逐渐淘汰碳排放量高的老化严重运输工具，保证公路运输途中出现不必要的碳排放量，减少流通污染，优化生存环境。鉴于我国公路运输业高碳排放量，我国应整体控制污染物气体的排放，并通过加强对车辆的维修与保养减少流通性污染，从而优化生存环境，实现低碳公路运输业所要达到的目标。

（二）发展清洁能源，优化生存环境

随着全球范围内不可再生能源的日益枯竭，对能源的使用提出了新的挑战，在这种背景下，我国各个领域都要在可持续发展理念的引导下，走低碳经济的发展道路。发展清洁能源，优化生存环境。对于我国的交通运输业而言，同样需要深入贯彻落实低碳环保的科学发展观，做到对不可再生能源的节约与高效利用，同时把深化节能减排，开发推广清洁能源作为发展的目标。

全面减少交通工具的碳排放，深化节能减排工作，加快推进清洁能源的开发，在清洁能源的发展上做出了巨大的努力。新能源技术的研发，对清洁能源的发展提供技术支持，减少对不可再生能源的过度使用，可以避免我国出现能源危机，并且有利于清洁能源的使用和推广，同时为低碳公路运输业可持续健康发展提供有力支持。加快节能减排工作，大力使用与推广清洁能源，是我国低碳公路运输业发展必须达到的目标。

交通运输工具在运输的过程中，排放的尾气中含有二氧化碳等大量有害气体，目前已经成为大气污染的主要来源之一，导致很多地区的空气污染浓度在持续上升。在低碳经济的背景下，各国为应对日益严峻的大气污染，积极采取措施，加大对清洁能源运载工具技术的研究，发展清洁能源，实现节能减排，同时加大对大气污染的主要来源——公路运输业的治理。要大力支持和引导道路运输车辆应用清洁能源和新能源车辆。积极推动公路运输行业节能减排工作扎实开展。

要达到发展清洁能源运载工具的目的，政府的态度需要十分明确和坚定，同时要制定节能和新能源汽车发展战略和具体规划，提出发展新能源汽车的中长期目标和分阶段实施计划，提出重点支持的技术路线（如混合动力汽车、电动汽车等），并明确承诺采取必要措施，持续地支持推动新能源汽车发展，给企业和消费者明确的预期。从而达到清洁能源运载工具普遍使用的目标，促进低碳公路运输业的快速发展。

目前，单就道路运输业的消耗来看，发展清洁能源具备优势，石油资源的开采量、储藏量远远满足不了交通运输业石油能源的消耗量。因此，我国为达到加快低碳公路运输业发展的目标，应采用煤基醇醚燃料取代石油，同时运用煤的洁净利用技术，制成替代石油的二次能源二甲醚、甲醇等，可很大程度上提高煤炭的附加值。我国通过对技术的创新，减少二氧化碳等有害气体对大气环境的污染，并且节约石油等不可再生资源。把深化节能减排，大力推广清洁能源作为加快低碳公路运输业发展的主要目标。

（三）树立绿色低碳环保理念

公路运输业作为一门公共服务行业，要走低碳发展道路，除了要达到规范的法规政策目标和研发先进技术目标之外，还需要确立辅助目标。

为降低碳排放量，减少能源的消耗，优化生存环境，宣传低碳公路运输业发展就成了保持经济健康发展的必然选择。要加快低碳公路运输业的发展，达到引导绿色低碳理念的目标，我国就必须努力将公路运输节能减排的理念深入到广大家庭单位的所有成员中。

组织政府、事业单位、社会团体举行多样的节能减排活动，鼓励社会参与，引导社会成员将公路运输节能减排理念深入到生活中，逐渐形成健康、文明、节约环保的出行理念。鼓励民众树立节能环保的公路运输理念，尽量使用低排量、低能耗和清洁能源甚至零能耗和零排放的出行方式。

同时，以低碳环保为口号，在地球日、环境日、臭氧日、无车日等众多环境日，组织低碳交通宣传活动，鼓励多种形式的低碳出行。新闻媒体宣传绿色交通，增设绿色交通专栏，并在学校、社区等建立低碳交通宣传基地。这样，不仅有利于节能减排工作的展开，而且可以更好地进行绿色低碳理念宣传与引导，促进低碳公路运输业的快速发展。

四、加快中国低碳公路运输业发展的对策建议

从整体发展上来看，我国交通运输用能结构不会发生根本性改变。我国要更好地应对当前的经济发展与环境保护之间的矛盾，加快低碳公路运输业的发展，还需一系列的政策支持。

（一）完善低碳公路运输业发展的法律法规

我国应结合公路运输业发展的实际情况，将低碳、绿色、环保的理念融入相关法律法规之中，不断完善现行法律法规政策，使其符合低碳运输业发展的要求，对低碳公路运输业的快速发展提供强有力的法规政策支持。

公路运输业的发展影响着国民经济的健康运行，其绿色低碳发展离不开政府相关部门的政策引导与推动。因此，应强化有关法律法规立法程序和执法的力度，并依据公路运输业的市场需求及法律规定，及时进行补充和修改，结合我国公路运输业发展的实际情况，进一步完善我国现行的法律法规，使其符合国民经济发展的需要。

在全球经济快速发展的背景下，交通运输行业早已成为影响国民经济的重要行业，公路运输业更是交通行业重点发展的对象之一。但是，在发展公路运输业的同时也给环境带来了前所未有的压力。因此，我国出台了相关法规政策，加快发展低碳公路运输业。交通科学规划的落实加快了我国低碳公路运输业的发展，明确的建立责任制，使个人和企业更好地服从于国家整体利益，更好地进行能源管理，环境保护的相关法律和法规也落到实处。尽可能地做到节能降耗，保护环境，促进经济社会的可持续发展，为低碳公路运输业发展提供法律法规政策依据。

目前，我国设立的节能减排专项资金的补贴政策，主要是支持国家政企单位，开展公路运输节能减排工作的，或鼓励其推广"公路建设集约节约利用土地"和"运输装备清洁燃料"技术开发和应用；对公路养护施工技术及配套设施建设，则未能给予足够支持。公路建设专项资金和节能减排奖励资金，对项目的节能减排量有一定要求，达不到规定标准的公路绿化改造得不到奖励，

加之奖励补助有量的限制，影响了企业事业单位低碳化公路运输的积极性。同时，除了少数财政实力较强的省份，一般地区在进行财政一般预算时，都未考虑建设公路配套资金，最终用于低碳化公路运输的财政资金较少。

因此，中央及地方政府应加大对低碳公路运输业的政策和资金的支持，设立专项碳治理资金，加快资源税改革，完善绿色低碳财政税收政策。同时，面对日益增多的民用车辆，缓解交通环境问题，我国政府应发挥财政的引导作用，结合客观实际，加大对公路运输业的资金投入，完善对充电站及天然气供应站的补贴，并进一步对可再生能源、氢燃料进行技术财政支持，降低汽车能源消耗，减少车辆二氧化碳排放，加快新能源的推广运用，提供强有力的财政补贴支持。

加快低碳公路运输业的发展需要相关的激励机制和奖惩政策进行约束，我国可以建立车辆污染物排放信息数据库，将不按规定标准排放污染物车辆的企业记录数据库，依

据相关法规进行惩治。同时大力支持节能减排工程项目，重点奖励利用可再生能源的企业和工程，或者对有利于低碳公路运输业发展的项目发放相应的补贴等。这种措施可以有效地激励相关部门及企业做好公路运输业节能减排的工作，推动公路运输业的低碳化。

（二）完善低碳公路运输业管理体制

首先，从管理体制上入手。随着公路运输业的相关政策和制度不断完善和规范，整个交通运输业的链条已经逐步向网络格式化、规模经营化、集约化方向发展，整个低碳公路运输市场的集约化和抵抗风险的能力大大提高了。

其次，提高交通运输中的货车比重，使车型更趋于专业化和重型化，明显改善客车的安全性。低碳公路运输业整体的经营形式逐渐发展成多元化，从传统的散货货物运输到整体的批发货物运输，现在已经发展成大型特型笨重物件专业运输；集装箱汽车整体、整车运输；快件货物单日运输；特快件货物运输；危险货物汽车运输、搬家运输等多种业务形态，完全可以满足各种特殊需求。

再次，更新公路运输业的管理方式和技术手段，改变货物运输长期处于信息闭塞、管理手段落后的状态，逐步建立起适应货物运输需求的货物运输信息发布和交易系统，全面提高道路货运效率和管理水平。

最后，完善低碳公路运输业的管理重在公路管理，以安全管理为总的指导方针，履行管理职责，不断强化安全基础性工作，降低交通运输事故的发生率，在公路运输业文明管理方面继续巩固成果。全面提高管理质量，优化管理方式，提高服务质量。基础设施均衡发展，提高公路运输组织化程度。

一是加快建设智能公路运输管理。为了加快低碳公路运输业的发展，应加快建设智能公路运输管理信息系统。将先进的通信技术、信息技术、电子控制技术及信息处理技术等有效地结合起来，建立一套全方位、实时的、准确的、高效的综合运输管理系统。利用智能运输管理信息系统，可以通过网络有效地进行交通控制、疏导及事故处理等。交通管理部门可以根据运输管理系统随时随地地掌握公路运输情况，进行有效的调度，尽可能地避免交通拥堵和堵塞，从而最大限度地保障公路运输的安全性、机动性和灵活性。这样不仅可以提高运输效率，而且很大程度上减少了车辆在运输过程中的尾气排放。

二是强化交通运输网络建设和布局。在制定公路运输的发展规划时，也应注意公路交通运输网络建设和布局。因此，我国有关规划部门在制定公路运输业发展的规划时，一定要打破局域限制和条块管理模式，重视全国范围内公路运输网络的优化和运输资源的整合，实现公路运输系统在区域之间的有效衔接，为公路运输业提供良好的网络运输环境。

三是车辆和公路的管理。车辆和公路是公路运输业的重要基础设施。车辆在公路的行驶里程和汽车拥有量对我国公路运输业影响非常大，直接反映出我国公路运输业整体的发展状况。现阶段我国公路运输业废气增多和能耗增加的原因除了汽车自身的问题之外，公路的路况和我国交通拥堵状况也是主要因素。道路交通状况对车辆的损耗、尾气排放都有很大的影响。

五是从产业结构方面来说，要从根本上优化公路的基础设施结构，就应加快道路养护工程的实施，加快公路智能网络建设，加强对道路养护的监督。与此同时，改造路面，减少砂石对路面的摩擦，增加高架桥、快速路等路段，避免迂回和绕行，提高公路通行效率，保障车辆顺畅通行，降低车辆的能源消耗量，减少碳排放总量对气候的影响。

另外，公路运输业需要消费巨大的石油能源，且二氧化碳排放量巨大。因此，要加快公路低碳运输业发展，必须进一步优化我国能源消费结构，避免使用石油、柴油能源，尽可能使用清洁能源。同时应大力推行使用可再生能源，并提倡使用电力驱动的动力车，减少对石油、柴油等不可再生资源的消费，优化能源产业结构。

（三）优化低碳公路运输业产业结构

优化产业机构，在运输业逐步推动产业结构调整，将公路基础设施作为调整的重点。公路交通基础设施是运输业调整的主要基础设施。同时，车辆的技术进步与技术迭代升级对优化低碳公路运输业的产业结构的调整都具有很重要的意义。也对我国人均拥有汽车数量，行驶的里程总量，还有对拥有车的总体状态目标都具有重要的影响。

不能优化低碳公路运输的原因除了车辆自身的原因外，还与路况及堵车的情况有直接的关系。很多研究表明，车辆降低10公里/每小时，尾气排放会增加到原来的2倍以上。所以，增加道路供给、优化道路及基础设施，可以减少碳排放。

提高公路的通行质量，也可以优化低碳公路运输业产业结构，因为沥青路面优于砂石路面，砂石路面优于土路。另外，在公路上合理地设置限速标志，尽量增加预判和减少车辆刹车，减少燃烧值及尾气排放都很有益。

进一步优化车辆的能源消耗结构，强化利用清洁能源的作用，同时推进柴油机的使用，柴油发动机在耗能方面明显低于汽油发动机。

参考文献

[1] 刘治新，杨庆振.公路概论第 2 版 [M].北京：人民交通出版社，2022.06.

[2] 孟华.公路施工与养护管理第 2 版 [M].北京：人民交通出版社，2022.08.

[3] 尚婷.公路景观设计 [M].成都：西南交通大学出版社，2022.09.

[4] 李淑琴，周兴荣，郭继侠.高速公路建设单位财务管理与审计监督 [M].北京：中国财政经济出版社，2022.05.

[5] 张磊,周裔聪,林培进.公路桥梁施工与项目管理研究 [M].延吉：延边大学出版社，2022.10.

[6] 刘红，龙政伟，阎燕.交通工程项目经济研究 [M].长春：吉林科学技术出版社，2022.04.

[7] 王辉，刘宏刚，罗奋.交通运输与经济发展 [M].长春：吉林人民出版社，2022.03.

[8] 董洪超，张益华.交通基础设施与中国区域经济一体化 [M].北京：经济日报出版社，2022.08.

[9] 袁振洲，邵春福，闫学东.城市交通管理与控制第 2 版 [M].北京交通大学出版社有限责任公司，2022.03.

[10] 赖元文，王振报，黄海南.城市交通规划 [M].北京：中国建筑工业出版社，2022.08.

[11] 邵春福，魏丽英.城市交通概论第 2 版 [M].北京：北京交通大学出版社，2022.08.

[12] 李大庆，曾冠文.城市交通网络的健康规律研究 [M].北京：科学出版社，2022.09.

[13] 何太碧.公路大件运输技术与安全 [M].成都：西南交通大学出版社，2021.01.

[14] 郭俊俊，孙世忠，李芳.公路建设与运输经济 [M].天津：天津科学技术出版社，2021.

[15] 庞清阁，李忠奎.公路基础设施建设与养护 [M].人民交通出版社股份有限公司，2021.04.

[16] 李忻忻，李晶.公路工程经济与管理 [M].人民交通出版社股份有限公司，2021.08.

[17] 潘凯，晁新忠，陈纪州.公路工程经济及项目施工管理 [M].北京：中国石化出

版社，2021.05.

[18] 王磊.公路工程施工与建设 [M].长春：吉林科学技术出版社，2021.07.

[19] 李海贤，杨兴志，赵永钢.公路工程施工与项目管理 [M].长春：吉林科学技术出版社，2021.06.

[20] 肖玲玲.城市居民交通出行行为建模与经济分析 [M].北京交通大学出版社有限责任公司，2021.09.

[21] 帅斌，王宇，霍娅敏.交通运输经济第 2 版 [M].成都西南交大出版社，2021.12.

[22] 郑腾飞.交通基础设施与城市经济发展 [M].北京：经济管理出版社，2021.12.

[23] 唐正霞.交通网络城镇化对西南地区县域经济增长的空间效应研究 [M].北京：经济管理出版社，2021.03.

[24] 踪家峰.区域与城市经济学第 6 版 [M].上海：上海财经大学出版社，2021.

[25] 刘武君.综合交通枢纽规划第 2 版 [M].上海：上海科学技术出版社，2021.10.

[26] 李红华，周文俊，吉立爽.公路交通运输与经济发展研究 [M].西安：陕西旅游出版社，2020.03.

[27] 杨帆.公路甩挂运输的发展机理研究 [M].西安：西安交通大学出版社，2020.04.

[28] 郭媛媛.当代公路经济管理解析 [M].天津：天津科学技术出版社，2020.06.

[29] 葛明元.公路建设与项目管理 [M].长春：吉林科学技术出版社，2020.05.

[30] 周淮.城市公共交通风险防控 [M].上海：同济大学出版社，2020.01.

[31] 曹弋.城市综合交通分析方法与需求管理策略 [M].北京：北京交通大学出版社，2020.08.

[32] 付丽茹.公路运输实务 [M].中国水利水电出版社，2019.04.

[33] 杭文.城市交通拥堵缓解之路 [M].南京：东南大学出版社，2019.01.

[34] 潘海啸.无障碍与城市交通 [M].沈阳：辽宁人民出版社，2019.06.

[35] 刘丽华.城市交通规划及交通拥堵治理策略研究 [M].北京：原子能出版社，2019.04.

[36] 何玉宏.汽车时代城市交通治理社会路径研究 [M].北京：中国书籍出版社，2019.12.